Steph Jagger

WILDES VERGESSEN

Aus dem amerikanischen Englisch
von Heide Horn und
Christa Prummer-Lehmair

POLYGLOTT

Für meine Mutter

Die Art und Weise, wie du dich offenbart hast,
während du gleichzeitig verschwandest,
hat mich mehr gelehrt als die Sonne und der Mond
und der Rhythmus des Ozeans.

Und wie sehr hast du damit auch uns befreit!

Inhalt

Wenn wir geboren werden,
tragen wir bereits Anweisungen und eine
Landkarte in unserem Herzen.

JOY HARJO

Prolog
Blätter aufsammeln

Meine Mutter hat eine Geschichte, die sie seit 1966 mit sich herumträgt und tief in ihrem Innern verschlossen hat. Und sie hat Alzheimer. Von dem Moment ihrer Diagnose an spürte ich, dass diese beiden Dinge – ihre Krankheit und diese Geschichte – untrennbar miteinander verbunden waren. Sie schienen zu einem dicken Seil verknüpft zu sein, und ich hatte das Gefühl, wenn ich es nur aufdröseln könnte, würde ihr das helfen, sich zu befreien.

Bereits bei meiner Geburt war die Geschichte meiner Mutter in der Doppelhelix meiner DNA festgeschrieben. Wie ein tief in der Erde schlummernder Samen, der vom Garten meiner Mutter in meinen gelangt war.

Sie gehörte zu meinem Vertrag, war das Kleingedruckte, ausgehandelt vom Universum, meiner Mutter und Teilen meiner Seele, bevor ich in ihre Arme gelegt werden durfte.

Meine Mutter verlor kaum je ein Wort darüber – dass sie von meinem Vater schwanger wurde, als sie noch nicht verheiratet waren, dass sie das Kind zur Adoption freigab und ihr jugendlicher Fehltritt jahrzehntelang vertuscht wurde. Sie sprach auch nicht darüber, was sie dabei empfand – oder ob und wann sie überhaupt Gefühle zugelassen hatte. Ihre lebenslange Abneigung gegen Worte und schließlich ihre Alzheimer-

Erkrankung verhinderten das. Stattdessen übergab sie mir diese Geschichte als Teil meines Erbes.

Während ich heranwuchs, ahnte ich noch nicht, dass das Erzählen ihrer Geschichte meine Aufgabe sein würde. Als Zwölfjährige sah ich meinen Daseinszweck eher darin, glitzernde Plastiksandalen zu tragen und ungefragt meine Meinung zu verkünden. (Irgendwie entwickelte ich auf dem Weg zum Erwachsenwerden eine gesunde Portion Selbstbewusstsein und eine Art tollkühnen Mut, aber das nur am Rande.)

Meine Aufgabe wurde mir erst 25 Jahre später klar, als ich mit meiner Mutter im Wald spazieren ging. Sie blieb mitten auf dem Weg stehen und sagte mir ganz genau, was ich zu tun hatte.

Es war ein klarer Tag Anfang November, Strahlen aus dunstigem Licht tanzten zwischen den großblättrigen Ahornbäumen, die rote und gelbe Wegweiser für uns abwarfen.

»Was hältst du davon, wenn ich ein Buch über uns schreibe?«, fragte ich, als wir den für mich schönsten Abschnitt des Weges erreichten. »Über dich?«

»Ein Buch über mich?«, erwiderte sie überrascht. »Aber an mir ist doch nichts besonders interessant.«

Und dann blieb sie abrupt stehen. Sie überlegte. Ihr dabei zuzusehen, war inzwischen so ähnlich wie ein kleines Kind mit einer Sortierbox zu beobachten: der langsame und eher unpräzise Versuch, den blauen Baustein ins dafür vorgesehene Loch zu stecken, bevor es sich dem kleinen roten Würfel zuwandte.

»Würde ich …« Langsam schaffte es ihr Gehirn, die Frage zu formulieren. »Würde ich irgendetwas davon selbst schreiben müssen?«

»Nein, Mom«, antwortete ich. »Du musst kein einziges Wort schreiben.«

Sie sah mich an, ihre Gesichtszüge entspannten sich. Lächelnd streckte sie die Arme aus, nahm meine Hände und drückte sie.

»Oh, gut. Ich gehe einfach, und du schreibst.«

Und mit diesen Worten lief sie flott weiter.

Ich war sicher, sie würde noch mehr dazu sagen, aber das tat sie nicht.

Unser Weg führte durch ein Wäldchen mit besonders hohen Ahornbäumen, unter denen hie und da Blätter verstreut lagen. Ich hob eines auf und reichte es meiner Mutter, als sei es ein großer orangefarbener Luftballon an einer Schnur. Es dauerte nicht lange, bis sie ein Versteckspiel begann, indem sie sich das Blatt vors Gesicht hielt und mit einem »Kuckuck« ruckartig dahinter hervorspähte.

»Da bin ich!«, sagte sie lachend.

Beim zweiten Mal fiel ihr das Blatt aus der Hand und segelte zu Boden. Ich hob es auf und gab es ihr zurück.

»Das ist deine Aufgabe«, sagte sie. In diesem Moment wirkte sie ungewöhnlich klar.

»Was?«, fragte ich.

»All die Blätter aufzusammeln, die ich fallen gelassen habe.«

Einige Zeit nach der Alzheimer-Diagnose meiner Mutter und eine ganze Weile vor diesem Waldspaziergang hatten meine Mutter und ich eine gemeinsame Reise unternommen – wir waren zwei Wochen lang unterwegs, besuchten eine Reihe von Nationalparks und zelteten. Zu dieser Zeit wollte ich unbedingt mehr über ihr Leben erfahren, alles über meine Mutter wissen, es brannte mir förmlich unter den Nägeln. Die Vorstellung, dass Alzheimer einen Teil ihres Wesens raubte, bevor ich das Gesamtbild kannte, war mir unerträglich, zumal ich immer schon gespürt hatte, dass da etwas fehlte.

Es gab so vieles an meiner Mutter, was ich nicht verstand. Ein ganz bestimmtes Puzzleteil entzog sich meiner Kenntnis – was vor und nach der Geburt meines ältesten Bruders 1966 passiert war. Aber es kam mir auch so vor, als würde sie generell Dinge verschleiern.

Ich konnte es nicht benennen. Ich hatte keine Worte für das, was meinem Gefühl nach zurückgehalten wurde. Aber das Gefühl war da, und im Laufe der Jahre sagte es mir immer wieder, dass ein bestimmter Teil meiner Mutter für mich – und vielleicht sogar für sie selbst – unerreichbar war.

Der innige Wunsch, mehr von meiner Mutter zu erfahren, hatte schon lange bestanden, aber nach ihrer Diagnose verwandelte sich der eher dumpfe Schmerz in ein heftiges Brennen.

Ich wollte alles über sie wissen – wer sie gewesen war, was sie empfunden hatte, die Summe ihrer Einzelteile –, und diese gemeinsame Reise war so etwas wie meine letzte Chance, ein kurzer Moment, in dem meine Mutter schon etwas von ihrem Filter eingebüßt hatte, aber noch bei einigermaßen klarem Verstand war. Also nahm ich sie bei der Hand, um gemeinsam mit ihr durch die Wildnis zu wandern.

Manchmal werden uns die Geschichten unserer Mütter und Väter, ihrer Vorfahren und wiederum deren Vorfahren geschenkt. Ein Bündel aus Worten, niedergeschrieben oder ausgesprochen, die uns sagen, wo wir herkommen, wer diese Menschen wirklich waren und aus welchem Stoff sie gemacht sind. Ein anderes Mal wiederum müssen wir abwarten, bis die Geschichten aus den tiefen Schichten in uns selbst oder um uns herum aufsteigen, von den Orten, an denen sie begraben, zur Ruhe gebettet wurden. Wir müssen nach diesen Geschichten Ausschau halten – ihren winzigen, kaum wahrnehmbaren Sporen, die sich nach den Stürmen des Lebens in der Luft verteilt und uns in feinen Nebel gehüllt haben.

Ich wusste nicht, wie ich eine Geschichte in Worte fassen sollte, für die es keine Worte gab. Ich wusste nicht, wie ich die Blätter meiner Mutter aufsammeln und aus ihnen schlau werden sollte, wie ich die Sporen aus der Luft, die ich einatmete, herausfiltern sollte. Doch meine Mutter gab mir die Antwort. Denn der Schlüssel dazu lag in der Sprache, der beredten Wortlosigkeit, die sie mich auf unserer gemeinsamen Reise lehrte, lag in allem, was ein Schweigen aussagen kann.

Wir hatten eine klare Abmachung. Meine Mutter lebte die Geschichte, ich würde sie schreiben.

Es würde eine Art Gebrauchsanweisung sein, ein Reiseführer zur Befreiung meiner Mutter. Was ich zu diesem Zeitpunkt allerdings noch nicht wusste: Dieser Reiseführer enthielt auch Anweisungen für mich selbst.

1
Eine Familienkonstellation

Es dauerte elf Monate, bis ich den Riss im Gewebe bemerkte, und acht Worte sorgten dafür, dass es mitten entzweiriss. Elf Monate und acht Worte.

Im Juni 2015 wurde bei meiner Mutter Alzheimer diagnostiziert. So entstand der erste Riss in unserem gemeinsamen Gewebe – die Diagnose war der Nagel, der sich im Stoff verhakte und an seinen Fäden zerrte.

Damals hatte ich noch nicht verstanden, wie stark meine Mutter und ich miteinander verbunden waren, auf welch komplexe Weise unsere Säume vernäht waren und dass sich, wenn man an einem Faden zog, eine andere Stelle auftrennen würde.

Ich sagte mir, ich könne damit umgehen, dass ihre Säume und Synapsen in Auflösung begriffen waren. Ich sagte mir, meine Säume und Synapsen seien davon nicht betroffen. Das tat ich mit dem Selbstbewusstsein eines Menschen, der keinerlei Ahnung hat.

Es sollte elf Monate dauern, bis mir klar wurde, dass das nicht stimmte. Bis ich erkannte, dass die Fülle an Fragen, die die Erkrankung meiner Mutter aufwarf, in direktem Zusammenhang mit den Fragen zu meinem eigenen Leben standen. Bis ich die Schichten von Wut entdeckte, die unbenannt und unausgesprochen zwischen uns beiden lagen.

Es dauerte bis zu dem Augenblick, in dem meine Therapeutin Sara etwas sehr Offensichtliches und Schmerzhaftes zu mir sagte: »Sie glauben, Sie sind größer als Ihre Mutter.«

Ich hörte, wie das Gewebe riss. Sofort wandte ich den Blick von Sara ab und heftete ihn auf meine Schuhe. Es ist nämlich sehr schwer, Blickkontakt zu halten, während man merkt, wie man innerlich in Stücke zerfällt.

Ich weiß nicht, wie viele Sekunden oder Minuten vergingen, aber irgendwann wiederholte sie: »Sie glauben, Sie sind größer als Ihre Mutter.«

Es war keine Frage, die ich beantworten sollte, doch ich wusste, Sara wartete auf eine Bestätigung, irgendein Zeichen von mir, dass ich ihr recht gab.

Mein Körper gab die Antwort, noch bevor mein Gehirn die Chance hatte, Saras Bemerkung zu verarbeiten. Ich hatte die Augen niedergeschlagen, Tränen quollen unter den Lidern hervor. Mein Magen verkrampfte sich. Das Einzige, was mich aufrechterhielt, war die Anspannung in meinen Schultern, die mich nach oben zog und nicht nachlassen wollte.

Ich biss mir auf die Innenseite der Unterlippe, während mein Unbehagen wuchs. Als ich Saras Blick begegnete, spürte ich wieder eine Träne über mein Gesicht rinnen.

»Das dachte ich mir«, meinte sie.

Sanft wiegte ich mich auf den Füßen vor und zurück. Es war eine kaum merkliche Gewichtsverlagerung von den Fersen auf die Zehen. Meine Handflächen ruhten auf den Oberschenkeln, und die Finger meiner rechten Hand zeichneten kleine Kreise auf den Stoff meiner Hose. Alles – das Wiegen und die Kreise auf den Jeans – diente dazu, mich selbst zu beruhigen, es waren Bewegungen, die ich auch von meiner Mutter und meiner Großmutter kannte. Und ich bekam eine Gänsehaut, als mir klar wurde, dass ich nun diejenige war, die diese Bewegungen vollführte.

Meine Körpersignale waren für Sara Bestätigung genug.

Zwischen Körper und Gehirn besteht eine interessante Verbindung. Der Erstere bereitet den Raum, den das Letztere für das Begreifen benötigt.

»Tief atmen«, sagte Sara, nachdem ich mir die Tränen vom Gesicht gewischt hatte.

»Es geht mir gut«, erwiderte ich. »Es geht mir gut.«

Es ging mir nicht gut.

Was Sara angesprochen hatte, war mir selbst nie in den Sinn gekommen. Was bedeutete »größer« in diesem Zusammenhang überhaupt? Dachte ich, ich sei besser als meine Mutter oder bedeutender? Dachte ich, ich sei irgendwie klüger als sie?

Auf all diese Fragen hätte ich rein verstandesmäßig unumwunden mit Nein geantwortet. Doch unsere kognitiven Fähigkeiten haben ihre Grenzen und werden von unserer körperlichen Wahrnehmung stets übertroffen. Während unser Verstand noch rätselt, was eine Frage bedeutet, kennt unser Körper schon die Antwort. Und offensichtlich steckte mir die Antwort in den Knochen.

Ich hatte meine Mutter nie wirklich wahrgenommen, jedenfalls nicht alles, nicht in ihrer Gesamtheit. Diese Erkenntnis, zusammen mit der Ahnung, dass ihr Verschwinden bereits begonnen hatte, war mehr, als ich ertragen konnte.

Plötzlich drängten all meine Gefühle – meine Traurigkeit, meine Scham – an die Oberfläche, es war, als stünden meine Hände unter Strom. Ich weinte, und während ich weinte, spürte ich, wie auch der letzte Faden riss. Und von da an begann alles zu zerfallen. Nur dass ich nicht genau wusste, was dieses »alles« war. Ich war mir nur des Gefühls bewusst – des Gefühls eines kompletten inneren Zusammenbruchs.

»Sie müssen die Mauer zwischen sich und Ihrer Mutter beseitigen«, sagte meine Therapeutin. »Alles, was errichtet wurde, um Sie beide zu trennen, muss aus dem Weg geräumt werden.«

Ich war mir nicht sicher, was genau da errichtet worden war

oder wann oder wie – aber das Reißen, das ich spürte, war ein Zeichen, dass schon etwas im Gange war, ob es mir nun gefiel oder nicht.

Die Idee zu der Reise traf mich fast gleichzeitig mit dem Wasserstrahl.

Fahr zurück nach Montana, sagte eine innere Stimme, als ich in die Dusche gestiegen war.

Aber dort war ich doch gerade erst, dachte ich.

Ich reise recht viel, kehre jedoch selten, wenn überhaupt, ein zweites Mal an ein und denselben Ort zurück. Und vor allem nicht an einen Ort, von dem ich gerade erst zurückgekommen bin. Und damit es klar ist: Mit »gerade erst« meine ich, dass mein Gepäck von der Reise nach Montana immer noch in der Diele unseres Hauses lag.

Ich nahm die Seife und wischte die Idee beiseite. Keine Minute später war der Gedanke wieder da. Diesmal in einer leicht abgewandelten Version.

Fahr zurück nach Montana, hörte ich. *Und nimm deine Mom mit.*

Ich hielt inne, bevor ich nach dem Shampoo griff.

Das ist ja interessant, dachte ich.

Meine Mutter und ich hatten eigentlich noch nie etwas nur zu zweit unternommen. Aber angesichts ihrer Alzheimer-Erkrankung schien es eine ganz gute Idee zu sein.

Vielleicht braucht sie etwas, dachte ich. *Vielleicht soll ich ihr bei irgendetwas helfen.*

Der Gedanke, dass womöglich ich etwas brauchen könnte, kam mir nie in den Sinn. Genauso wenig wie der Gedanke, dass vielleicht sie *mir* helfen könnte.

Ich duschte fertig, und 40 Minuten später rief ich meine Eltern per Videochat an.

Nach ein paar Minuten Smalltalk rückte ich mit meinem Vorschlag heraus.

»Du, Mom«, sagte ich. »Eigentlich rufe ich an, weil ich dich fragen wollte, ob du vielleicht mit mir verreisen möchtest.«

Sie starrte mich ausdruckslos an und sah dann zu meinem Vater.

Ich redete unbeirrt weiter.

»Ich dachte an einen Roadtrip. Ein Auto mieten, durch ein paar Nationalparks fahren, vielleicht auch zelten.«

»Was?«, fragte sie.

Meine Mutter war verwirrt. Es war schwer zu sagen, ob das an ihrer Erkrankung oder an mir lag. Die Bilanz unserer gemeinsamen Unternehmungen war eher mager, dagegen mangelte es nicht an Beispielen dafür, dass meine Entscheidungen bei meiner Mutter auf Verwunderung stießen.

»Ein Roadtrip«, wiederholte ich. »Mit dem Auto ... und Camping. Nur du und ich.«

»Du und ich?«, fragte sie. »Und wo sollen wir übernachten?«

»Wir würden in einem Zelt schlafen«, erwiderte ich.

Wieder sah sie meinen Dad an. Suchte sie bei ihm Klarheit oder seine Erlaubnis oder auch nur einen sicheren Ort, an dem sie sich verkriechen konnte?

Auch ich wartete auf die Reaktion meines Vaters. Er erwiderte Moms Blick, aber seine Augen leuchteten. Er wusste, dass mein Vorschlag Seltenheitswert hatte und ohne Moms Alzheimererkrankung nie aufgekommen wäre.

»Ihr würdet draußen schlafen«, erklärte er meiner Mutter und sah dann wieder in die Kamera. »Das würde ihr gefallen.«

»Wirklich?«, fragte sie, zuckte jedoch gleich darauf mit den Schultern und fügte hinzu: »Gut, in Ordnung. Es klingt zwar verrückt, aber warum nicht.«

Das war ein Zeichen dafür, dass meine Mutter Vertrauen hatte: die Fähigkeit, loszulassen und die Zügel anderen zu übergeben. Für jemanden wie mich, die normalerweise nach Kontrolle strebt, ist dieser Charakterzug nur schwer verständlich.

Ab da übernahm Dad die Gesprächsführung.

»Wann wolltest du fahren?«

»Im Mai«, antwortete ich. »Aber … hast du nicht im Juni diesen Golf-Trip nach Schottland? Wie wär's, wenn wir das zeitlich abstimmen würden?«

Jetzt strahlten die Augen meines Vaters noch mehr. Es war das perfekte Timing – er konnte seinen Golf-Trip unternehmen, ohne sich die ganze Zeit um Mom zu sorgen, und sie würde mit mir eine Reise machen, die ihr bestimmt gefallen würde.

Die Antwort meines Vaters kam prompt.

»Du kannst buchen«, sagte er lächelnd.

Und genau das tat ich auch. Nachdem ich unsere Unterkünfte gebucht hatte, fuhr ich geradewegs zum Outdoor-Laden.

Im Laden blieb ich vor dem verschlossenen Schaukasten voller Klappmesser und Bärenabwehrspray stehen. Ich merkte, wie mir der Schweiß ausbrach – erst unter den Achseln und dann an den Handflächen.

Brauche ich diese Sachen?, überlegte ich. *Soll ich all das hier kaufen?*

Ich kannte die Antwort auf diese Fragen nicht, denn – Achtung, jetzt kommt's – ich hatte noch nie einen richtigen Campingurlaub gemacht. Die Anzahl der Nächte, die ich in einem Zelt verbracht hatte, konnte ich an zehn Fingern abzählen, und bei wenigstens dreien davon handelte es sich um Übernachtungspartys in der Kerrisdale-Wildnis (sprich dem gepflegten Garten meiner Eltern).

Die meisten anderen Anlässe waren Open-Air-Konzerte gewesen, als ich Anfang 20 und höchstwahrscheinlich betrunken war. Und obwohl die wenigen letzten Male als echte Campingausflüge gelten konnten, fanden sie mit Freunden statt, die sich um das ganze Drumherum kümmerten. Ich konnte mich nicht daran erinnern, auch nur ein einziges Mal in meinem

Leben selbst Feuer gemacht oder einen Campingkocher bedient oder ein Zelt aufgebaut zu haben.

»Ich kann das«, flüsterte ich mir zu, während ich die Hände an den Jeans abwischte. »Wir können das.«

Zwar war ich mir nicht sicher, was »das« genau war, trotzdem fühlte ich mich berufen. Als stünde »das« bereits in den Sternen geschrieben, wäre im Voraus festgelegt von einer größeren Sternenkonstellation.

Einige Wochen später brachen meine Mutter und ich nach Montana auf – eine Gegend, die für die ungeheure Weite ihres Himmels bekannt ist.

2
Der Ebbe-Mythos

... nichts beeinflusst Kinder mehr als solche nie ausgesprochenen Hintergründe.
C. G. JUNG

Ich habe einmal ein Buch über Mütter und Töchter gelesen. Im Mittelpunkt stand der Mythos von Demeter und Persephone – es ging um die Beziehung zwischen Müttern und Töchtern, den natürlichen Kreislauf, dass die Tochter fortgeht und wiederkommt, sich von der Mutter löst und wieder zu ihr zurückkehrt.

Ich liebte das Buch, und gleichzeitig fiel es mir schwer, mich mit der dort beschriebenen Dynamik zu identifizieren. Bei meiner Mutter und mir, so mein Gefühl, hatte es diesen Kreislauf nicht gegeben. Wollte man ein Bild für unsere Beziehung finden, dann wäre es eine simple Geschichte über eine Gezeitenströmung, die sich in nur eine Richtung bewegte, und eine junge Frau, die einen Teil von sich abspaltete, um sich mittragen zu lassen – ein Teil von ihr trieb mit der Strömung hinaus aufs Meer, während der andere Teil innerlich leer am Strand zurückblieb. In diesem Mythos gäbe es keine Rückkehr. Er würde von einer Frau handeln, dieser Tochter, die sich abgelöst von sich selbst 35 Jahre lang immer weiter ins Meer hinaus bewegte und dabei Markierungslinien in den Sand zeichnete.

Die erste Linie zeichnete ich, als ich vier Jahre alt war. Und es war ausgerechnet meine Mutter, die es mir beibrachte.

Es geschah im Treppenhaus des Marineview-Kindergartens in Vancouver, British Columbia. Die Einzelheiten sind eine Art Patchwork in meinem Kopf, eine erste Sammlung von Bildern, die sich zusammenfügen und meine früheste Erinnerung formen. Meine Mutter und ich standen im Eingangsbereich des Kindergartens. Eine Treppe führte nach oben, eine nach unten. Das war unsere.

»Runter geht's«, flüsterte Mom und wartete, bis ich ihre ausgestreckte Hand ergriff.

Mit der anderen Hand, der rechten, hielt ich mich seitlich am Geländer fest, und ganz wie ein großes Mädchen stieg ich neben meiner Mutter langsam die Treppe hinunter.

Auf halber Treppe hörte ich, wie mich die Stimme meiner Mutter sanft aufforderte: »Sag hallo.«

Ich hielt inne und hob den Blick von meinen Füßen. Am Fuß der Treppe standen zwei lächelnde Frauen. Als ich zu meiner Mutter sah, nickte sie und lächelte ebenfalls. Ich ließ das Geländer los und winkte scheu.

Eine der Frauen winkte zurück, bevor sie die Treppe heraufkam, um uns zu begrüßen.

»Hallo, du«, sagte sie und ging vor mir in die Hocke. Ihre Stimme war melodiös und freundlich. Sie roch wie Knetmasse mit Zucker und Gewürzen und anderen netten Sachen.

»Wie heißt du?«, fragte sie.

Meine Mutter ließ meine Hand los und legte sie sanft auf meinen Rücken.

»Das ist Stephanie«, sagte meine Mutter. »Sie ist ein bisschen schüchtern.«

»Hallo, Stephanie«, sagte die Frau vor mir. »Ich bin auch manchmal schüchtern.«

Wieder sah ich zu meiner Mutter.

»Sie ist hier gut aufgehoben.«

Das war die Stimme der anderen Frau, derjenigen, die immer noch am Fuß der Treppe stand.

»Es ist nur …«, begann meine Mutter. »Sie …«

»Sie ist hier gut aufgehoben«, sagte auch die Frau vor mir. »Wir haben das schon Tausend Mal gemacht.«

In diesem Moment spürte ich, wie eine Welle der Sorge in meiner Mutter aufbrandete. Eine Weile badete ich darin. Ich kannte dieses Gefühl. Es tröstete mich. Die Sorge meiner Mutter war ein Zeichen ihrer Liebe. Sie war ein stetes Summen, ein Hintergrundrauschen, etwas, wozu ich beruhigt einschlafen konnte. Ich griff nach oben, suchte die Hand meiner Mutter, doch anstatt wie üblich mit mir zusammen auf dieser Welle der Sorge zu reiten, beugte sie sich herunter, umfasste mein Gesicht und gab mir einen dicken Kuss auf die Wange.

»Es wird dir gefallen«, flüsterte sie, aber es klang nicht zuversichtlich, sondern als wollte sie mich überreden. Ihre Worte waren voller Sorge. Was sie sagte, passte nicht zu dem, was sie fühlte. Es war das erste Mal, dass ich bewusst wahrnahm, wie meine Mutter sich in zwei Richtungen gleichzeitig bewegte.

Und dann drehte sie sich um, ging die Treppe wieder hinauf und verschwand durch die Tür. Ich blieb allein zurück, überflutet von der Sorge meiner Mutter, die im Nu zu meiner eigenen geworden war.

Noch während die Tür hinter ihr zufiel, ließ ich mich auf die Treppe fallen und fing an zu weinen. Protestierend klatschte ich mit den Händen auf den Antirutschbelag der Stufen. Ich schrie. Die Frau, die vor mir gehockt hatte, setzte sich neben mich und streckte die Arme aus, um mich zu trösten. Ich schlug sie heftig weg, wischte mir unbeholfen übers Gesicht – die Augen, die Nase, den weit geöffneten, wehklagenden Mund – und schrie weiter. Meine Hände überzogen sich mit Schmutz und Staub, weil ich mir immer wieder ins nasse, rotzverschmierte Gesicht fasste, während ich auf die Treppe einschlug. Bis zum heutigen Tag ist mir Schmutz an den Handflächen zuwider.

Als wir am nächsten Tag zurückkehrten, hatte ich, wie meine Mutter es nannte, eine »tapfere Miene« aufgesetzt. Nur dass ich mich überhaupt nicht tapfer fühlte. Es war eher so, als würde ich einen Tropfen meiner Essenz auf meinen Finger nehmen und fortschnippen. Als würde ich mich wie meine Mutter in zwei Richtungen gleichzeitig bewegen.

Auf diese ersten Tage im Kindergarten folgten noch viele ähnliche Beispiele. Im Lauf der Zeit und durch viele stumme Lektionen lernte ich, dass meine Mutter, obwohl sie etwas fühlte, diese Gefühle selten in Worte fasste. Stattdessen wählte sie das Handeln, agierte.

Ihre Liebe war demonstrativ und körperbetont. Man spürte sie an der Art, wie sie einen umarmte und ins Bett steckte. Man schmeckte sie in den Gurkensandwiches und Geburtstagskuchen. Man roch sie an der Wäsche. Man wusste, dass sie einen liebte, einfach, weil sie da war.

Ich habe viele Erinnerungen daran, auf körperliche Weise mit meiner Mutter verbunden zu sein. Wie ich morgens meine Arme um ihre Taille schlang. Wie ich mein Gesicht an ihren grünen Veloursbademantel drückte, während sie unsere Pausenbrottüten für die Schule füllte. Wie ihre Finger im Sommer sanft über mein nasses Haar strichen, wenn ich mit angezogenen Beinen neben ihr auf dem Steg saß – ich beobachtete immer, wie die Schweißtropfen über ihren Bauch liefen und sich in ihrem Nabel sammelten.

Meine Mutter gab mir ihren physischen Körper, doch ihr emotionaler Körper schien mir nicht ganz komplett zu sein. Während ich beschreiben kann, wie sich Freude und Zufriedenheit in der Miene meiner Mutter ausdrückten, gelingt mir das bei anderen Emotionen – Sorge und Trauer genauso wie tiefer Schmerz – nicht. Ich könnte nicht sagen, wie seelischer Schmerz auf dem Gesicht der Frau aussah, die mich großzog.

Ich spürte diese Dinge wie eine flüchtige, unterschwellige Strömung, äußerlich jedoch war meiner Mutter nichts anzumerken. Auch fehlten ihr die Worte dafür. Es gab keine Stimme für ihren Ärger, keine Äußerung ihrer Wut. Meine Mutter hat mir vieles gegeben, aber ehrliche, offene Gespräche gehörten nicht dazu. Vor allem nicht, wenn Gefühle im Spiel waren.

Ich begriff allmählich, dass meine Mutter unangenehme Gefühle einfach ausblendete. Sie schluckte sie hinunter und lenkte sich mit Beschäftigung ab. Das war nicht schwierig, denn in einer sechsköpfigen Familie gab es schließlich immer eine Menge zu tun.

Durch sorgfältige Beobachtung lernte ich, dass man Gefühle mit sich selbst ausmachte. Dies, so wurde mir stillschweigend vermittelt, waren die Regeln, wenn man ein »großes Mädchen« sein wollte. Es bedeutete, stark zu sein. Inzwischen habe ich erkannt, dass es ein gewisses Maß an Mut erfordert, das eigene Unbehagen zu spüren und zum Ausdruck zu bringen. Aber als ich aufwuchs und meine engsten Bezugspersonen beobachtete, sah ich eine andere Art von Mut, den Mut, Dinge zurückzuhalten, sie nicht zu benennen oder darüber zu sprechen, sie irgendwo im Inneren zu verstauen und sich davon abzuwenden. Diese Stärke besaß meine Mutter im Überfluss. Und wie es aussah, auch der Rest meiner Familie. Wir plauderten gern drauflos, wenn wir einander von den Ereignissen des Tages berichteten, doch wir nahmen Zuflucht zu Selbstironie, Sarkasmus und Witz oder einfach Schweigen, wenn es um heikle Themen wie Einsamkeit, Trauer, Wut oder Verzweiflung ging.

Ich tat mein Bestes, um die in unserer Familie zur Schau getragene Tapferkeit nachzuahmen, fand es aber ermüdend. Dieses immerwährende Fühlen und trotzdem Nichts-Sagen-Dürfen war eine Bürde für ein empfindsames Kind, das von

Natur aus gesprächig war, besessen von Worten und Büchern und Geschichten. Vielleicht wurde meine Liebe zu Worten aus Verzweiflung geboren, aus einer tiefen Sehnsucht nach Sprache, mit der man eine komplexere Bandbreite von Gefühlen ausdrücken konnte.

Ungefähr einmal im Monat führte das zu einer Implosion. An Tagen, an denen ich von Gefühlen überwältigt wurde, die ich nicht in Worte fassen konnte, ging ich nach der Schule sofort leise auf mein Zimmer – das Zimmer, in dem die Marienkäfer auf der Fensterbank lebten. Ich machte die Tür fest hinter mir zu und ließ mich dann mit einem langen Wehklagen aufs Bett fallen. Wieder und wieder rief ich weinend nach meiner Mutter – ein Teil von mir sehnte sich danach, dass sie mit einem Sack voller Worte herbeieilen würde, um mich zu trösten, um mir meine Gefühle zu erklären und zu entwirren.

Aber ein anderer Teil meines Selbst, der größere Teil, war schon mit der Ebbe hinaus aufs Meer getragen worden. Es war der Teil, der über Wochen, Monate und Jahre hinweg meine Essenz tropfenweise versprüht hatte. Das weiß ich, weil ich, obwohl ich nach meiner Mutter schrie, mein Weinen mit einem Kissen dämpfte.

Einfach gesagt: Ich konnte nicht zulassen, dass sie mich hörte. Tief im Innern wusste ich, dass es schmerzvoller gewesen wäre, wenn sie neben mir gesessen hätte, während ich nach tröstenden Worten verlangte – und ich gespürt hätte, wie sie sich einerseits auf mich zubewegte und andererseits von mir distanzierte. Um all das zu vermeiden, bewegte ich lieber mich selbst, und zwar in unzählige Richtungen gleichzeitig, suchte verzweifelt nach einer Küste, an der ich landen, nach einer Ankerboje, an der ich festmachen und Halt finden konnte.

Wenn die Tränen versiegt waren, schlief ich erschöpft ein, bis ich zum Abendessen aufgeweckt wurde. Im Alter zwischen fünf und zehn passierte das regelmäßig. Nachdem ich zehn Jahre alt geworden war, übersprang ich das Weinen und ging sofort zum Schlafen über. Es gab kein Weinen, kein ersticktes Schreien. Nur das Nickerchen. Nur die Sehnsucht, eine tintenschwarze Woge möge heranrollen und mich für eine gewisse Zeit mitnehmen.

Wenn man ein Kind jeden Tag sieht, ist es fast unmöglich, Veränderungen wahrzunehmen. Man muss seine Körpergröße jedes Jahr am Türstock markieren oder sich die Fotos von jedem Schuljahr anschauen, um sich davon zu überzeugen, dass es gewachsen ist, um eindeutig festzustellen, dass es eine erhebliche Veränderung gegeben hat.

Genauso unmöglich ist es, das Meer zu beobachten und zu erkennen, wann es zurückweicht. Man muss sich die Mondphasen einprägen oder sorgfältig den Sand betrachten, um mit Sicherheit sagen zu können, ob die Flut kommt oder geht und was bei Ebbe mit hinaus aufs Meer genommen wird.

Es war schwer, den Kipppunkt zu bestimmen. Ab welchem Zeitpunkt, welchem Tag oder Monat oder Jahr hatte ich zu viel von meiner Essenz verschwendet? Wann hatte ich nachweislich mehr von meiner Essenz abgegeben, als noch in meinem Innern übrig war?

Es gab nichts, womit ich diese Veränderung hätte messen können. Es gab keinen Türstock, keinen Mondkalender, keine Markierungslinien im Sand. Nur ein Bündel verschwommener Momente. Für die Menschen in meinem Umfeld war es schier unmöglich, sie alle zu einem Ganzen zusammenzufügen, die einzelnen Punkte zu verbinden. Und da mir das Vokabular für dieses Leck in meinem Innern fehlte, hatte ich keine Chance, ihm Ausdruck zu verleihen, es zu benennen.

Als ich ein Teenager wurde, ging die Abspaltung reibungslos vonstatten – mein Emotionalkörper ließ sich mit der zurückweichenden Gezeitenströmung davontragen, und mein Mentalkörper blieb am Strand sitzen. Die Leichtigkeit, mit der ich einen Teil von mir ablösen konnte, war erstaunlich. Aus meinen Nickerchen wurden lange Schlafphasen, manchmal dreizehn, vierzehn Stunden am Stück. Gefühlen gegenüber entwickelte ich ein tiefes Misstrauen. Ich stellte Menschen infrage, die offen darüber sprachen. Ich verurteilte Menschen, die sie zeigten.

Warum können sie sich nicht zusammenreißen?, dachte ich bei mir, ohne zu merken, dass ich diejenige war, die sich zerriss.

Meine Familie und mein Umfeld lobten mich für diese Darbietung – auch wenn es nicht per se als Darbietung bezeichnet wurde, man nannte es lieber Persönlichkeit. Die meiste Zeit war ich ruhig und besonnen. Ich war ein vernünftiges, selbstbewusstes junges Mädchen. Mein Leben wurde nicht vom Gefühlskarussell der Pubertät beherrscht, vor allem nicht von den typisch »weiblichen« Gefühlen.

Man schätzte meinen Mut und meinen Scharfsinn, und ich schätzte diese Dinge ebenfalls. Auch wenn ich manchmal rebellierte, galt ich meistens als braves Mädchen. Ich bekam es so oft zu hören, dass ich mich irgendwann damit abfand, von allen so betrachtet zu werden. Das zeichnete ein braves Mädchen aus – es schauspielerte, ohne zu merken, dass ein Stück aufgeführt wurde oder es ein Skript in der Hand hielt, ohne zu sehen, wie sich der Vorhang öffnete und schloss.

Von Sue Monk Kidd stammt der Satz: »Wenn wir erst einmal in dem Muster gefangen sind, uns aufgrund kultureller Blaupausen zu erschaffen, wird dies der vorrangige Weg, um Bestätigung zu erfahren.«

Es war so leicht, die Menschen in meiner Umgebung davon zu überzeugen, dass ich direkt vor ihnen stand, während der größte Teil meines Selbst weit draußen auf dem Meer trieb und inmitten der wogenden Wellen Wasser trat. Und wer war wohl am leichtesten zu überzeugen? Wer fiel sofort darauf herein? Na, ich natürlich.

3
Wie oben, so unten

Ich sah zu, wie mein Vater auf dem Internationalen Flughafen von Vancouver rechts ranfuhr. Er spähte suchend durch die Windschutzscheibe, bis er mich entdeckte. Lächelnd winkte er mir zu. Meine Mutter auf dem Beifahrersitz scannte ebenfalls die Umgebung, doch bei ihr wirkte es … na ja, als wüsste sie nicht, wonach sie suchen sollte.

Die Alzheimer-Krankheit meiner Mutter war bereits so weit fortgeschritten, dass ein Treffen in Montana nicht infrage kam. Unser Plan sah also vor, dass ich nach Vancouver fliegen, dort bei meinen Eltern übernachten und anschließend mit meiner Mutter nach Bozeman fliegen würde. Unsere erste Station war der Yellowstone-Nationalpark.

Ich bedeutete meinem Vater, die Heckklappe zu öffnen, und während ich mein Gepäck in den Kofferraum lud, hörte ich, wie er für meine Mutter kommentierte.

»Das ist Steph«, sagte er. »Sie ist gerade angekommen.«

»Wo?«, fragte sie.

»Hier«, antwortete er. »In Vancouver.«

»Aber wo ist Steph denn?«, fragte sie leicht frustriert.

Mein Vater zeigte zum geöffneten Heck des Autos.

»Da hinten. Da ist sie.«

Ich winkte, aber meine Mutter sah nicht her. Etwas aus dem

Gespräch hatte sich in den Synapsen in ihrem Gehirn verhakt.

»Wir sind in Vancouver?« Sie klang verwirrt.

Wie soll sie mir denn größer als ich vorkommen, wenn sie gerade dabei ist zu verschwinden?, dachte ich bei mir.

Ich schloss die Heckklappe und holte tief Luft. In den Wochen seit der letzten Sitzung bei meiner Therapeutin hatte ich immer wieder an mein Versprechen gedacht, die Mauer zwischen mir und meiner Mutter einzureißen, meine Mutter als ganze Person wahrzunehmen. Doch in diesem Moment konnte ich nur sehen, was fehlte. Es war erst elf Monate her, dass man die Krankheit bei ihr diagnostiziert hatte, und schon war so viel von ihr verschwunden.

»Hallo, Mom«, sagte ich, als ich mich auf die Rückbank setzte.

Man konnte förmlich hören, wie es in ihrem Gehirn klick machte.

»Oh, ich war mir nicht sicher, ob du es bist!« Sie griff nach hinten, um mir die Hand zu drücken. »Du siehst anders aus. Deine Haare sind viel länger. Und dunkler! Seit wann sind deine Haare so dunkel?«

Ich sah nicht anders aus. Meine Haare waren nicht sehr viel länger. Und auch nicht dunkler, sondern so schokobraun wie immer. Die Erinnerung spielte meiner Mutter einen Streich. Ich beschloss, mitzuspielen.

»Wirklich?«, fragte ich und zog eine Strähne nach vorn, um sie zu begutachten. »Vielleicht sind sie über den Winter ein wenig dunkler geworden.«

»Ich glaube schon«, meinte sie. »Sie sind viel dunkler. Gefällt mir.«

Noch einmal drückte sie meine Hand.

»Bleibst du nur über Nacht?«, fragte sie dann.

»Nein, Mom«, entgegnete ich. »Wir gehen zusammen auf eine Reise. Ich bin gekommen, um dich abzuholen.«

»Auf eine Reise?«, fragte sie. »Mit dir?«

»Sie … du und Steph, ihr wollt campen gehen. Weißt du nicht mehr?«, schaltete sich mein Vater ein. »Wir haben doch darüber gesprochen. Und angefangen zu packen.«

Ich fing Dads Blick im Rückspiegel auf.

»Wir haben schon mal ein paar Sachen herausgelegt«, sagte er. »Aber ich dachte, du kannst uns dabei helfen.«

»Na klar«, sagte ich, meine Bestürzung überspielend, wie sehr ihr Kurzzeitgedächtnis bereits nachgelassen hatte. Ich hatte gewusst, dass sie inzwischen Dinge vergaß, die vor einem Monat oder auch einer Woche geschehen waren, aber jetzt war es schlimmer. Sie erinnerte sich nicht einmal mehr an eine Reise, über die sie und Dad gerade noch gesprochen hatten – und für die sie gestern oder heute Morgen zu packen angefangen hatten.

Der Umgang mit meiner Mutter war zu einer Art Ratespiel geworden – wie weit war ihre Krankheit fortgeschritten, wer und wo war sie zu einem bestimmten Zeitpunkt, wie viel war ihr abhandengekommen, und welche Teile von ihr waren noch übrig?

Doch auch wenn mein Vater das Gegenteil behauptet hatte, bezweifelte ich, dass sie Hilfe beim Packen brauchte. Es handelte sich immerhin um die Frau, die im Laufe ihres Lebens zu einer Meisterin im Kofferpacken geworden war – wenn wir in Urlaub fuhren, wusste sie genau, was sechs Personen und ein sabbernder Hund für zwei Wochen brauchen würden, und sie schaffte es, die ganzen Sachen plus Proviant, Wasserski und Rettungswesten im Gepäckraum eines VW-Busses zu verstauen, und zwar noch vor dem Aufkommen von Dachgepäckträgern.

Wie sich herausstellte, hatte ich mich geirrt. Sie brauchte sehr wohl Hilfe beim Packen. Als wir zu Hause ankamen, sah ich, dass auf der Kommode eine rote Jeans, zwei weiße Baumwollrollis und eine rote Sweatjacke bereitlagen. Daneben türkisfarbene, knielange Shorts, schwarze Leggings und ein graues Umschlagtuch.

Wir sortierten die Shorts aus, doch die weißen Rollis mussten unbedingt mit.

»Was ist, wenn mir kalt wird?«, fragte sie immer wieder.

»Stimmt«, sagte ich, Zustimmung heuchelnd. »Gutes Argument.«

In den elf Monaten seit ihrer Diagnose hatte ich gelernt, dass es sinnlos ist, mit einer an Alzheimer erkrankten Person zu streiten, so sinnlos wie ein dünner Baumwollrolli in den Bergen von Montana. Bevor ich den Reißverschluss ihrer Tasche zuzog, schmuggelte ich so viele Wollsachen hinein, wie ich finden konnte, und auch eine Daunenjacke und Daunenweste.

Danach ging ich den Flur hinunter in das Zimmer, in dem noch immer die Marienkäfer auf der Fensterbank lebten. Es war das Heim meiner Kindheit, ein Ort, der mir vertrauter war als ich mir selbst – und doch fühlte sich in diesem Moment überhaupt nichts vertraut an. Ich kletterte in mein altes Bett, in dem ich als Kind geschlafen hatte, nur durch den Flur von meiner Mutter getrennt, die mir in vielerlei Hinsicht gar nicht mehr wie meine Mutter vorkam.

Vielleicht ähnelt unsere Geschichte der von Demeter und Persephone, überlegte ich. *Nur dass Persephone, als sie schließlich zurückkehrt, in unserer Version feststellt, dass von ihrer Mutter kaum noch etwas übrig ist. Was ist dann?*

In den letzten Stunden hatte ich immer stärkere Zweifel bekommen, ob diese Reise mir tatsächlich zeigen würde, wer meine Mutter war. Vielleicht war es ja schon zu spät, vielleicht waren zu viele Schächte ihres Gedächtnisses verschüttet, waren zu viele innere Rollläden heruntergegangen, fehlte schon zu viel.

Auf einmal wuchs mir das alles über den Kopf. Doch dieses Gefühl hielt nicht allzu lange an, denn in jener Nacht passierte etwas sehr Vertrautes. Das tintenschwarze Wasser schwappte über mich hinweg, und ich schlief ein, kaum dass mein Kopf das Kissen meiner Kindheit berührt hatte.

»Ich hab das noch nie gemacht«, verkündete meine Mutter aufgeregt, als wir in der Schlange am Check-in-Schalter standen.

Das war natürlich nicht wahr. In den letzten 30 oder 40 Jahren war meine Mutter mindestens ein- oder zweimal pro Jahr mit dem Flugzeug verreist. Aber es war auch nicht richtig gelogen, denn die Erinnerungen an diese Reisen existierten in ihrem Kopf einfach nicht mehr. Sie befanden sich irgendwo zwischen Lüge und Wahrheit. An einem Ort des Vergessens. Das ist Alzheimer – ein verschwommenes weder hier noch da.

»Ich komme mir vor wie ein kleines Kind«, fügte meine Mutter hinzu, ehe sie sich zu der Frau hinter dem Schalter drehte. »Ich habe keine Ahnung, wie das alles geht.«

Die Frau sah zu mir herüber, und wie bei den meisten Menschen, die mit meiner Mutter zu tun hatten, schien ihre Miene zu sagen: *Irgendetwas stimmt hier nicht, auch wenn ich nicht genau sagen kann, was es ist.*

Was ja auch kein Wunder ist. Was soll man schließlich von einer Frau halten, die gepflegt und fit wie Jane Fonda wirkt, aber Dinge von sich gibt, als käme sie aus einem anderen Jahrhundert?

Ich lächelte die Frau an, ehe ich mich meiner Mutter zuwandte und ihr beruhigend die Hand auf den Rücken legte.

»Ich zeige es dir«, sagte ich.

»Du weißt, wie das alles geht?!« Sie wirkte verblüfft ... und gleich darauf sichtlich erleichtert.

»Ja«, entgegnete ich. »Entspann dich.«

Als wir eingecheckt hatten, schleuste ich meine Mutter durch die Sicherheitskontrolle und führte sie dann zu einer Weinbar in der Nähe unseres Gates, wo ich spontan für jede von uns ein Glas Champagner bestellte. Sie redete ununterbrochen. Sie stellte Fragen, machte eine Reihe interessanter Beobachtungen und stellte noch mehr Fragen, ein bisschen wie eine wohlerzogene Neunjährige mit überbordender Neugier.

»Den hier?«, fragte sie und deutete auf einen der Barhocker. »Bist du sicher? Und wo sitzt du?«

»Ich nehme den da«, sagte ich und zog den Hocker neben ihrem heran.

»Ach, da ist ja noch einer. So ein Glück, oder?«

Der Barkeeper servierte ihr den Champagner.

»Ist das für mich?«, flüsterte sie und traute sich nicht, das Glas zu nehmen. »Ich habe meine Geldbörse nicht dabei.«

»Ich habe meine dabei, Mom. Keine Sorge.«

»Ja?«, fragte sie. »Und was ist mit meiner? Wo ist eigentlich meine Handtasche?«

»Da ist sie doch«, sagte ich. Die Handtasche lag in ihrem Schoß, der Riemen noch um den Oberkörper geschlungen.

»Da liegt sie gut«, lachte sie, ehe sie auf ihr Glas Champagner deutete. »Dann kann ich das haben? Wo ist deins?«

»Ich habe meins hier«, sagte ich.

»Oh …« Sie schaute auf mein Glas. »Ich bin ja nicht so, du hättest auch meins haben können, aber jetzt haben wir beide eins, und das ist gut.«

Wir hoben die Gläser.

»Cheers!«, sagte sie und legte einen Arm um mich. »Auf …«

Sie hielt inne.

Suchte sie nach dem richtigen Wort, oder wusste sie nicht mehr so genau, wer ich war?

»Auf Mütter und Töchter!«, half ich ihr aus der Klemme, dann stießen wir an.

»Wo ist Brian?«, wollte sie wissen, nachdem sie einen Schluck getrunken hatte.

»Zu Hause. Diese Reise machen nur wir beide.«

»Er kommt nicht mit?«

»Nö. Nur du und ich … wir gehen campen.«

»Wirklich?«

Sie dachte eine Weile darüber nach, und ich merkte, wie leichte Besorgnis in ihr aufstieg.

»Haben wir denn alles dabei, was wir brauchen?«, fragte sie.

»Ganz bestimmt«, antwortete ich.

»Gut. Ich dachte nur.«

Sie trank noch einen Schluck, dann sah sie mich an.

»Was brauchen wir denn dafür? Wir gehen zelten, hast du gesagt?«

»Mach dir darüber keine Gedanken, Mom. Ich habe alles Notwendige eingepackt. Lass dir einfach deinen Champagner schmecken.«

Als es ans Zahlen ging, legte ich das Geld in die Rechnungsmappe, stand auf und fing an, unsere Sachen zusammenzusammeln.

»Komm, Mom«, sagte ich. »Nimm diese Tasche da. Wir müssen los.«

»Aber du kannst das doch nicht einfach hierlassen.« Sie deutete auf die schmale schwarze Mappe.

Ich war schon losgegangen, während sie noch immer neben den Hockern stand.

»Komm schon, Mom«, drängte ich.

»Du willst es wirklich hierlassen?«

Es war ihr sichtlich unangenehm.

»Der Barkeeper weiß Bescheid«, sagte ich frustriert. »Alles in Ordnung.«

»Er weiß Bescheid ... bist du sicher?« Nur zentimeterweise entfernte sie sich vom Tresen, weil sie das Geld nicht unbeaufsichtigt lassen wollte.

»Ganz sicher«, sagte ich mit fester Stimme.

Ich packte ihre Hand und zog sie weg. »Es ist Zeit, Mom.«

Ihr Blick klebte auf der Rechnungsmappe. »Ab... oh. Oh, er hat es genommen. Gut. Wir können los.«

Lächelnd drückte sie meine Hand.

»Wohin gehen wir?«, fragte sie.

Ich antwortete nicht.

Das Gehirn meiner Mutter ist wie eine verhedderte Goldkette. Die zarten, beweglichen Glieder haben sich verknotet. Und ich fange gerade erst an zu begreifen, dass sich diese Kette nie wieder ganz entwirren lassen wird, egal wie beharrlich und geduldig ich es versuche und egal wie viele Juweliere sie mit ihren fachkundigen Händen und feinen Werkzeugen bearbeiten.

Im Boardingbereich herrschte reger Betrieb. Wir hielten uns etwas abseits, und ich holte schon mal unsere Pässe aus der Tasche. Als ich alles parat hatte, sah ich auf der Anzeigetafel nach, ob bereits Zonen zum Boarding aufgerufen wurden. Dreißig oder 40 Sekunden verstrichen, ohne dass meine Mutter einen einzigen Kommentar abgab oder eine Frage stellte, daher drehte ich mich zu ihr, um mich zu vergewissern, dass sie immer noch neben mir stand. Sie tat es, betrachtete still die Menschen um uns herum und wiegte sich dabei leicht auf den Füßen. Es war eine kaum merkliche Gewichtsverlagerung von den Fersen auf die Zehen. Wir machten es beide – vor und zurück, vor und zurück, vor und zurück.

Ich musste daran denken, wie wir wenige Wochen zuvor in derselben Pose dagestanden hatten.

Die Mutter meiner Mutter war Anfang des Jahres, am 30. Januar, gestorben. Fünf Tage später wurde sie eingeäschert, und am Muttertag, einen Tag, bevor sie 96 geworden wäre, kam unsere Familie in Vancouver zur Trauerfeier zusammen.

Am Morgen half ich meiner Mutter auszusuchen, was sie anziehen sollte. Und am Nachmittag betrat ich mit ihr einen Raum voller Familienmitglieder – Geschwister, Tanten, Onkel, Cousins und Cousinen. Von den anwesenden Blutsverwandten waren 21 Frauen und zehn Männer.

Warum ist mir das noch nie aufgefallen?, dachte ich bei mir, als ich den Frauenüberschuss bemerkte.

Ich spürte, wie nervös meine Mutter war. Wir standen zusammen in einer Ecke am Fenster. Sie lehnte sich leicht an mich, und wir beide wiegten uns vor und zurück, vor und zurück.

»Ich kenne keinen von diesen Leuten«, sagte sie leise und sichtlich besorgt.

Das stimmte natürlich nicht. Sie wusste, dass sie sie kennen sollte, tat es aber nicht. Wieder so etwas Verschwommenes, Ungereimtes.

»Schau nur die vielen Leute. Ich … ich kenne bloß keinen von ihnen. Ich habe sie 30 Jahre lang nicht mehr gesehen.«

Ich korrigierte sie nicht. Das wäre mir grausam erschienen, immerhin war dies die Trauerfeier für ihre Mutter.

Nach einiger Zeit drehte sie sich aufgeregt zu mir. Ihre Verwirrung hatte sich gelegt, ihre Augen waren auf einmal voller Hoffnung.

»Kommt meine Mom auch?«, fragte sie.

Die Frage traf mich wie ein Steinschlag. Ich hatte einen Kloß im Hals und musste schlucken, als ich sagte: »Nein, Mom.« Ich sah in ihr weiches, lächelndes Gesicht. »Oma kommt nicht.«

Sie erwiderte meinen Blick. Dann fiel ihr Lächeln langsam in sich zusammen.

»Das wusste ich schon, oder?«, fragte sie.

»Ja«, sagte ich. »Das wusstest du.«

»Ich weiß es schon seit Monaten, oder?«

»Ja«, sagte ich. »Tust du.«

Obwohl sie unbewegt neben mir stand, hatte ich das Gefühl, dass ein Teil von ihr fiel. Als würde sie zusammensacken, als wäre meine Mutter innerlich zu Boden gegangen.

Ist sie traurig?, fragte ich mich und griff nach ihrer Hand. *Äußert sich so ihre Traurigkeit?*

Ich wusste, dass sie dafür keine Worte hatte, jetzt mit ihrem Alzheimer schon gar nicht. Um zu verstehen, was mit ihr passierte, musste ich es fühlen, erahnen, und die Lücken mit einer Rohübersetzung füllen. So war es eigentlich schon immer gewesen.

Ich bin mir nicht sicher, was meine Mutter von ihrer Mutter gebraucht hätte. Ich habe sie nie gefragt, und sie hat es mir nie gesagt. Doch in diesem Moment verstand ich, dass auch sie gelernt hatte, einen Teil von sich abzuspalten. Ich konnte zusehen, wie sie erst vergaß und sich dann wieder daran erinnerte, dass ihre Mutter tot war, wie sie realisierte und abermals realisierte, dass sie niemanden mehr hatte, zu dem sie zurückkehren konnte, keinen Ort ihre Heimat nennen konnte, und ich fühlte es ihr nach. Wie sie sich zusammenriss und zugleich einen Teil von sich gehen ließ. Wie sie dasaß und darauf wartete, dass eine Welle kommen und sie hinaus aufs Meer spülen würde. Ich kannte dieses Gefühl. Ich kannte es gut.

Hatte meine Mutter allein in ihrem Zimmer geweint? Waren wir beide verloren auf hoher See? Schaukelten irgendwo in einem Boot – vor und zurück, vor und zurück, vor und zurück?

Vielleicht waren wir uns ähnlicher, als ich gedacht hatte – eine Vorstellung, die zugleich tröstlich und absolut unerträglich war.

Ein paar Tage nach der Trauerfeier für meine Großmutter versammelte sich ein kleinerer Teil der Familie, darunter die drei Schwestern meiner Mutter – Daphne, Brenda und Nancy – im Kirchgarten von St. Mary's Anglican, um die Asche beizusetzen.

Ich weiß noch, dass ich auf die Schuhe des Pfarrers starrte. Sie waren zu leger. Rutschfeste Sneakers, wie sie ein Sicherheitsbeamter am Flughafen tragen würde, wenn er mit blauen Gummihandschuhen das Gepäck kontrolliert. Bis zu diesem Zeitpunkt hatte ich nie darüber nachgedacht, welches Schuhwerk für einen Pfarrer angemessen war, aber diese Treter waren es definitiv nicht. Beim Umgang mit einer Urne – und der Trauer der betroffenen Familie – sollte man keine abgewetzten schwarzen Sneakers tragen.

Mein Blick wanderte von den Schuhen des Pfarrers zu einem kleinen Loch im Boden. Es war vor unserer Ankunft ausgehoben worden und kaum groß genug für einen Baumsetzling. Aber wir hatten auch nicht vor, einen Baum zu pflanzen. Der

Pfarrer sprach ein paar Worte und ein kurzes Gebet, dann schüttete er die Asche meiner Großmutter in das kleine Loch.

Die Asche fiel aus der Urne, und ich hörte, wie sie am Boden aufkam. Es war dasselbe Geräusch, als würde man ein Kilo Mehl in eine große Holzschüssel schütten. Eine pudrige Wolke stob auf. Das war's. Das war meine Großmutter. Eine mächtige Eiche war verbrannt und die Asche in ein Pflanzloch für ein Bäumchen geschüttet worden. Ich hakte mich bei meiner Mutter ein.

Ich blickte auf unsere Füße. Wieder wiegten wir uns vor und zurück. Es geschah ganz unbewusst, automatisch. Es war ein Wissen, das in uns wohnte, das Gedächtnis unserer Muskeln.

Etwas in uns wusste, wie das geht. Etwas, was keinen Namen und keine Worte hatte.

Irgendwo in mir drin spürte ich ein Ziehen.

Ist dies unsere gemeinsame Sprache?, fragte ich mich.

Als kleines Mädchen habe ich, wenn meine Großmutter bei uns zu Besuch war, immer ein Spiel mit ihr gespielt. Meine Mutter musste sich neben sie setzen, und ich sagte: »Hände, bitte.«

Sie kannten das Spiel. Jede streckte eine Hand aus, sodass sie Seite an Seite in der Luft schwebten, und ich hielt meine Hand neben die Hand meiner Mutter. Dann kniff ich bei jeder von uns die Haut auf dem Handrücken zusammen. Ich nahm ein wenig davon zwischen Daumen und Zeigefinger, zog ganz sanft daran und ließ wieder los. Wir kicherten, während wir aufmerksam beobachteten, wie die Haut zurücksank. Meine war noch jung und elastisch und glättete sich sofort. Die Haut meiner Mutter schmiegte sich langsam wieder an ihre Hand. Und die meiner Großmutter blieb mehr oder weniger dort, wohin ich sie gezogen hatte – wie ein kleines Gebirge, das sich von den Fingerknöcheln bis zum Handgelenk erstreckte. Sie musste die Hand massieren und ihre pergamentartige Haut ein wenig wärmen, damit sie wieder normal wurde.

Dieses Bild hat sich in mein Gedächtnis eingeprägt. Jedes Mal, wenn ich in der Ferne einen Bergkamm sehe, muss ich an die Hände meiner Großmutter denken. Aber ich weiß nicht, wie lange die Prägung halten wird.

Meine Großmutter hatte Demenz.

Meine Mutter hat Alzheimer.

Ich bin ein Setzling in einem Wald, der anscheinend wild entschlossen ist, zu vergessen.

Als junges Mädchen habe ich mich nicht in ihnen wiedererkannt, und jetzt möchte ich nicht so sein wie sie. Ich will nicht in dieser Erde wurzeln, in einer Erde, die offenbar verbrannt ist, verbrannt von einem Feuer des Vergessens. Doch hier bin ich nun und bibbere vor Angst davor, dass das Analogieprinzip »wie oben, so unten« auch in umgekehrter Richtung gilt. Dass das Grundwasser, das durch meine Familie fließt, die Blutlinie vergiftet, von den Wurzeln bis hinein in unsere Gehirne.

Die Vorstellung, ich könnte die Unfähigkeit, über Emotionen zu sprechen, und einen Verstand, der irgendwann in sich zusammenfällt, geerbt haben, erschreckt mich. Ist es nicht absurd, dass wir uns in Sicherheit wähnen, weil sich unser Leben hauptsächlich in unserem Kopf abspielt? Wenn ich daran denke, dass das Wissen, wie man vergisst, in meiner DNA abgespeichert ist, verstummt etwas in mir, wird taub. Ich kann es weder benennen noch aus mir herausreißen. Und so sitze ich einfach da. Versteinere. Ich lasse diesen Teil zu Stein werden.

Habe ich noch drei Jahrzehnte vor mir oder vier?, frage ich mich.

Mein Körper wurde mit Anweisungen geboren, wie man geht, wie man spricht, wie man sich von einem Kind zu einer Frau entwickelt. Anweisungen, die einen eingebauten Timer hatten. Würde es mit dem Wissen, wie man vergisst, genauso ablaufen?

Ich erinnere mich an eine Stelle aus Joy Harjos Buch »Crazy Brave«. »Knochen haben ein Bewusstsein«, schrieb sie. »Im

Knochenmark wohnt ein Gedächtnis.« Bei diesen Worten schnappte ich innerlich nach Luft.

Wann wird die Bombe hochgehen?, frage ich mich stumm. *Auf welchen Tag ist der Timer gestellt, der den Mechanismus des Vergessens auslöst?*

In jenem Moment im Kirchgarten von St. Mary's und seitdem noch viele Male habe ich über die Elastizität meines Gedächtnisses nachgedacht. Darüber, wann es wie bei meiner Mutter und Großmutter zu schwinden beginnen wird, und darüber, wie und wo sich der Abbau meines Gehirns bemerkbar machen wird. Und es bekümmert mich, dass die Frauen meiner Familie nebeneinander aufgereiht einen ganzen Gebirgszug des Vergessens bilden, eine Abfolge abstrahierter Höhenlinien, die sich quer durch die Landschaft unseres Stammbaums ziehen.

Ein quälender Gedanke. Denn was ist, wenn eine Ahnenreihe von Frauen sich selbst vergisst? Zu wem sollen die Töchter zurückkehren, wenn sie sich selbst nicht mehr daran erinnern, wer sie sind? Welche Mütter werden dann für uns existieren? Wer wird uns halten, wenn wir zusammenbrechen?

Es kam mir vor wie ein Fluch, als müsste Persephone für immer und ewig in der Unterwelt herumirren und als hätte Demeter keine Tochter, die zu ihr zurückkehren konnte – eine Bestimmung, die sich nicht erfüllte, ein Stammbaum, der sich nicht nachverfolgen ließ. All diese Fragen hingen in der Luft, als meine Mutter und ich von Vancouver nach Bozeman flogen.

Unser Flug führte uns direkt über die Rocky Mountains, eine riesige Wasserscheide, die sich von British Columbia und Alberta bis Idaho, Wyoming, Montana und noch weiter erstreckt. Und während ich im Flugzeug saß und auf die gigantische Bergkette unter uns starrte, spürte ich, wie die Energie der Natur in meinen Körper floss.

Vielleicht ist es das, dachte ich bei mir und holte tief Luft, meine schlafende Mutter neben mir. *Vielleicht kann ich hierher zurückkehren. Und vielleicht kann auch meine Mutter, wenn sie sich von sich selbst abspaltet, hierher zurückkehren.*

Es war nicht das erste Mal, dass ich bei Mutter Natur Orientierung suchte. Schon in der Vergangenheit war sie viele Male eine Quelle der Weisheit für mich gewesen, ein Ort schonungsloser Wahrhaftigkeit, die sich mit der Zeit zu Trost abmilderte. Das Beste am Aufenthalt in der Natur ist, dass man dort mit der Wahrheit konfrontiert wird, weshalb es auch so schwer ist, sich der Natur auszusetzen. Zugleich verband ich mit dieser Reise Hoffnungen – die Hoffnung, dass Mutter Natur mir erneut Weisheit bescheren würde; die Hoffnung, dass ich hier in den Rockies – einer Gebirgskette, die so lang ist, dass sie womöglich die Vergangenheit mit der Gegenwart und der Zukunft verbinden kann – Antworten finden würde. Vielleicht lagen die Antworten irgendwo in diesen gewaltigen Falten, versteckt zwischen Bergen und Seen, Felsen, Flüssen und Bächen.

Für einen kurzen Moment ergab diese Reise Sinn für mich – während Alzheimer Worte und Sätze, eine ganze Sprache der Erinnerung raubte, schien sich uns hier die Chance zu bieten, eine neue Sprache zu lernen oder eine vergessene zurückzuerlangen. Ich klammerte mich an die Idee, dass Mutter Natur uns vielleicht beide zurück ans Ufer bringen würde.

All meine Fragen über das Abspalten von sich selbst und das Ganzwerden rückten vorerst in den Hintergrund. Denn wenn es etwas oder jemanden oder einen Ort gibt, der sich an uns alle erinnern wird – wenn die Wurzeln zu faulen beginnen und unsere Synapsen nach und nach aufhören zu feuern –, dann ist es die Natur. Sie würde sich erinnern, so wie die Haut an der Hand meiner Großmutter.

4

Beten in Pray, Montana

Die Art und Weise, wie wir mit Verlust umgehen, wirkt sich auf unsere Fähigkeit, uns dem Leben zu stellen, mehr als alles andere aus. So, wie wir uns vor den mit dem Verlust verbundenen Gefühlen schützen, distanzieren wir uns wahrscheinlich auch vom Leben.
RACHEL NAOMI REMEN

Meine Mutter und ich landeten am 6. Juni in Bozeman. Wir stiegen aus dem Flugzeug, holten unser Gepäck und gingen zum Schalter der Mietwagenfirma.

»Ich hab das noch nie gemacht«, verkündete meine Mutter aufgeregt, während wir darauf warteten, dass man uns den Autoschlüssel aushändigte.

Das war natürlich nicht wahr. Aber was ist überhaupt Wahrheit?

Wir übernachteten in einer kleinen Airbnb-Unterkunft und lachten bei Pizza mit Bier. Das fühlte sich wahr an.

Aber wird es das bleiben, dachte ich, *oder wird es zu einer Lüge, wenn sie sich tags darauf an nichts mehr erinnert?*

Am nächsten Morgen deckten wir uns im Lebensmittelgeschäft mit Instant-Haferflocken und Eiern, Äpfeln und Babybel-Käse ein. Außerdem kauften wir noch Kaffee und ein paar Dosen Campbell's Tomatensuppe mit Reis. Meine Mutter liebte diese Suppe. Das fühlte sich wahr an – aber war es das auch, wenn ich sie daran erinnern musste?

Gegen zehn Uhr verließen wir Bozeman und legten noch einen kurzen Zwischenstopp bei einem kleinen Buchladen in Livingston ein. Wie auf jeder Reise kaufte ich eine Ansichtskarte für meine Großmutter, obwohl sie nun schon seit fast einem halben Jahr tot war. Aber ich konnte nicht anders.

Das, dachte ich bei mir, *das ist wahr.* Doch auch da war ich mir nicht so sicher.

Wir fuhren auf der Straße, die von Pray, Montana, zum Nordeingang des Yellowstone-Nationalparks und weiter zum Boiling River führt. Die Gegend ist auch als Paradise Valley bekannt. Nach einigen Kilometern sah ich, wie meine Mutter von einem Zauber erfasst wurde. Ich merkte es daran, wie ihre Miene weicher wurde und sie in Tränen ausbrach. An jenem Vormittag weinte sie die ganze Strecke lang. In ihr war ein Damm gebrochen, von dessen Existenz ich nichts geahnt hatte.

Waren Sie schon mal an einem Ort, der Sie verzaubert hat? An einem Ort, von dem eine Funken sprühende Faszination ausging, ein diffuses Leuchten, das durch die Luft direkt in Ihren Blutkreislauf floss? Ich habe schon mehrere solche Orte erlebt, aber der Yellowstone-Nationalpark ist mit Abstand der zauberhafteste. Die magischste aller Pforten in eine andere Welt.

Für mich hat es etwas mit den Bisons zu tun. Sie sehen aus wie die Antwort auf ein Gebet. Wenn jemand, der einsam ist und weint, Gott darum bitten würde, ihm etwas oder jemanden zu schicken, der ihn versteht, dann könnte Gott ihm meiner Vorstellung nach einen Bison schicken oder gleich eine ganze Herde. Etwas, was diesem Menschen helfen würde, dem

Sturm und den Wolken und dem peitschenden Regen zu trotzen, die ganze aufgeladene Situation zu überstehen. Ich glaube, das habe ich all die Jahre in meinem Zimmer gemacht. Ich glaube, ich habe um einen Bison gebetet.

Bisons haben etwas Prähistorisches, als kämen sie aus einer Zeit und von einem Ort, wo man den Herzschlag von allem Lebendigen um uns herum hören und durch das Donnern der Hufe auf dem Erdboden spüren konnte.

Jedes Mal, wenn ich eine Herde Bisons sehe, werde ich zugleich in die Vergangenheit und in die Zukunft versetzt, als wären sie ein Omen, eine Art Mahnung an mich, dass ich achtgeben muss, was ich mit mir herumtrage und was mich trägt. Der Anblick eines Bisons erinnert mich jedes Mal daran, dass es in Ordnung ist, diejenige zu sein, die dem Sturm trotzt.

Meine Mutter weinte an jenem Vormittag so bitterlich, dass ich irgendwann rechts ranfuhr.

»Mom?«, fragte ich. »Was ist los?«

Ich machte mir ernsthafte Sorgen, ihr könnte etwas fehlen.

»Alles in Ordnung? Warum weinst du denn?«

Meine Nerven lagen blank. Ich wusste nicht, was ich tun sollte, wie ich mich ihr gegenüber verhalten, wer ich in diesem Augenblick für sie sein sollte.

»Mom?«, sagte ich noch einmal.

Es dauerte eine Weile, bis sie ihre Stimme wiederfand, doch dann sagte sie vier sorgfältig zurechtgelegte Worte.

»Es ist so wunderschön.«

Da überkam mich Ruhe. Ich hatte nicht gewusst, dass ein lebenslanger Durst mit vier Worten gestillt werden konnte. Ich ergriff ihre Hand und lehnte mich zurück. Wir blickten aus dem Fenster auf das wie gemalt daliegende Flusstal, von dem sich in jede Richtung Berge erhoben. Es war, in den Worten Annie Dillards, »ein unendlicher Sturm der Schönheit«.

Der Emigrant Peak und der Rest der Absaroka-Bergkette ragten im Osten auf, im Westen der Gallati-Gebirgszug. Wir waren geborgen in dem Raum dazwischen, wie in einer Wiege, einem Schoß aus Flusswasser und Stein. Und auch wenn ich es nicht sehen konnte, wusste ich, dass direkt vor uns eine große Schmelze im Gange war. Irgendwo in diesen Bergen taute der Schnee; riesige Wassermassen stürzten von den Gipfeln herunter, ergossen sich in die Bäche und Flüsse, die in den Yellowstone River münden. Wenn etwas zu tauen beginnt, kann das wehtun. Ein schmerzhaftes Pulsieren in den Fingerspitzen.

»Schau«, sagte sie, als hätte sie noch nie ein Flusstal gesehen oder irgendwo in den Bergen Halt gemacht. »Schau dir bloß all die Natur an.«

Und mit diesem schlichten Ausspruch verzauberte sie unsere gesamte Reise. Das war meine Mutter in der Natur. Das war Mutter Natur. Das war die Natur meiner Mutter. Jedes davon hatte ich einzeln erlebt, aber noch nie alle vereint. Nicht so wie jetzt.

Meine Mutter atmete stockend ein und stieß einen langen Seufzer aus. Ein Zeichen, dass sie bereit zum Weiterfahren war. Ich vergewisserte mich, dass kein Auto kam, und fuhr langsam zurück auf die Straße. Nach etwa zehn Kilometern merkte ich, wie meine Mutter sich leicht an meine rechte Schulter lehnte.

»Ich war schon mal hier«, flüsterte sie.

Das stimmte natürlich nicht. Aber wie konnte ich mir anmaßen zu sagen, wer meine Mutter war, was ihre Wahrheit war und wo sie schon gewesen war oder nicht?

Was meine Mutter betraf, kannte ich nicht viele Antworten. Und auch nicht viele Fragen. Mein ganzes Handeln und all meine Entscheidungen waren ein verzweifelter Versuch gewesen zu beweisen, dass ich nichts von meiner Mutter brauchte. Ich hatte gar nicht schnell genug die entgegengesetzte Richtung einschlagen können und ein gewaltiges Ego darauf aufgebaut, wie unterschiedlich wir waren. Mein ganzes Leben basierte auf einem Mantra, einem unbewussten Satz, der sich mir eingeprägt hatte: Ich werde nicht so wie meine Mutter.

Wie viele Male hatte ich diese Worte oder eine Variation davon meinen Freunden zugeflüstert: »O Gott, ich werde schon so wie sie, findet ihr nicht? Bitte sorgt dafür, dass ich nicht werde wie sie.«

Wie viele Male hatten meine Schwester und ich die Augen verdreht und zueinander gesagt: »Hör auf. Du bist wie Mom. Hör sofort auf.« Aber das kann man natürlich nicht abstellen. Wie viele Male hatte ich Leuten widersprochen, die behaupteten, ich sehe aus wie meine Mom, verhalte mich wie meine Mom oder erinnere sie irgendwie an Mom.

»Wirklich?«, erwiderte ich dann. »Kann ich nicht erkennen.« Und das stimmte. Es war keine Lüge. Für mich gab es einfach keine Ähnlichkeiten zwischen uns.

In alldem steckte eine unbewusste, aber starke Abwehr. Eine Ablehnung, die so tief ging, dass sie selbst für mich unsichtbar wurde. Schon rätselhaft, wie man einen Teil von sich so entschieden ablehnen kann, dass man ihn wirklich nicht mehr wahrnimmt. Oder gar vergisst, dass es ihn gibt.

Während wir weiter durch das Tal fuhren, wurde mir klar, dass ich die Frage, wer meine Mutter wirklich war, noch nie hatte beantworten können. Die ganze Wahrheit über sie hatte sich mir immer entzogen, ich hatte sie nie richtig zu fassen bekommen. Warum? Weil sie nicht wollte, dass man sie kennenlernte, oder weil ich sie weggestoßen hatte? Weil sie sich selbst nicht voll und ganz kannte und es daher auch nicht weitergeben konnte, weder verbal noch auf andere Art und Weise? Ich wusste es nicht. Ich war mir nicht sicher. Bei manchen Dingen ist es so leicht, sich sicher zu sein … während andere verschwommen bleiben.

Seit meine Mutter Alzheimer hat, werde ich vieles gefragt, aber eine Frage kommt am häufigsten.

»Wie haben Sie es gemerkt?«, wollen die Leute wissen. »Ich meine, wie konnten Sie sich sicher sein?«

Sie fragen es nicht aus Neugier, nicht aus Wissbegierde.

In den Vereinigten Staaten leben derzeit 5,8 Millionen Menschen mit Alzheimer. Der Alzheimer-Gesellschaft zufolge kommt alle 65 Sekunden eine weitere Person hinzu.

Eigentlich ist es auch gar keine Frage, sondern ein Flehen. Eine inständige Bitte, es möge nicht wahr sein. Über diese Frage hinweg höre ich ganz leise Stimmen, die flüstern: »Lieber Gott, bitte nicht sie. Bitte nicht er. Bitte nicht wir.«

Das weiß ich so genau, weil es bei uns genauso war.

Ich kann mich nicht mehr daran erinnern, wie meine Mutter die Diagnose bekam. Ich weiß nicht mehr, wie ich benachrichtigt wurde, ob durch ein ernstes Telefongespräch oder eine emotionale E-Mail. Offensichtlich habe ich es von jemandem erfahren, und der gesunde Menschenverstand sagt mir, dass es mein Vater war, aber ich kann es nicht beschwören. Die Tage und Wochen im Sommer 2015 sind mir nicht als wichtige Meilensteine in der Alzheimergeschichte unserer Familie in Erinnerung. Das klingt gefühllos, ich weiß – wie ist es möglich, dass ich mich noch genau daran erinnern kann, wo ich stand und dass meine Fingerspitzen sanft über meinen bordeauxfarbenen Rock kreisten, als ich von Prinzessin Dianas Tod erfuhr, aber keinerlei Erinnerung mehr daran habe, wie es war, als man mir mitteilte, dass meine Mutter Alzheimer hat?

Meine Antwort darauf – falls es überhaupt eine Frage ist – lautet: *Ich wusste es schon.*

Alzheimer kommt nicht aus dem Nichts heraus; man wacht nicht morgens auf und hat es auf einmal. Es gibt Anzeichen. Die Krankheit entwickelt sich langsam, aber stetig. Es ist wie bei der Mäusefamilie, die sich in unserer Küchenwand eingenistet hat. Ich war nicht überrascht, als wir die erste erwischten. Das war nicht der Moment, in dem ich verkündete: »Wir haben Mäuse!« Ich hatte es schon Monate, bevor die erste Falle zuschnappte, gewusst.

Zuerst wunderte ich mich nur. Es war so kühl geworden,

dass man die Heizung einschalten konnte, und etwa eine Stunde, nachdem ich das Thermostat hochgedreht hatte, roch es irgendwie komisch. Wochen später fiel es mir kurz wieder ein, als ich ein kleines Loch in der Sperrholzplatte hinter der Küchenspüle entdeckte. Und als wir in der Speisekammer zwei Mausefallen fanden, die die früheren Besitzer unseres Hauses aufgestellt hatten, hielt ich es für möglich. Aber der Winter war schon weit fortgeschritten, als ich eins und eins zusammenzählte und aussprach, was ich bereits wusste. »Wir haben Mäuse«, konstatierte ich, als wir beim Nachhausekommen kleine schwarze Köttel neben dem Mülleimer entdeckten – dem Mülleiner unter der Spüle, wo auch die Mäuse lebten.

Es dauerte Monate und brauchte sichtbare Mäuseexkremente, bevor ich wirklich sicher war, bevor ich die Dinge beim Namen nannte.

Ganz ähnlich verhielt es sich bei der Alzheimer-Krankheit meiner Mutter. Die eigentliche Diagnose empfand ich weder als schockierend noch als traumatisch. Sie war so offensichtlich wie die Mäuse – die Beweise waren überall. Sie wurden mir Stück für Stück präsentiert, einer nach dem anderen, und flehten mich förmlich an, in einem Agatha-Christie-Stück über die Dinge, die dem Gehirn meiner Mutter abhandenkamen, die Rolle der Miss Marple zu übernehmen.

Wir alle stolperten über die Indizien, aber solche Indizien zu finden, ist natürlich nicht angenehm. Meistens gehen wir darüber hinweg. Wir wenden uns ab, reden uns ein, dass wir uns getäuscht haben, ignorieren sie, erfinden eine Geschichte und sagen uns, dass es einen anderen, sehr guten, vollkommen einleuchtenden Grund für die Zeichen, die wir sehen, geben muss.

»In einer Familie zu leben bedeutet, die Hälfte der Zeit Dinge zu ignorieren«, hat der Autor Omar El Akkad gesagt. Unsere Familie war ein Musterbeispiel für dieses Verhalten.

»Sie ist gestresst wegen Oma. Wenn Oma erst einmal im Pflegeheim ist, wird Mom sich entspannen.«

»Ach, sie konnte sich Namen noch nie gut merken. Lass sie in Ruhe.«

»Weißt du noch, wie sie eine ganze E-Mail in die Betreffzeile getippt hat, weil sie nicht wusste, wie man den Cursor in den Textteil der E-Mail kriegt? Sie hat nie gelernt, am Computer E-Mails zu schreiben, von E-Mails am Smartphone ganz zu schweigen. Hack nicht auf ihr herum.«

»Sie ist jetzt über 60. Natürlich vergisst sie da ab und zu mal ein Wort. Lass sie in Frieden.«

Die Nachsätze waren verräterisch. Jedes Mal, wenn etwas vorfiel, lautete die kollektive Antwort: »Lass sie in Ruhe.«

Aber eigentlich meinten wir damit: »Lass mich in Ruhe.« Wir meinten: »Ich habe Angst« und: »Ich will nicht, dass es so ist« und: »Ich kann mit so etwas nicht umgehen«. Wir flehten: »Bitte nicht sie. Bitte nicht wir. Bitte nicht das.«

Wenn alle um dich herum sagen, dass sie Angst haben – und sei es auch nur in verschlüsselter Form -, dann ist es ziemlich wahrscheinlich, dass etwas Beängstigendes vor sich geht. Und wenn alle um dich herum bereits »bitte nicht« flehen – und sei es auch nur indirekt in Form von Vermeidungsstrategien und Fragen -, dann weiß höchstwahrscheinlich jeder, was dieses Beängstigende ist.

Meine Mutter war 32, als sie spürte, dass Teile von mir im Entstehen waren. Sie war 33, als sie sich sicher war, als sie es tief in ihrem Innern wusste.

Ich war 32, als ich spürte, dass Teile meiner Mutter verloren gingen, als ich spürte, dass kleine Stücke von ihr durch Sprünge in ihrem Gehirn rutschten. Ich war 33, als ich mir sicher war, als ich es tief in meinem Innern wusste.

Wenn mich die Leute fragen, woher ich es wusste, legen sie selbst eine Spur aus Brotkrumen, erzählen von vergessenen Wörtern, entfallenen Namen und Wutausbrüchen aus heiterem Himmel. Sie erzählen von Vergesslichkeit, Wiederholungen und der Notwendigkeit, jemanden ständig zu erinnern. »So etwas hätte sie früher nicht gesagt«, höre ich dann, oder: »Gestern hat ihn die Ampel verwirrt.« Wenn mir die Leute all diese Beweise präsentieren, schließe ich daraus, dass sie es bereits wissen. Tief im Innersten kennen sie die Wahrheit. Sie zermartern sich das Hirn auf der Suche nach Antworten, dabei spüren sie die Antwort längst in den Knochen. Sie wiegen sich vor und zurück, vor und zurück, vor und zurück – weil sie unsicher sind, wie sie Gewissheit erlangen können, weil sie es nicht wahrhaben wollen.

Während wir darauf warten, dass es in unserem Gehirn klick macht, kann viel passieren. Zwischen dem Moment, in dem wir die Mäuse riechen, und dem Moment, in dem wir sagen: »Wir haben Mäuse. In unseren Wänden lebt etwas.«

Ich habe schon als Kind gelernt, dass man nicht die Wahrheit sagen soll. Man soll natürlich nicht lügen … aber eben auch nicht die Wahrheit sagen. Wenn du denkst, dass etwas wahr sein könnte, dann sprich nicht darüber. Hüte dich, auch nur eine Andeutung zu machen. Ist besser so. *Sei einfach lieb und nett und nicht auf Konfrontation aus,* wurde mir vermittelt, *dann wird man dich mögen.*

Ich schaffte es nicht, darüber zu schweigen, was ich tief im Innern über meine Mutter wusste. Dafür hatte ich nicht genug von diesem speziellen Talent in unserer Familie, Dinge für sich zu behalten. Ich konnte nicht anders handeln, als ich fühlte, konnte nicht verschweigen, was ich doch wusste. Das ging einfach nicht mehr. Obwohl ich auch schon vorher nicht allzu gut darin gewesen war.

Und so tat ich, was man in meiner Familie als »Grenzüberschreitung« auffasste, auch wenn das niemand so sagte. Ich ging zu meinem Vater, und ich ging zu meiner Mutter. Ich nahm die Indizien, die Puzzleteile und die Beweise, die sich überall um uns herum angesammelt hatten, und legte sie ihnen behutsam vor. Und dann sah ich zu, wie sich beide die Augen zuhielten. Es war zu schmerzhaft, hinzuschauen.

Als Nächstes ging ich zu mit meinen Beobachtungen zu meiner Schwester.

»Schau«, sagte ich. »Siehst du das? Sag mir, dass du das auch siehst.«

Sie schwieg. So lange, dass in der Zwischenzeit die Haut an der Hand meiner Großmutter wieder glatt geworden wäre.

»Ja«, antwortete sie. »Ich sehe es. Schon seit einem Jahr.«

Ein Teil von mir hielt sich aufrecht. Ein anderer ging zu Boden.

Hatte meine Schwester allein in ihrem Zimmer geweint?

Keine tröstliche Vorstellung. Sondern einfach nur unerträglich.

Behielten alle Frauen meiner Familie Dinge für sich, verbargen sie vor den anderen? Was wussten wir sonst noch, ohne es auszusprechen? Was fühlten wir sonst noch, ohne es zu äußern? Spalteten wir uns alle von uns selbst ab, jede Einzelne von uns, ertränkten wir unsere Traurigkeit und Angst in Fluten von Salzwasser? Dämpften wir unsere Schreie mithilfe der Scham?

Seit meine Mutter ihre Diagnose bekommen hatte, verfolgte mich der Gedanke, dass das, was bei meiner Großmutter und meiner Mutter in den Genen angelegt war, von Geburt an auch für mich galt. Dass auch ich von den Löchern und Gruben und Rissen, die sich in meinem Gehirn bilden würden, verschluckt werden würde, ebenso wie die Frauen um mich herum – meine Tanten, meine Schwester, meine Cousinen und Nichten.

Im Augenblick jedoch war das alles ganz unwichtig. Die große, alles überschattende Angst vor einer genetischen Disposition für den Verlust des Gedächtnisses wurde beiseitegeschoben. An ihre Stelle trat das bange Gefühl, dass wir vielleicht schon hohl waren, dass eine ganze Gruppe von uns womöglich seit Generationen gelernt hatte, sich von sich selbst abzuspalten, von der Heiligkeit unseres Zorns, von der ganzen Wahrheit dessen, wer wir sind.

Denn was spielt es schon für eine Rolle, das eigene Ich zu

vergessen, wenn man sich gar nicht mehr daran erinnert, wie es ist, vollständig zu sein? Wer würde uns lehren, wieder zu uns selbst zu finden, wenn wir nichts anderes kannten, als uns von uns selbst zu entfernen? Nachdem wir unser ganzes Leben lang Teile von uns abgespalten hatten, wie konnten wir da erwarten, wieder ganz zu werden?

Hier ging es nicht darum, Alzheimer an der Wurzel herauszureißen, um zu sehen, wo und wie es mit mir verbunden sein könnte. Es ging darum, den Boden zu untersuchen, in den wir gepflanzt worden waren.

Ich fragte mich, ob sich ein einzelnes Gefühl so tief in unseren Knochen verankern konnte, dass wir unser ganzes Leben darum herum gestalteten. Und wenn dieses Gefühl sich in unserem Knochenmark eingenistet hatte, würden dann alle unsere Töchter ebenfalls ihr Leben darum herum gestalten?

Meine Schwester und ich brauchten ein weiteres Jahr, bis wir meinen Vater so weit hatten, dass er mit meiner Mutter zum Arzt ging. Also dass er sie hinbrachte. Denn zu diesem Zeitpunkt war sie schon nicht mehr in der Lage, es selbst zu tun. So lange hatten wir gewartet. Meine ganze Familie hatte meine Mutter in den Armen gehalten – hatte sich vor und zurück, vor und zurück gewiegt, hatte versucht, einen Weg zu finden, wie aus der unbewussten Verzweiflung der sengende Schmerz einer bewussten Trauer werden konnte, hatte versucht, Worte für die Dinge zu finden, die wir spürten, für die wir jedoch keine Sprache gelernt hatten.

Das hat mich den Unterschied zwischen Flehen und Beten gelehrt.

Man fleht, wenn man spürt, dass etwas Beängstigendes wahr ist. Man betet, wenn man durch ein Flusstal fährt und versucht, all diese Angst in eine Art Loslassen zu verwandeln.

5
Kleine weiße Lügen

An diesem ersten Tag legten wir nach dem Mittagessen einen Stopp an einem Supermarkt in Gardiner ein, einer Kleinstadt am Rande des Yellowstone-Nationalparks, die ein Eldorado für Outdoorfans ist. In Bozeman hatte ich vergessen, Sahne zu kaufen, und außerdem brauchten wir Eiswürfel und ein, zwei Bündel Feuerholz.

Beim Öffnen der Ladentür ertönte eine Glocke. Wir traten ein, und während ich mich zu orientieren versuchte, spürte ich, wie sich die Hand meiner Mutter in meine Armbeuge schob. Wir folgten einem Gang, der zur Abteilung mit den Milchprodukten führte, und als meine Mutter die Regale inspizierte, stieß sie einen kleinen Schrei aus.

»Oh!«, sagte sie. »Hier gibt es ja auch Alkohol!«

In unseren Supermärkten in Kanada wird kein Alkohol verkauft.

»Ich möchte nachschauen, ob sie diesen Drink haben, den ich so mag«, fuhr sie fort.

Sie hielt einen Moment inne und wandte sich dann hilfesuchend an mich.

»Wie heißt er noch mal?«

»Glayva, Mom. Du magst Glayva.«

Ich war erstaunt, denn meine Mutter trank eher wenig

Alkohol. Ab und zu schenkte ihr mein Vater vielleicht ein Gläschen Glayva – einen süßen Whisky-Likör – oder Prosecco ein. Ich kann mich daran erinnern, dass meine Mutter einige Male auf einer Hochzeit oder bei anderen besonderen Anlässen ein bisschen beschwipst war – erkennbar daran, dass sie beim Tanzen heftig die Schultern bewegte und ihre Augenbrauen unwillkürlich mithüpften –, aber ich hatte sie noch nie betrunken erlebt.

Doch seit ihrer Diagnose schienen ein Schlummertrunk oder auch drei für sie sowohl die Regel als auch unbedenklich zu sein. Ich wusste nicht, warum sie begonnen hatte, mehr zu trinken. Vielleicht, um sich zu betäuben. Vielleicht, um endlich loslassen zu können, nachdem sie sich ein Leben lang zusammengerissen hatte. Aber vielleicht gab es auch gar keinen Grund.

»Bist du sicher?«, fragte sie.

»Ja«, erwiderte ich. »Aber …«

Ich hielt inne. Es war unwahrscheinlich, in einem Laden wie diesem Glayva zu finden, aber vielleicht gab es ja einen geeigneten Ersatz. Auf etliche Reihen mit Bud Light folgten Regale mit Jack Daniel's, Fireball-Likör und verschiedenen Sorten Bacardi.

»Ich glaube nicht, dass sie den hier haben, Mom.«

»Schauen wir doch mal.« Mit seltsamer Entschlossenheit begann sie die Regale zu durchstöbern.

Sie lief in den Gängen auf und ab und hielt aufs Geratewohl Flaschen in die Höhe. »Ist er das?«

»Nein. Der ist es nicht«, antwortete ich.

»Was ist damit? Bist du sicher, dass es nicht der vorhin war? Die Flasche sah so ähnlich aus.«

»Nein, der war es nicht.«

Meine Mutter hatte bestimmt neun oder zehn Flaschen herausgezogen, als ich ein Regal mit Baileys entdeckte. Kein Glayva, aber ebenfalls ein Whisky-Likör, den sie mochte.

»Das da, Mom! Hier ist er.«

»Bist du sicher?«, fragte sie wieder. »Sieht aber anders aus.«

»Das ist er«, sagte ich bestimmt und stellte die Flasche in den Einkaufswagen.

Ich hatte keine Lust mehr auf dieses Ratespielchen. Und ebenso wenig hatte ich Lust, lang und breit zu erklären, dass es nur ein kleiner Laden war und kein großes Spirituosengeschäft wie jene in Kanada und sie hier daher wahrscheinlich keinen Glayva im Sortiment hatten. Ich wollte weder Fragen zu Glayva noch zu den ungefähr Tausend anderen Flaschen mit Alkohol auf den Regalen beantworten. Ich wollte ihr nicht erklären, was Baileys war. Und nein, es sei zwar kein Glayva, aber ja, sie habe Baileys schon oft probiert, und ja, er habe ihr auf Eis gut geschmeckt, weswegen wir die Eiswürfel brauchten … Könnten wir also bitte die Flasche in den Wagen packen und das Eis holen? Ich wollte mein Tempo nicht an ihres anpassen. Und meine Mutter nicht bemuttern.

Als ich zur großen Tiefkühltruhe hinüberging, folgte sie mir. Stumm stand sie hinter mir, während ich einige Packungen Eiswürfel herausnahm und in den Einkaufswagen legte. Dann lief sie hinter mir her zum Feuerholz. Dort griff sie in den Wagen und schnappte sich die Flasche Baileys.

»Woher weißt du, dass das der Richtige ist?«, fragte sie. In ihrer Stimme schwang eine Mischung aus Misstrauen und Frustration mit.

»Ich weiß es einfach«, erwiderte ich, nahm ihr die Flasche aus der Hand und stellte sie zurück in den Wagen.

Sie konnte es nicht in Worte fassen, aber sie wusste, dass ich ihr nicht die ganze Wahrheit sagte.

Seit wann ist mir das zur Gewohnheit geworden?, fragte ich mich. Die Flunkereien, die kleinen weißen Lügen, dass ich meine Mutter hinters Licht führte, nur damit alles etwas schneller ging, damit es ein wenig leichter für mich wurde. Ich hielt es für harmlos. Ich dachte, sie würde es nicht bemerken.

Aber etwas in ihr spürte es doch.

Es schleift sich ein, Menschen mit Alzheimer oder einer anderen Form von Demenz zu belügen. Zu Anfang versucht man noch ganz automatisch, sie zu korrigieren, wenn sie etwas durcheinanderbringen oder verwirrt sind.

»Nein, Mom. Wir sind heute nicht in Vancouver, wir sind in Montana.«

»Nein, Mom. Wir sind nicht gestern mit dem Flugzeug geflogen, sondern am Anfang der Woche.«

Doch diese Korrekturen führten üblicherweise zu kleinen Missstimmungen. Die ständigen Geplänkel waren frustrierend und endeten in den meisten Fällen mit noch mehr Verwirrung, wenn meine Mutter ihr Gehirn nach Informationen durchforstete, die zu der von mir dargestellten Realität passten anstatt zu jener, die sie erlebte.

Man lernt recht schnell zu flunkern, die Realität für den Kranken zurechtzubiegen. Mir fiel es leicht. Es war gar nicht so weit weg von dem, was ich als Kind über das »Wahrheitsagen« gelernt hatte, von der Vorstellung, dass man lieb und nett und nicht auf Konfrontation aus sein sollte, dass man nie zu viel, sondern immer nur gerade so viel wie nötig sagen sollte.

»Es ist wirklich schon lange her, dass du das letzte Mal gezeltet hast. Eine Ewigkeit.« Nachdem wir in der Nacht zuvor gezeltet hatten.

»Ich weiß. Aber es schmeckt doch köstlich, oder? Das ist Haferbrei.« Nachdem sie behauptet hatte, so etwas noch nie in ihrem Leben gegessen zu haben.

»Ja, du hast recht. Ich glaube, du kennst sie aus der Schule.« Nachdem wir am Flughafen von Bozeman an einer völlig fremden Frau vorbeigegangen waren, die 30 Jahre jünger war als sie.

Aber es gab auch größere Lügen, Lügen, die schwerer wogen, die sich wie ein gewaltiger Verrat an der Wahrheit anfühlten.

»Ja. Schwestern! Einfach zwei Schwestern auf einem Campingtrip.«

»Mach dir keine Sorgen um deine Kinder. Sie sind zu Hause bei Brian. Ich wette, sie spielen gerade im Garten.«

Das waren Lügen, bei denen ich auch mich selbst belügen musste. Sie brachten mich dazu, dass ich bedeutendere Dinge verleugnen musste, wie beispielsweise meine eigenen Gefühle und Teile meiner Identität. Auch das fiel mir relativ leicht, denn ein gewisser ökonomischer Umgang mit der Wahrheit war mir von klein auf mitgegeben worden. Worte, auch wenn sie sparsam verwendet wurden, waren oft lauter als Taten, lauter als die Energie, deren Vibrationen ich spürte.

Seit ich klein war, habe ich eine Antenne für die Gefühle anderer Menschen, auch wenn ich sie als Kind nicht benennen konnte. Fragte ich jedoch nach, suchte ich nach einer Bestätigung für mein Bauchgefühl, erhielt ich fast immer ein abwehrendes Nein. Und dies ist die heuchlerischste und verwirrendste Lüge von allen – du wirst getäuscht, man gibt dir zu verstehen, dass du deinem Bauchgefühl nicht trauen kannst.

»Bist du traurig?«, fragte ich beispielsweise, da ich eine innere Leere bei jemandem spürte.

»Nein«, erhielt ich zur Antwort. »Warum sollte ich traurig sein?«

»Bist du sauer?«, war meine Reaktion auf die Anspannung meiner Mutter; es fühlte sich für mich an, als hätte sich eine offene Tür in ihrem Innern urplötzlich bis auf einen kleinen Spalt geschlossen.

»Nein«, entgegnete sie nüchtern. »Ich möchte nur sicher sein, dass auch alles ins Auto gepackt ist, wenn wir losfahren.«

»Dad?«, fragte ich meinen Vater, der seine Aktenmappe müde abstellte, als wären Ziegelsteine darin. »Ist irgendwas Schlimmes passiert?«

»Alles in Ordnung, Steph«, erwiderte er, während er mit schwerem Schritt die Treppe hinaufstieg.

Wenn sie dir sagen, wie die Welt funktioniert, musst du ihnen einfach nur glauben. Und wenn sie dir sagen, wer du bist und was du siehst und fühlst, musst du einfach nur zustimmen.

Ich war ein Pawlowsches Kind. Mit der Zeit lernte ich, die Signale aus meinem Innern und schließlich alle Gefühle zu ignorieren. Ich entkoppelte mich von meinem instinktiven Gespür für die Welt und auch von dem Teil meiner Identität, der auf diesem Gespür beruhte. Nur so ergaben die Dinge einen Sinn für mich. Ich verlegte mich vom Fühlen aufs Denken, tauschte Emotionen gegen Intellekt.

Alles, damit sich die Welt ein wenig schneller drehen konnte. Damit alles ein wenig einfacher wurde. Damit alles Sinn ergab. Bei meiner Mutter fiel es mir leicht zu lügen – ich musste nur daran anknüpfen, was ich bereits gelernt hatte.

Vor der Kasse wartete eine kleine Schlange. Während wir uns einreihten, merkte ich, dass meine Mutter den Inhalt unseres Einkaufswagens inspizierte. Dann sah sie mich stirnrunzelnd an.

»Das gehört nicht uns«, sagte sie und deutete auf die Flasche Baileys. »Bist du sicher, dass die uns gehört?«

Es ist anstrengend, das eigene Tempo herunterzufahren, etwas auszuhalten und jemanden behutsam an die Hand zu nehmen, bis er etwas geistig erfasst hat, obwohl man sich dessen bewusst ist, dass er es vielleicht nie erfassen wird. Alzheimer erschwert das Ganze, denn man weiß, der oder die Kranke hätte sich niemals vorstellen können, dass es einmal so weit mit ihm kommen würde. Sich mit dieser Krankheit auseinanderzusetzen, ist quälend. Wie Marie Howe sagt: »Es schmerzt, im Jetzt zu sein.«

Ich versuchte nicht, meine Mutter hinters Licht zu führen, sondern mich selbst. Denn sie und die gesamte Situation wurden immer schwerer zu ertragen. Ich wollte es nicht meiner Mutter leicht machen, sondern mir selbst. Alles sollte schnell gehen. Noch war mir nicht klar, dass Unbehagen ein Türöffner sein und Wut im Handumdrehen den Weg freimachen konnte.

Ich ignorierte, was mir mein Bauchgefühl mitteilte – dass meine Mutter spürte, wenn ich log –, und sagte mir, so wäre es leichter für sie. Es war eine Lüge. Ich belog uns beide.

»Du hast recht«, erwiderte ich. »Das ist nicht unserer. Es ist ein Geschenk.«

»Oh«, sagte sie. »Wie nett. Treffen wir uns mit jemandem?«

Ich nickte und zahlte. Beim Hinausgehen ertönte wieder die Glocke.

Nachdem wir ungefähr einen Kilometer gefahren waren, hielt ich an, und wir stiegen aus dem Auto.

»Warum halten wir?«, fragte meine Mutter.

»Weil ich ein Foto machen möchte«, sagte ich. »Komm. Komm, stell dich da hin.«

Wir waren am Roosevelt Arch angekommen, dem nördlichen Eingang des Yellowstone-Nationalparks.

Es heißt, die Nationalparks gehören uns allen, aber es gibt einen Grund, warum man für den Zugang einen Nationalpark-Pass braucht. Präsident Ulysses S. Grant unterzeichnete 1872 ein Gesetz zur Gründung des Yellowstone-Nationalparks. Doch davor war das Land bereits seit Jahrtausenden von Vorfahren der Blackfeet (Niitsítapi), Cayuse, Coeur d'Alene (Schitsu'umsh), Nez Percé (Nimi'ipuu), Shoshone und Umatilla und vielen anderen Stämmen der Native Americans bewohnt gewesen. Der Roosevelt Arch steht auf Land, das immer noch den Völkern der Cheyenne und Crow (Apsáalooke) gehört.

Von hier aus fuhren meine Mutter und ich am Tickethäuschen vorbei bis zum Canyon Village. Wir hatten gerade noch Zeit für eine kurze Wanderung, bevor wir unser Lager aufschlagen mussten, und ich entschied mich für einen Abstecher zum Grand Canyon von Yellowstone. Wir folgten dem Brink of the Lower Falls Trail, einem steilen Serpentinenweg, bis zu einer Aussichtsplattform, wo man in der Gischt der herabdonnernden Wasserfälle steht, und wanderten danach zum Red Rock Point. Der zweieinhalb Kilometer lange Pfad führt über

Asphalt und hölzerne Stufen tiefer in den Schlund des Canyons.

Sowohl der Parkplatz als auch die Wege waren überfüllt. Die gesamte Wanderung glich einer Art Prozession. Obwohl die Ausblicke fantastisch waren, hatte ich nicht das Gefühl, mich in der Wildnis zu befinden. Es war eine einzige Touristenattraktion, als wären wir in einem Vergnügungspark – nur dass die Bären (falls wir welche sehen würden) echt waren und es statt einer Achterbahn eine Autokolonne gab.

Wieder zurück am höchsten Punkt des Trails machten wir eine Pause und füllten unsere leeren Wasserflaschen an einem Trinkbrunnen auf. Meine Mutter fragte mich, wo die Toiletten seien, und ich deutete auf eine Stelle am Rande des Parkplatzes, wo sich bereits eine lange Schlange gebildet hatte.

»Ich warte«, sagte meine Mutter. »Vielleicht finde ich irgendwo einen Busch.«

Anscheinend war nicht nur ich froh, den Massen zu entfliehen. Wir fuhren denselben Weg zurück, entdeckten einen kaum besuchten Rastplatz mit einer Toilette, und 40 Minuten später ging es eine steile, kurvige Straße zum Campingplatz hinauf. Nachdem wir mehrmals abgebogen waren, hörte der Asphalt auf, und wir befanden uns auf einer einspurigen unbefestigten Straße. Ein paar Kilometer weiter endete sie nach einer leichten Linkskurve an einem kleinen Plateau zwischen niedrigen, sanft geschwungenen Hügeln. Hier würde für die nächsten Tage unser Zuhause sein – eine atemberaubende Strauchsteppe mit Wüsten-Beifuß, weitab vom Trubel.

Wir zahlten die Gebühr und suchten uns eine flache, grasbewachsene Stelle, die intensiv nach Kiefer und wildem Rosmarin duftete. Auf der anderen Seite der Straße plätscherte ein schmaler Bach, der sich mit der Reihe Espen an seinem Ufer zu unterhalten schien – ein leises Plappern, das auf ein geheimnisvolles Flüstern antwortete. Wir setzten uns an den Picknicktisch, der zu unserem Zeltstellplatz gehörte, und lauschten eine

Weile. Ein warmer Wind kam aus Süden und ließ einen staubigen Duft von den Espen aufsteigen.

»Was machen wir hier?«, fragte meine Mutter und sah sich prüfend um.

»Wir schlafen hier«, entgegnete ich.

Wieder scannte sie die Umgebung.

»Hier?! Aber es gibt kein Haus. Kein Bett.«

Ich erinnerte sie daran, dass wir campen würden, während ich auf die wenigen in der Ferne verteilten Grüppchen von Menschen und deren Zelte deutete.

»Wie die da«, sagte ich.

»Haben wir so etwas auch?«, fragte sie.

Mit einem Nicken öffnete ich die Heckklappe des Wagens und holte das Zelt heraus.

»Willst du mir helfen?«

Sie kam zu mir herüber, die Hände ausgestreckt, um mit anzupacken, aber ich merkte, dass sie sich Sorgen machte – wie sollten wir den Nylonsack in meiner Hand in so etwas verwandeln, was die Leute da drüben hatten?

Ich wies sie an, den Sack aufzumachen und alles darin auf dem Boden auszulegen. Sie tat wie geheißen, wobei sie jedes Teil beim Herausnehmen sorgfältig begutachtete: das Zelt, das Außenzelt, die Bodenplane, die Heringe und das Gestänge. Dann sah sie zu den anderen Zelten hinüber. Und wieder auf die Sachen vor ihr. Schließlich zu mir. Sie wirkte immer noch sehr besorgt.

»Fangen wir einfach mit der Bodenplane an«, forderte ich sie auf und zog die Plane aus ihrer Hülle.

Wie gebannt beobachtete meine Mutter, was nun geschah. Das Ausschütteln, das Glattstreichen, das Einrasten des Gestänges. Das Durchstecken, das Festziehen, das Hineinschieben und Aufziehen. Als das Zelt aufgeschlagen war, stand sie davor und strahlte. Ich legte unsere Isomatten und Schlafsäcke hinein, und um ihrer Faszination noch eins draufzusetzen, zeigte ich ihr, wie wir aus unseren Jacken Kissen falten konnten.

Sie war sehr zufrieden mit unserem Werk. Doch nach wenigen Augenblicken hatte sie alles vergessen und setzte sich wieder an den Picknicktisch.

»Ist schon Zeit zum Schlafengehen?«, fragte sie mit Blick auf ihre Armbanduhr, von der sie zu erfahren hoffte, was als Nächstes zu tun war.

Es war erst kurz nach fünf. Die Sonne stand noch immer hoch am Himmel.

»Bist du müde?«, fragte ich.

»Nein«, sagte sie. »Eigentlich nicht. Aber was machen wir jetzt?«

»Na ja, wir kochen Abendessen. Und wie wär's mit einem Drink?«

»Wir haben Drinks!«, rief sie aus.

Ich ging zum Wagen und holte die Flasche Baileys aus der Kühlbox.

»Hier, halt das mal.« Ich reichte ihr die Flasche und beugte mich auf der Suche nach Bechern wieder in den Wagen.

Als ich mich Sekunden später mit den Bechern in der Hand wieder zu ihr umwandte, musste ich lachen. Meine Mutter, die kaum Alkohol trank, die mir Tischmanieren beigebracht hatte, für die ich bis zum heutigen Tag Komplimente bekomme – sie stand da und kippte den Baileys direkt aus der Flasche hinunter.

»Mom!«, lachte ich. »Möchtest du denn keinen Becher?«

»Pfff, brauche ich nicht.« Sie hatte die Flasche abgesetzt. »Ich bin eben frech. Was denkst du denn, wo du das her hast? Von mir. So ist das.«

Es heißt, Menschen mit den unterschiedlichen Formen von Demenz inklusive Alzheimer verlieren ihren Filter. Offensichtlich war das meine Baileys-liebende Mutter ohne Filter.

Ich frage mich, was da noch zum Vorschein kommt, überlegte ich. *Was sie wohl noch alles rauslässt.*

Ich packte unseren Kocher aus und machte uns eine gefriergetrockenete Backpacker-Mahlzeit – Nudeln mit Lachs und Pesto. Wir saßen auf unseren Campingstühlen, aßen und sahen zu, wie sich das strahlende Blau des Himmels allmählich in ein gelbgold angehauchtes Lila verwandelte. Ich spülte und trocknete unser Geschirr, packte alles zurück in den Wagen und holte die Stirnlampe für die Zeit nach dem Sonnenuntergang heraus. Als ich zu meiner Mutter zurückkam, führte sie gerade eine lebhafte Unterhaltung mit einer Stechmücke.

»Wenn du dich noch einmal auf mir niederlässt, bist du fällig!«, warnte sie das Insekt, das seinen Rüssel in ihren Oberschenkel versenkt hatte.

Ich schlug sanft auf ihren Oberschenkel und tötete die Mücke.

»Oh«, sagte sie erleichtert. »Danke. Ich bin schon ganz zerstochen.«

Plötzlich blitzten Kindheitsbilder vor meinem inneren Auge auf: Meine Mutter schlägt an einem Sommerabend am See auf meine Arme und Beine ein, während die Sonne sinkt. Meine Mutter legt mir ihre Hand über die Augen. »Mund zu«, fordert sie mich auf, bevor sie mich mit Insektenschutzmittel einsprüht. Meine Mutter wickelt mich von oben bis unten in ein großes Strandtuch ein und zieht mich auf ihren Schoß. Sie bringt mir bei, mit dem Fingernagel ein Kreuzchen auf den Stich zu zeichnen. »Das ist besser als zu kratzen. Wenn du kratzt, juckt es nur noch mehr. Mach ein Kreuzchen und dann lass den Stich in Ruhe.«

»Hier«, sagte ich nun und kniete mich neben sie ins Gras. »Mach ein Kreuzchen.«

Ich drückte meinen Fingernagel in ihre Haut, direkt auf dem Stich.

»Das ist der eine Strich«, sagte ich, als ich zur zweiten Linie ansetzte. »Und das der zweite.«

»Oh, das tut gut«, sagte sie.

Sie packte meine Hand und sah mir in die Augen.

»Wo hast du das gelernt?«, wollte sie wissen.

Ich erwiderte ihren Blick.

»Meine Mutter hat es mir beigebracht«, sagte ich.

»Gute Mama«, antwortete sie. »Das ist eine wirklich gute Mama.«

In diesem Augenblick fragte ich mich, für wen sie mich wohl hielt. Irgendeine Bekannte? Eine Fremde, die da neben ihr im Gras kniete? Eine Passantin, die sich mit Mückenstichen auskannte und wusste, wie es war, von einer guten Mutter großgezogen zu werden?

Zwanzig Minuten später packte ich meine Mutter ins Bett. Rasch schlief sie unter dem indigoblauen Himmel ein, und ich folgte ihrem Beispiel.

Als ich am nächsten Morgen aufwachte, schlief Mom immer noch tief und fest. Sie sah so friedlich aus. So leise wie möglich krabbelte ich aus dem Zelt und setzte in der morgendlichen Kühle Montanas Wasser für Kaffee und hart gekochte Eier auf. Während das Wasser heiß wurde, sah ich zu, wie die Sonne hinter den Bergen aufging. Der Tau auf dem Gras verwandelte sich langsam in Dunst, in einen über dem Boden schwebenden Schleier. Ich trank meine erste Tasse Kaffee und beobachtete, wie sich die Feuchtigkeit der Nacht vor meinen Augen auflöste – oder vielleicht auch, wie sich der Tag Bahn brach. Es war schwer in Worte zu fassen, aber ich war einfach froh, Zeuge davon geworden zu sein.

»Aufmerksamkeit ist der Beginn der Hingabe«, schreibt die Dichterin Mary Oliver in ihrer letzten Essay-Sammlung.

So verging ungefähr eine stille halbe Stunde, bevor sich der Reißverschluss unseres leuchtend orangefarbenen Zelts öffnete und meine Mutter den Kopf aus der Zeltklappe streckte. Sie blickte nach links, betrachtete die Umgebung, hielt kurz inne und drehte den Kopf nach rechts. Ihre Miene verriet mir, dass sie keine Ahnung hatte, wo sie sich befand. Das kurze Haar stand hinten vom Kopf ab, die übliche Morgenfrisur meiner Mutter und ein Zeichen, dass sie in der Nacht gut geschlafen hatte.

»Guten Morgen, Mom«, sagte ich von meinem Campingstuhl aus.

»Oh, hallo!«, antwortete sie, als sie mich entdeckte. »Du bist das. Wo sind wir?«

»Ich würde sagen, wir sind im Himmel.«

War das eine Lüge? Ich fand nicht, aber ich war mir nicht sicher.

Ich sah zu, wie meine Mutter ihre Schuhe anzog, aufstand und sich umblickte.

»Das würde ich auch sagen«, entgegnete sie. »Im Schlafanzug im Himmel!«

Ich reichte ihr eine große Edelstahltasse mit warmem Haferbrei und erklärte ihr, was wir heute vorhatten.

»Wir gehen reiten. In ungefähr einer halben Stunde müssen wir los.«

»Und den Himmel verlassen?«, fragte sie ernst.

»Nur vorübergehend«, erwiderte ich.

»Muss ich meine Handtasche mitnehmen?« Suchend sah sie sich um. »Wo ist meine Handtasche überhaupt?«

6
Tausend Meilen Wildnis

Als wir auf der Ranch in der Nähe des nördlichen Parkeingangs ankamen, wartete bereits unser Guide David auf uns – ein muskulöser, attraktiver Typ aus Georgia, der dem jungen Brad Pitt ähnelte. Er hatte einen breiten Südstaaten-Akzent und trug lederne Beinkleider über seinen Wrangler-Jeans. Wir befanden uns also immer noch im Himmel!

Mom und ich wurden zu einem kleinen Stall dirigiert, wo sich bereits acht Leute versammelt hatten. David und die anderen Guides des Teams erklärten uns die Sicherheitsvorschriften für den Ausritt. Mittendrin beugte sich meine Mutter zu mir und zog die Augenbrauen hoch. Auch ihr gefiel David.

Der Ausritt würde einige Stunden dauern und uns weit ins Hinterland des Yellowstone-Nationalparks führen.

»Und das Wichtigste«, sagte David, »merken Sie sich den Namen Ihres Pferdes.«

Falls wir während des Ausritts die Hilfe eines Guides benötigten, sollten wir nur den Namen des Pferdes rufen.

»Wir haben hier jeden Sommer so viele Teilnehmer, dass es schwer ist, sich alle Namen zu merken. Deshalb halten wir uns lieber an die Pferde.«

Alle nickten. Ich nickte. Ich sah zu meiner Mutter hinüber. Auch sie nickte. Doch ich wusste, dass es nicht wirklich bei ihr angekommen war. Sie würde sich weder an die Sicherheitsvorschriften noch an den Namen des Pferdes erinnern. Auf dem Weg zur Koppel, wo die Pferde warteten, nahm ich David beiseite.

»David … äh … kann ich kurz?«

Ich stotterte ein wenig herum, was aber nicht an David lag. Sondern daran, dass ich unsicher war, was ich sagen und wie ich es formulieren sollte.

»Es ist … äh … meine Mutter hat Probleme mit dem Gedächtnis.«

Niemand in meiner Familie nahm das Wort »Alzheimer« in den Mund. Als ich es einmal gewagt hatte, war ich von meinem Bruder gerügt worden. Vermutlich war es zu viel der Wahrheit gewesen – denn die soll man ja lieber für sich behalten. Natürlich soll man nicht lügen, aber … eben auch nicht die Wahrheit sagen. Ich dachte, so sei es für David leichter.

»Es ist nur so«, fuhr ich fort, »sie erinnert sich bestimmt an nichts, was Sie gesagt haben, und ganz sicher nicht an den Namen des Pferdes.«

»Keine Sorge«, erwiderte David. »Ich sehe zu, dass Sie direkt hinter ihr reiten. Sie sitzen auf Will und Ihre Mutter auf Lippy. Können Sie sich das merken?«

»Ja.«

»Und wie heißt Ihre Mutter, Ma'am?«

»Sheila.«

»Gut«, sagte er, während er abgetragene Lederhandschuhe überstreifte. »Ich denke, damit haben wir das geklärt.«

Ich nickte. Ich liebte David aus Georgia.

Kurz bevor wir aufbrachen, machte ich ein Foto von meiner Mutter und ihrem Pferd. Es ist eines meiner Lieblingsfotos von ihr. Sie trägt ihre knallrote Jeans und einen ihrer dünnen weißen Baumwollrollis, eine schwarze Sonnenbrille und eine weiße Baseballkappe. Da ist etwas an der Art, wie sie dasteht – die rechte Hüfte zur Seite geschoben, die linke Schulter leicht nach oben gezogen betrachtet sie das Pferd schüchtern und zugleich ein wenig herablassend. Die linke Hand, mit der sie die Zügel hält, hat sie erhoben, als warte sie darauf, dass das Pferd ihr einen Handkuss gibt. Es wirkt ziemlich kokett. So kannte ich meine Mutter noch gar nicht.

Wenn man sich das Foto ansieht, merkt man, dass sie in diesem Moment weit davon entfernt ist, sich auf den Füßen vor und zurück zu wiegen.

Nachdem alle im Sattel saßen, ritten wir im Schritt durch den Hof und über die Hauptstraße. Von dort aus bogen wir in einen ausgetretenen Pfad ein, der durch das Grasland des Yellowstone River Valley führte. Nachdem wir ungefähr 20 Minuten lang im Gänsemarsch durch eine hügelige Landschaft geritten waren, hob David die Hand – das Zeichen, anzuhalten. Mit Gesten gab er uns zu verstehen, so eng wie möglich mit den Pferden zusammenzurücken, damit er uns ein paar Dinge zeigen konnte. Zuerst deutete er auf eine Reihe kleiner Punkte auf der Grand Loop Road – die Kolonne der Autos, die auf der 230 Kilometer langen asphaltierten Hauptverbindungsstraße des Parks entlangfuhren.

»Sieht von hier unten aus wie eine Schlange, oder?«

Wir nickten. Wir alle liebten David aus Georgia.

»Sie hier gehören zu dem einen Prozent«, sagte er. »Jährlich kommen ungefähr vier Millionen Besucher in den Yellowstone, und nur gut ein Prozent von ihnen verlässt diese Straße oder die 24 Kilometer Bohlenwege, die zu den Hauptattraktionen führen.«

»Wirklich? Das gibt's doch nicht«, platzte jemand in der Reitergruppe heraus – ich.

Ich hatte die Broschüre gelesen. Die Wege im Hinterland des Yellowstone-Nationalparks belaufen sich auf insgesamt 1600 Kilometer. Ausgehend von dem, was David da sagte, drängten sich also 3 960 000 Besucher auf den 24 Kilometern Bohlenweg. Sie sahen sich die Wildnis lieber aus der Ferne an, als sich hineinzuwagen, vielleicht weil es etwas anderes braucht, wenn man aktiv teilnimmt, anstatt einfach nur zuzuschauen. Das gilt ganz besonders für die Wildnis.

»Ich weiß, Ma'am«, erwiderte David. »Hier draußen gibt es so viel Schönheit. Aber die meisten Menschen werden das nie erfahren.«

Mit diesen Worten tippte David an seinen Hut und trieb sein Pferd vorwärts. Während wir folgten, grübelte ich immer noch über seine Worte nach. Was für eine Vorstellung, nur das zu sehen, was sich uns im Vorbeifahren zeigt! Sich nur an die vorgesehenen Wege zu halten und gleichzeitig zu hoffen, etwas Spektakuläres zu sehen, sich vom Schauspiel des Lebens unterhalten zu lassen, ohne selbst aktiv werden zu müssen.

Meine Gedanken wanderten zu meiner Mutter. Aus wie vielen Pfaden sie wohl bestand? Und wie viele davon hatte ich betreten? Hatte ich das Hinterland ihres Verstandes erkundet, ihre Wildnis? War sie selbst schon dort gewesen? Ich hungerte danach, mehr von ihr zu erfahren.

Und was war mit mir? Ich gehörte zu einer Generation von Mädchen, die ermuntert wurden, einen Platz in der Welt zu beanspruchen und mutig den selbst gewählten Weg zu gehen. Doch während wir nun gemächlich durch das trockene Gras des gewundenen Flusstals ritten, drängte sich mir der Gedanke auf, dass etwas fehlte, dass ich einen Irrweg eingeschlagen hatte. Denn ich war mutig den selbst gewählten Weg gegangen, sogar viele Male. Aber ich war mir nicht sicher, ob ich jemals mein ganzes Selbst auf diese Reisen mitgenommen hatte.

In diesem Augenblick nahm ich einen Duft in der Luft wahr. Es war fast so, als könnte ich spüren, wie er meine Schulter streifte und mir sanft übers Gesicht strich. Er erinnerte mich an einen Duft, den ich liebte, der mir vertraut war – Regen auf heißem Asphalt, irgendwo in der Ferne. Doch etwas war anders. Er roch auch nach Erde. Es war der typisch erdige Geruch von einsetzendem Sommerregen auf trockenem Land, irgendwo in der Ferne.

Ich streckte mein Gesicht dem Himmel entgegen, und als der erste dicke Tropfen auf meiner Wange landete und an ihr herunterrann, traf mich eine Art Erkenntnis, und ich hatte die Antwort. Man hatte mich zwar ermuntert, einen Platz in der Welt zu beanspruchen – aber niemals in meinem Innern. Ich kannte nur die äußeren Wege und nicht die Pfade in meinem Innern. Nach außen hin wusste ich meine Kräfte einzusetzen, hatte jedoch keine Ahnung von meiner inneren Wildnis.

Man hatte mir beigebracht, in viele Richtungen zu streben, aber niemals, einen Weg zu mir selbst zu finden. Ich sollte immer auf irgendetwas oder irgendjemand anderen zustreben.

Ich sah zu meiner Mutter auf dem Pferd vor mir. Der warme Regenschauer durchnässte ihren dünnen weißen Rolli, ließ ihn an ihrer Haut kleben und die Sommersprossen durchscheinen. Plötzlich war alles sichtbar, meine Gedanken und auch die Fäden, die meine Mutter und mich verbanden.

In diesem Augenblick lieferte mir meine Fantasie eine Abfolge von Bildern – alle zeigten meine Mutter, nur ihre Oberfläche, ohne Zugang zu ihren inneren Welten. Es war eine jüngere Version von ihr, die ich vor mir sah, 18 oder 19 Jahre alt. Ihre Haut war glatt, die Wangen rund.

Diese Bilder sagten mir klar und deutlich, dass auch meine Mutter vor sich selbst oder zumindest vor einigen Anteilen ihres Selbst geflohen war. Dass sie eine Reihe von Türen in ihrem Innern verschlossen hatte. Und es war anzunehmen, dass das 1966 geschehen war, in den Monaten vor und nach der Geburt meines ältesten Bruders, als sie noch keine 20 war. Dies schien mir die Wurzel ihrer Wortlosigkeit zu sein.

Plötzlich begannen meine Hände an den Zügeln zu zittern. Ein Zeichen dafür, dass ihre Sprachlosigkeit auch etwas mit mir zu tun hatte.

Die Kolonne hielt an, und alle Reiter, auch meine Mutter und ich, blickten in den Himmel. Es goss in Strömen, und wir saugten den Regen auf, ließen ihn die leeren Kammern in unserem Innern füllen. Das galt für die ganze Gruppe – wir kannten einander nicht, doch wir alle löschten einen Durst, von dem wir nichts geahnt hatten, spürten, wie sich eine Anspannung von uns löste, die uns nicht bewusst gewesen war. Und dann hörte der Regen auf, zog so schnell ab, wie er gekommen war. Alles – die Wolken, der Duft, jeder einzelne Tropfen – bewegte sich in eine einzige Richtung. Die Natur zeigte meiner Mutter und mir, was möglich war.

»Das gibt richtig guten Schlamm, in dem sich die Bisons suhlen können«, kommentierte David, als wir den Ritt wieder aufnahmen.

Wir waren noch nicht weit gekommen, da hob David erneut die Hand. Wir zügelten die Pferde, und er bedeutete uns, langsam um die Biegung zu reiten.

»Wenn man vom Teufel spricht«, sagte er. »Langsam und vorsichtig, meine Herrschaften. Immer schön langsam und vorsichtig.«

Direkt vor uns graste im Gestrüpp eine Herde Bisons. Sie waren zwar ein Stück vom Pfad entfernt, aber immerhin so nahe, dass David zur Vorsicht mahnte. Während wir gemächlich weitertrotteten, konnte ich meinen Blick nicht von den Tieren lösen. Es waren ungefähr 50, verstreut über die Ebene – manche kleiner, manche größer, manche riesig. Auch Junge waren darunter, langbeinige, schlaksige Kälber.

Mir schien es eine beachtliche Herde zu sein, aber David erklärte uns, dass sie – historisch gesehen – eher klein war.

»Heutzutage leben im Nationalpark etwa 5000 Bisons«, erklärte er. »Aber noch vor vier-, fünfhundert Jahren waren es Millionen. Und dann hat man diese wunderbaren Tiere fast ausgerottet. Um 1900 war ihre Zahl im Yellowstone auf etwa 20 geschrumpft. Für mich ist es Zerstörung und Wunder in einem.«

Diese Tiere waren schon so gut wie ausgestorben, ausgelöscht und fast vergessen. Und dann, im letzten Moment, quasi fünf vor zwölf, erinnerte man sich an sie. Man beschloss, die verbliebenen Exemplare zu schützen. Was mit den Bisons der Yellowstone-Prärie geschah, könnte man auch als Auferstehung bezeichnen.

Gebannt betrachtete ich die Herde. Als ich in ihre prähistorisch anmutenden Augen sah, wurde mir etwas klar: Sie wussten etwas, was wir nicht wussten. Sie wissen etwas, was wir nicht wissen. Wenn ein Lebewesen seiner eigenen Ausrottung ins Auge blicken muss, beginnt es etwas zu begreifen. Bei dieser ersten Begegnung wusste ich sofort, dass sie weiser und größer waren als ich.

Wenn man die Bisons sieht, ihren Atem hört und im Vorbeireiten spürt, wie die Luft stillzustehen scheint, wird klar, dass sie etwas in sich tragen, was uns fehlt. Sie haben das Unaussprechliche überlebt, sie wissen, was es bedeutet, Opfer zu sein. Sie brauchen keine Worte, um ihr Verlangen zu kennen, das Verlangen, sich mutig durch eine Wildnis zu bewegen, die ihnen gehört, die wilde Sehnsucht, mit donnernden Hufen das Hinterland zu durchqueren. Bisons passen sich an und finden einen Weg in die Freiheit. Das war früher so und wird wieder so sein.

Bei den Blackfeet gibt es eine faszinierende Legende darüber, wie sie dazu kamen, den Bison vor der Jagd zu ehren. Der Mythos berichtet vom Ursprung einer wichtigen Zeremonie, die bis zum heutigen Tag vom Volk der Blackfeet durchgeführt wird, um ihre Verehrung und ihren Respekt für das Opfer des Bisons zu zeigen. Höhepunkt des Ganzen ist ein Tanz. Die Blackfeet tanzen für den Bison. Mit ihrem Tanz beschwören sie den Geist des Bisons, erwecken ihn wieder zum Leben.

Ich möchte für meine Mutter tanzen. Für jeden Tag, den sie verliert. Für jede Erinnerung, die sie opfert – für was oder wen kann ich nur erahnen.

Eine gute Freundin, die mich in meinem Verlust trösten wollte, schrieb mir kürzlich folgende Zeilen:

»Steph, ist nicht jeder Tag eine Wiederauferstehung, wenn doch der vorangegangene für sie tot, für immer aus ihrem Gedächtnis getilgt ist?«

Meine Mutter gleicht dem Bison. Sie bringt ein rituelles Opfer dar. Ihre Tage sind Zerstörung und Wunder in einem.

Ich sah meiner Mutter zu, wie sie die Herde beobachtete – nicht ehrfürchtig, sondern wissend. Sie kommunizierte mit den Bisons in einer Sprache ohne Worte. Ich spürte das Flüstern auf meiner Haut.

Ich wollte wissen, was sie wussten, aber nicht aussprechen konnten. Ich wollte diese Sprache lernen, übersetzen, was über das Grasland, über die sumpfigen Weiten der Yellowstone-Prärie hinweg, zwischen meiner Mutter und den Bisons ausgetauscht wurde. Ich hätte schwören können, dass die Bisons ihr in diesem Augenblick verrieten, wie sie sich von ihrer Oberfläche nach innen bewegen konnte, um mit donnernden Hufen ihr eigenes Hinterland zu erkunden, und welche Opfer sie würde bringen müssen, um sich selbst zu befreien.

Als wir an jenem Tag nach dem Ausritt zum Auto zurückgingen, spürte ich in mir ein tiefes Bedürfnis wachsen. Etwas drängte mich, mich aufzumachen und immer weiterzugehen, bis ich auf die Tausend Meilen Wildnis stoßen würde, die meine Mutter in sich barg. Und mich dadurch zu den Tausend Meilen Wildnis in mir führen zu lassen. Ich würde mutig in diese Richtung streben. Ich würde bei meiner Ankunft tanzen.

Als ich den Wagen aufschloss, wischte ich mir eine Träne von der Wange.

Aber ich habe Angst, gestand ich. Vielleicht hörte mir ja dort draußen jemand zu. *Ich fürchte, wenn ich dort ankomme, ist sie vielleicht schon verschwunden.*

Ich hatte solche Angst, die Chance verpasst zu haben, meine Mutter wirklich kennenzulernen, sie wirklich zu sehen und zu verstehen. Ich hatte Angst, ohne dieses Wissen nie mehr die Gelegenheit zu bekommen, mir Teile meines Selbst zu erschließen, mich wahrzunehmen und zu verstehen. Ich fürchtete, dass wir so beide verloren gehen würden.

Der Wind trug mir eine Stimme zu. *Sie wird auf jeden Fall verschwinden,* sagte sie. *Und das beinhaltet die Chance auf eine Auferstehung.*

Meine Mutter barg ein Mysterium. Und in diesem Augenblick war ich mir sicher, dass es meine Aufgabe war, dieses Mysterium aufzudecken, die asphaltierten Wege zu verlassen und zu erforschen, was in den Tausend Meilen Wildnis in ihrem Innern lebte, von der Quelle ihres Flusses bis zu seinem Talgrund.

7
Einmal rundherum

Meine Mutter sitzt leicht vornübergebeugt am Picknicktisch neben unserem Zelt. Sie wirkt konzentriert, ist in das Malbuch vertieft, das wir am Flughafen für sie gekauft haben. Die rote Jeans, die sie beim Ausritt getragen hat, ist nicht mehr ganz sauber, ebenso ihr weißer Rolli, auf dessen Vorderseite ein hellgrüner Fleck prangt – ein Klecks vom gestrigen Abendessen.

Als ich sie frage, wie ihr der Tag gefallen hat, sieht sie an sich herunter, da ihre Kleidung mehr Hinweise auf die Ereignisse des Tages liefert als ihr Gehirn.

»Gut«, sagt sie. »Aber ich bin beim Radfahren ein bisschen schmutzig geworden.«

Wir sind nicht Rad gefahren.

»Und das Mittagessen hat mir geschmeckt!«, fügt sie hinzu, während sie den Fleck auf ihrem Rolli begutachtet. Und schon hat sie sich wieder in die Seiten ihres Malbuchs vertieft.

Ich weiß nicht, ob meine Mutter sich immer weiter von ihrem Selbst entfernt oder ob sie zurück zu ihrer Mitte findet. Bei dieser Krankheit ist das schwer zu sagen. Vielleicht gilt beides. Vielleicht verliert meine Mutter einige Dinge und gewinnt dafür andere. Vielleicht sieht so der Tod in Zeitlupe aus. Vielleicht würden wir, wenn wir nicht immer so beschäftigt wären, merken, dass das Leben genau das ist – eine Unendlichkeitsschleife, die uns in etwas hinein und gleichzeitig wieder daraus herausführt. Meine Mutter vereint mehrere solcher Spiralschleifen in sich.

Ich ging auf die andere Seite des Picknicktischs und bereitete das Abendessen zu. Mittendrin frischte der Wind auf, die Flamme des Kochers unter dem Topf mit Suppe zitterte. Nachdem wir gegessen und abgespült hatten, veränderte sich plötzlich das Licht, und es wurde kühler. Ich nahm an, dass ein paar Wolken aufgezogen waren und sich vor die Sonne geschoben hatten, doch als ich zum Himmel sah, hatte er sich bedrohlich zugezogen. Sofort begann ich, unsere Sachen im Kofferraum zu verstauen.

»Wir sollten die Malsachen wegräumen«, sagte ich zu meiner Mutter. »Sieht ganz so aus, als würde es wieder regnen.«

Ich brachte alles, was wir nicht dringend brauchten oder was nicht nass werden sollte, in Sicherheit, drängte darauf, dass wir uns eilig die Zähne putzten und das Gesicht wuschen, und krabbelte mit meiner Mutter ins Zelt. Dort zeigte ich ihr, wie sie ihre Kleider ausziehen und in den Schlafanzug schlüpfen konnte – eine Wiederholung der Lektion vom Vorabend –, und schloss den Reißverschluss ihres leuchtend pinkfarbenen Schlafsacks. Es war noch relativ früh, aber als die ersten Tropfen fielen, war sie bereits eingeschlummert.

Während sie neben mir schlief, hörte ich in der Ferne das Krachen des Donners. Ich steckte den Kopf aus dem Zelt und blickte in den Himmel. So schnell, wie die Wolken sich zusammenbrauten, öffneten sie auch schon ihre Schleusen. Es war, als wogte dort oben ein Meer – gewaltige tiefblaue Wellen lösten sich aus der Düsternis, brachen und schlugen zusammen. Immer mehr Wolken rollten heran, während der Donner über den entfernten Bergen dröhnte, der Nachhall ließ die Luft und den Boden unter uns vibrieren.

Ich zog mich wieder ins Zelt zurück, schlüpfte in den Schlafsack und lauschte dem Gewitter, ein wenig bange und doch entspannt.

In jener Nacht hatte ich einen Traum. Meine Mutter und ich befanden uns zusammen in einem Zelt. Doch anders als unser echtes Zelt war das im Traum so groß, dass man aufrecht darin stehen konnte. Ich lag am Boden, und meine Mutter stand über mir, an meinem Fußende. Liebevoll sahen wir uns an. Und dann öffnete sie plötzlich den Mund und begann zu schreien. Der Schrei entschlüpfte ihrem Mund wie ein sich abspulendes Seil.

Obwohl ich im Traum ruhig liegen blieb, spürte ich Panik in mir aufsteigen. Eine Panik, die voller Fragen war: Hatte sie Angst? War sie verrückt geworden? War sie verletzt?

Ich erhielt keine Antwort, aber kurz darauf durchflutete mich Erleichterung. Während meine Mutter immer noch schrie, atmete ich tief ein und schloss die Augen. Daraufhin hörte das Schreien abrupt auf, und wieder holte ich tief Luft. Als ich, immer noch im Traum, meine Augen wieder öffnete, blickte ich erst auf meine Füße und dann nach oben. Meine Mutter war verschwunden. An ihrer Stelle stand ein riesiger Schwarzbär.

Dieses Bild ließ mich schlagartig aus dem Schlaf hochschrecken. Mit wild hämmerndem Herzen setzte ich mich im Schlafsack auf. Im Zelt war es stockfinster. Hätte tatsächlich ein Bär vor mir gestanden, hätte ich ihn gar nicht sehen können. Ich griff in die Zeltinnentasche, nahm mein Handy und drückte den Homebutton für ein wenig Licht.

Kein Bär.

»Es hat so real gewirkt«, flüsterte ich bei mir.

Tief einatmend verstaute ich mein Handy, legte mich wieder hin und wartete darauf, dass sich mein Herzschlag beruhigte. Das einzige Geräusch war der leise Atem meiner Mutter neben mir.

Wie oft schon hat mich das Geräusch ihres Atems beruhigt?, überlegte ich, während ich langsam in den Schlaf glitt.

Als ich am Morgen aufwachte, stand ich immer noch unter dem Eindruck des Traums. Er fühlte sich entgegen aller Vernunft real an. Den letzten Rest Schlaf abschüttelnd fragte ich mich einen Augenblick, ob vergangene Nacht vielleicht tatsächlich etwas passiert war.

»Wie hast du geschlafen?«, wandte ich mich an meine Mutter, halb in der Erwartung, sie würde sagen: »Meine Güte, weißt du noch, der Bär?«

Sie zuckte die Achseln.

»Gut, denke ich. Ich weiß es nicht genau.« Sie lächelte mich an. »Hier drin ist es so gemütlich.«

Meine Mutter träumt nicht, oder vielleicht erinnert sie sich nur nicht an die Träume. Ich dagegen habe schon immer lebhaft geträumt. Ich sehe Farben und Strukturen. Im Traum kann ich schmecken und manchmal sogar riechen. Zuweilen blitzen detaillierte Szenen aus meinen Träumen vor meinem inneren Auge auf – fast wie die einzelnen Bilder eines Trickfilms. Die Erinnerung steigt aus irgendeinem Winkel in meinem Innern auf, und plötzlich – plopp, plopp, plopp – habe ich den ganzen Traum wieder im Kopf.

»Oma träumt auch so«, sagte meine Mutter, wenn ich ihr als Kind von meinen Träumen erzählte. Und dann fügte sie hinzu: »Ich glaube nicht, dass ich mich schon mal an einen Traum erinnert habe.«

Das konnte ich kaum glauben. Meine Träume sind schon immer eine Art Wegweiser für mein gesamtes Dasein gewesen. Ich kann mir mein Leben oder meine Fähigkeit, dem Leben einen Sinn abzugewinnen, nicht ohne die Filme vorstellen, die sich nachts in meinem Kopf abspielen.

Trotzdem wusste ich nicht, was ich von den Schreien meiner Mutter halten sollte oder was ihre Verwandlung in einen Bären bedeutete. Also verbannte ich den Traum vorläufig aus meinen Gedanken, im Vertrauen darauf, dass die Antworten mit der Zeit schon kommen würden.

Meine Mutter und ich fanden schnell zu einer eingespielten Morgenroutine. Normalerweise wachte ich auf, sobald die

Sonne ins Zelt schien, während Mom selig weiterschlummerte. Manchmal ließ ich sie ausschlafen, aber meistens schaute ich sie so lange und intensiv an, bis sie schließlich aufwachte.

»Morgen, Mom!«, flüsterte ich dann unternehmungslustig.

Sie lächelte und machte eine Bemerkung darüber, wie gemütlich sie es doch habe. Sie lag noch genauso im Schlafsack, wie sie sich am Abend zuvor hingelegt hatte, der Reißverschluss bis oben zugezogen und der Kopf in das Kapuzenteil gekuschelt. Wie eine fröhliche, in eine pinkfarbene Daunendecke gewickelte Robbe.

Noch etwas schlaftrunken blickte sie sich um, sammelte Informationen darüber, wo sie sich befand und was sie hier tat.

»Wir campen«, erinnerte ich sie. »In einem Zelt.«

Daraufhin fing sie unweigerlich zu kichern an.

»Brian fände es furchtbar«, sagte sie über meinen Vater und lachte noch mehr. »Er fände es absolut furchtbar.«

Ich öffnete den Reißverschluss ihres Schlafsacks und erzählte ihr, was für den Tag geplant war.

»Soll ich das anlassen?«, fragte sie mit Blick auf ihren Schlafanzug. »Ich glaube nicht, dass ich das anlassen sollte.«

»Nein, das glaube ich auch nicht«, entgegnete ich, bevor ich ihr die Kleidungsstücke reichte, die wir am Abend zuvor zurechtgelegt hatten.

Nachdem wir aus dem Zelt geklettert waren, suchten wir uns einen Platz zum Pinkeln und wuschen uns Hände und Gesicht. Wenn wir damit fertig waren, holten wir die benötigten Sachen aus dem Kofferraum – den Campingkocher, den Kaffee und den elf Liter fassenden Wasserbehälter. Ich füllte den Topf, zündete den Campingkocher an und kochte Wasser auf.

Schließlich reichte ich meiner Mutter ein hart gekochtes Ei mit dem Hinweis, dass sie es schälen könne. Während sie das Ei aß, brühte ich mir meinen Kaffee auf und goss den Rest des Wassers in zwei mit Instant-Haferflocken gefüllte Becher, in denen bereits Löffel steckten.

»Vorsicht.« Ich gab ihr einen der Becher. »Es ist heiß.«

Wie viele Male hatte meine Mutter abends Kleidung für mich zurechtgelegt, mir erzählt, was für den Tag geplant war, mir Frühstück gemacht, geprüft, ob etwas auch nicht zu heiß für mich war, mir Essen gereicht? Ich hatte das Gefühl, die Zeit hätte sich irgendwie gefaltet, sodass der Moment damals mit dem jetzigen zusammentraf, nur dass wir zwischendrin die Rollen getauscht hatten.

Kehren wir deswegen zu unseren Müttern zurück?, fragte ich mich. *Damit wir uns um sie kümmern, so wie sie sich früher um uns gekümmert haben?*

Ich fühlte mich noch nicht bereit für diese Aufgabe. Ich wollte, dass sich die Zeit wieder auseinanderfaltete. Ich wollte, dass alles wieder so wäre wie früher.

Nachdem wir gegessen hatten, spülte ich das Geschirr, verstaute es zusammen mit dem Campingkocher im Auto und packte die Lebensmittel in die Kühlbox daneben.

»Und was machen wir jetzt?«, fragte meine Mutter und wartete entspannt dastehend auf Anweisungen.

Ein braves kleines Mädchen, ein gehorsames Kind. War ich auch so gewesen?

An Tagen, an denen wir ein neues Ziel ansteuerten, erklärte ich meiner Mutter, dass wir das Zelt abbauen und einpacken müssten.

»Welches Zelt?«, fragte sie, bevor sie auf unseres deutete. »Dieses Ding? Einpacken?«

Auf mein Nicken folgte sofort die Frage, wie wir das bewerkstelligen sollten. Der Zeltabbau war für meine Mutter ein ebenso großes Rätsel wie der Aufbau.

Ein errichtetes Zelt sieht nicht so aus, als ließe es sich klein zusammenlegen. Sie starrte es an, und es war erkennbar, dass sie sich das Gehirn darüber zermarterte, wie man das anpacken könnte. Angestrengt runzelte sie die Stirn, ihre Augenbrauen zuckten, während sie sich bemühte, aus dem Ganzen schlau zu werden. Es war, als würde man jemandem dabei zusehen, wie er ein vierteiliges Puzzle mit nur zwei Teilen fertigstellen will.

»Bevor wir es zusammenlegen, müssen wir es auseinandernehmen«, erklärte ich, während ich Heringe aus der Erde und Zeltstangen aus Schlaufen zog. Und gerade als ich ihr zeigen wollte, wie man die Stangen faltet, geriet meine Mutter in Panik.

»Oh. Oh ...«, sagte sie. »Pass auf, dass du sie nicht zerbrichst. Die zerbre...«

»Die zerbrechen nicht, Mom. Das funktioniert so.«

Ich zog und faltete, zog und faltete. Meine Mutter staunte. Dies waren die beiden fehlenden Puzzleteilchen.

»Nun schau sich das einer an!«, rief sie. »Das ist ja fantastisch!«

Danach folgte der für mich beste Teil des Tages.

Beständigkeit ist das Rückgrat meiner Familie, die Hauptzeltstange, wenn man so will. Eingespielte Abläufe. Ein verlässlicher Rahmen für unsere Geschichte, unsere Liebe, unser Lachen.

So konnte ich mich darauf verlassen, dass mein Vater jeden Sonntag seinen Wagen in der Auffahrt wusch. Ich sehe ihn am Waschbecken im Keller stehen und einen Eimer mit warmem Wasser und Seife füllen. Ich weiß noch, wie sich der große gelbe Schwamm anfühlte, wenn ich an der Reihe war zu helfen.

Ebenso konnte ich mich darauf verlassen, dass mich, wenn ich von der Schule nach Hause kam, in neun von zehn Fällen der köstliche Duft frisch gebackener Plätzchen empfing. Ich habe das Quietschen der Ofentür im Ohr, das Geräusch von Plätzchen, die vom Blech aufs Abkühlgitter gleiten.

Es gibt Hunderte, wenn nicht sogar Tausende solcher Erinnerungen, wiederholte Erfahrungen, die sich in mein neuronales Netzwerk eingeprägt haben. Diese Momente, diese verlässlichen Konstanten, die unser tägliches Leben ausmachten, verliehen mir Sicherheit. Das Gefühl, sich auf bestimmte Dinge verlassen zu können, ist tief in meinem Innern verankert. Es ist einer der Gründe dafür, dass ich Vertrauen in meine Umwelt habe. Und einer der Gründe, warum ich mich als privilegiert bezeichne – mir wurde ein Urvertrauen mitgegeben.

Ein Bild allerdings hat sich mir besonders tief ins Gedächtnis eingeprägt – meine Mutter beim Zusammenlegen der Wäsche. Für mich war das pure Magie. Die Art, wie sie jeweils zwei passende Socken aufeinanderlegte und zusammenrollte. Die perfekten Rechtecke, die sie aus unseren verknitterten T-Shirts zauberte. Die kleineren Rechtecke, zu denen Boxershorts und Kinderunterhosen wurden. Laken, Handtücher, Kissenbezüge, Sweatshirts. Hosen, ein Hosenbein aufs andere gelegt und einmal gefaltet, auf den Oberschenkeln meiner Mutter glatt gestrichen und zum zweiten Mal gefaltet. Ein Spannbettlaken, verwandelt in ein makelloses Rechteck mit gleichmäßigen, abgerundeten Ecken.

Ich beobachtete, wie sich ihre Hände über den Stoff bewegten, glätteten, Unebenheiten und Falten ausstrichen, einen Fussel mit einer anmutigen Handbewegung fortwischten. Dabei war ihre Miene gelassen und entspannt, als würde sie meditieren. Ich hatte immer das Gefühl, dass sie mehr tat, als nur die Wäsche zusammenzulegen, aber ich konnte nie genau ergründen, was es war.

Mit dem Zelt verfuhr meine Mutter genauso. Sobald das Gestänge herausgezogen und es nur noch ein Haufen Nylon auf dem Boden war, wandte ich mich an sie.

»Jetzt können wir es zusammenfalten.«

Dann nickte sie lächelnd und kniete sich vor das zusammengesunkene Zelt. Ihr Muskelgedächtnis wusste, was zu tun war. Sie zog an den Ecken, glättete hier und da, faltete es in der Mitte. Sie packte es an zwei Enden, schüttelte es aus, legte es wieder hin und glättete und faltete noch einmal. Dann stand sie auf und reichte es mir an zwei Ecken.

»Halt mal«, sagte sie mit klarer Stimme – keine Fragen, kein Überlegen. Man hätte meinen können, sie sei gesund.

Ich hörte, wie ihre Hände über das Nylongewebe strichen, und spürte, wie sie sanft die unteren beiden Enden fassten und bis auf die Höhe meiner Hände anhoben.

»Gib mir deine«, forderte sie mich auf, und ich reichte ihr meine beiden Ecken und sah zu, wie sie alles erst einmal und dann ein zweites Mal zu einem ordentlichen Rechteck zusammenfaltete.

Ihre Hände bewegten sich flink, aber es waren nicht die Hände, die ich beobachtete, sondern ihr Gesicht. Keine gerunzelte Stirn, kein Zucken der Augenbrauen. Ihr Kiefer entspannte sich, die Muskeln in ihrem Gesicht wurden schlaff, ihre Miene strahlte Ruhe aus. Es war, als würde ich Zeugin eines uralten Rituals.

Ich setzte mich hin und sah zu, wie sie das Außenzelt und die Bodenplane in Angriff nahm. Während ich an meinem Kaffee nippte, kamen mir Zeilen eines Rilke-Gedichts in den Sinn: »Ich will mich entfalten. Nirgends will ich gebogen bleiben, denn dort bin ich gelogen, wo ich gebogen bin.« Welche Teile ihres Selbst hatte meine Mutter nach innen gewendet? Was genau hatte sie in T-Shirts und Jeans hineingefaltet?

Das war mein Motto gewesen: In den letzten zehn Jahren, vielleicht aber schon mein ganzes Leben lang, hatte ich mich darauf konzentriert, mich zu entfalten, etwas freizusetzen, Hemmungen zu überwinden. Es hatte mich nach außen gedrängt. Meine Mutter, so mein Eindruck, hatte genau das Gegenteil getan. Sie hatte sich nach innen gewandt, sich versteckt, sich hinter die inneren Mauern zurückgezogen. Wir beide hatten uns zur selben Zeit in unterschiedliche Richtungen bewegt.

Und doch gab es bei jeder von uns Dinge, die niemand sehen sollte, die wir verbergen wollten. Meine Mutter tat das, indem sie schwieg. Ich, indem ich Lärm veranstaltete, endlose Zerstreuung suchte. Sie hatte gelernt, sich in sich selbst zurückzuziehen, alles mit dem Etikett »privat« zu versehen, keine Worte zu verlieren. Ich hatte mich instinktiv ins Leben gestürzt, mich abgelenkt, den leeren Raum mit einer Geschichte gefüllt.

Vielleicht wusste sie von einer Weite irgendwo in ihrem Innern, einem Ort der Befreiung, den sie mir zeigen konnte. Und vielleicht wusste ich um die Stille in der Außenwelt, konnte ihr vermitteln, wie tröstlich es war, sich der Welt auszusetzen.

Womöglich brauchten wir ja beides.

Flüsse brauchen Wasser, das hinein-, und Wasser, das herausfließt.

Bäume brauchen sowohl Wurzeln als auch Kronen.

Vulkanisches Gestein wie der Obsidian, der in der Caldera des Yellowstone-Vulkans vorkommt, braucht zu seiner Entstehung sowohl Hitze als auch Kälte.

Und das ist der Clou daran, wenn man sich in entgegengesetzte Richtungen bewegt – läuft man nur lange genug nach Norden, endet man im Süden. Und läuft man nach Süden, erwartet einen am Ende der Norden. Irgendwo unterwegs würden meine Mutter und ich uns unweigerlich begegnen. Vielleicht hatte ich mich gar nicht mit der Ebbe hinaus aufs Meer tragen lassen, sondern hatte den langen Weg eingeschlagen, bis ich wieder am Anfang ankam, einmal rundherum.

Später an jenem Tag stiegen wir ins Auto. Ich zeigte meiner Mutter, wo sie ihre Handtasche verstauen sollte und wie man sich anschnallt, und fuhr mit ihr gen Norden.

8
Hauchzarte Flügel

Seit jeher vertrauen wir dem Unterland an,
was wir fürchten und loswerden wollen und was
wir lieben und bewahren wollen.
ROBERT MACFARLANE

Die Fragen fingen an, sobald wir auf der Straße waren. Die Fahrt vom Yellowstone-Nationalpark nach Missoula, Montana, dauerte vier bis fünf Stunden, und ungefähr vier bis fünf Stunden davon bestanden aus einem erschöpfenden Frage- und Antwortspiel. Die Zeit, die wir zusammen im Auto verbrachten, wurde immer frustrierender.

»Wohin fahren wir?«, fragte sie, kaum waren wir gestartet.

»Nach Missoula«, sagte ich. »Das ist eine Stadt in Montana.«

»Komischer Name für einen Ort«, meinte sie. »Ist das hier?«

»Also, nicht direkt hier, aber dort, wo wir hinfahren.«

Ungefähr zehn Sekunden später stellte sie noch einmal dieselbe Frage, bevor sie zu einer anderen überging.

»Ich glaube, hier war ich noch nie«, sagte sie. »Wo sind wir?«

»In Montana, Mom. Wir sind in Montana. Und du hast recht. Hier warst du noch nie.«

»Oh.« Sie schaute aus dem Fenster. Nach etwa einer Minute fragte sie vollkommen verwirrt: »Aber wo *sind* wir denn?«

»Wir sind in Montana, Mom. Und wir fahren nach Missoula.«

»Miss Oula. Ist das eine Frau? Kenne ich sie?«

»Nein.«

»Übernachten wir heute bei ihr?«

»Sozusagen«, lachte ich. Ich suchte nach Leichtigkeit in dieser Wiederholungsschleife, die mich allmählich zur Verzweiflung brachte.

Wieder schwieg sie eine Weile. »Diese Reise ist so sonderbar.«

Eine Minute darauf fing sie erneut an. »Wo sind –«

»Ich weiß es nicht, Mom«, fiel ich ihr ins Wort. »Aber ist es nicht schön hier?«

»Ja, es ist schön. Hier ist es sehr schön.« Einige Augenblicke saß sie ruhig da, ehe sie fragte, was für einen Tag wir hatten.

»Dienstag«, antwortete ich.

Sekunden später wiederholte sie ihre Frage und ich meine Antwort. »Heute ist Dienstag, Mom. Gestern war Montag.«

»Oh.«

Es folgte noch ein drittes Mal. »Was für ein Tag ist heute?«, fragte sie.

»Was für ein Tag soll denn sein?«

Sie dachte einen Moment darüber nach und drehte sich dann zu mir. Ich hielt den Blick auf die Straße gerichtet, in der Hoffnung, sie würde ihre Fragen auf dem Asphalt der Interstate 90 zurücklassen. Sie tat es nicht.

»Aber was für ein Tag ist heute?«, fragte sie.

»Der Tag, den wir damit verbringen, uns liebzuhaben.«

»Oh, das ist ein guter Tag«, kicherte sie.

Meine Mutter verlor ihren Verstand und ich meine Geduld. Mein Bruder hatte mich davor gewarnt, aber ich hatte es abgetan und gedacht, ich würde spielend damit umgehen können.

Einige Monate vor der Reise fuhr ich zu meinem Bruder nach Palm Desert. Er machte dort mit seiner Frau und seinen beiden Kindern eine Woche Urlaub, um die Verwandten seiner Frau zu besuchen. Nach meiner Ankunft versammelten wir uns in der Küche, und ich erzählte meinem Bruder von meinen Plänen, erläuterte, wohin genau ich mit meiner Mutter fahren würde und wie lange wir unterwegs sein würden. Während ich redete, hantierte mein Bruder ununterbrochen herum – er räumte Dinge von hier nach da, suchte nach etwas, füllte Kinderbecher und wischte Fingerabdrücke von der Tür des Kühlschranks, bevor er sich den Griff vornahm.

»So ist es im Wesentlichen geplant«, fasste ich zusammen. »Wir werden zwei Wochen unterwegs sein.«

»Zwei Wochen?«, fragte er, während er einen kleinen Rucksack vom Boden aufhob und auf die Arbeitsplatte legte.

»Ja. Knapp zwei Wochen.«

»Das wird anstrengend werden«, sagte er und leerte den Rucksack aus.

»Anstrengend? Warum?«, wollte ich wissen.

Er durchquerte die Küche und nahm ein halb volles Glas Wasser aus der Spüle.

»Du wirst dir immer wieder dieselben Fragen anhören müssen.«

Er kippte das Wasser weg, ging zum Kühlschrank und goss das Glas halb voll mit Saft.

»Vielleicht ist es ja genau das, was ich brauche«, sagte ich.

Da mein Bruder nichts darauf erwiderte, machte ich das, was ich immer machte – ich füllte die Leere mit Worten.

»Vielleicht soll es so sein, dass ich immer wieder dieselben Fragen gestellt bekomme«, sagte ich. »Vielleicht kommen die Dinge nur auf diese Art und Weise richtig bei mir an.«

Mein Bruder hantierte noch eifriger herum, was ich als endgültige Antwort auffasste. Er reichte den Saft seiner Tochter.

»Trink«, forderte er sie auf, bevor er seiner Frau in der anderen Ecke des Raums zurief, wo denn die Sonnencreme abgeblieben sei.

Er bewegte sich nicht in zwei Richtungen gleichzeitig, sondern nur in eine. Er klinkte sich aus dem Gespräch aus, und ich folgte ihm. Schließlich war er mein großer Bruder; mein ganzes Leben lang war ich ihm gefolgt, zu verschiedenen Orten, auf verschiedene Art und Weise. Auch jetzt, wo wir erwachsen waren, fiel es mir schwer, dieses Muster zu durchbrechen.

Als meine Mutter und ich uns dem Stadtzentrum von Missoula näherten, hatte sie etwas Neues auf Lager.

»Wo sind die Kinder?«, fragte sie mit besorgter Stimme.

»Welche Kinder?«, fragte ich zurück, während ich nach einer Parkmöglichkeit suchte. »Wessen Kinder?«

»Deine Kinder. Wo sind deine Kinder?«

»Ach, Mom. Ich habe keine Kinder.«

»Warum denn nicht?«, bohrte sie nach.

Ich wusste nicht so recht, was ich darauf antworten sollte.

Meine Mutter stellte mir diese Frage noch viele Male an diesem Tag. Ebenso wie am Tag danach. Und am darauffolgenden.

»Wo sind deine Kinder?«, fing sie an.

»Ich habe keine Kinder«, antwortete ich.

»Du hast keine Kinder? Ich dachte, du hast Kinder.«

»Nein, habe ich nicht.«

»Warum denn nicht?«, fragte sie, vollkommen perplex.

»Wo sind eure Kinder?«

»Wir haben keine.«

»Aber ich dachte, sie schlafen.«

»Nein, Mom. Das sind die Kinder von jemand anderem.«

»Und wer ist dann bei deinen Kindern?«

»Mom. Nein. Ich habe keine Kinder.«

»Oh. Aber du willst welche, oder? Du wirst welche kriegen?«

»Ich glaube nicht.«

»Oh ...«

Dann ging es wieder los: »Wo sind deine Kinder?«

»Mom. Ich habe keine Kinder.«

»Oh nein ... Warum denn nicht?«

Diese Fragen strömten während der gesamten Reise so unaufhörlich wie die Brandung auf mich ein, und auch bei nahezu jedem Treffen, das wir seither hatten, werde ich damit überschüttet. Bei jedem Besuch, jedes Mal, wenn ich bei meinen Eltern übernachte oder mehr als zehn Minuten mit meiner Mutter verbringe, heißt es: »Wo sind deine Kinder« und: »Warum hast du keine Kinder?«

Wenn es etwas gibt, was eine kinderlose Frau in ihren Dreißigern auf keinen Fall hören und auf keinen Fall beantworten will, dann diese beiden Fragen. In den vergangenen vier Jahren hat meine Mutter sie mir Hunderte Male gestellt. Immer und immer und immer wieder.

Aber in Wahrheit waren nicht die unablässigen Fragen meiner Mutter das Problem. Sondern die Selbstzweifel, die sie hervorriefen.

Als ich eine kleine Weinbar auf der anderen Straßenseite entdeckte, hielt ich an und parkte. Ich drehte mich zu meiner Mutter und sagte ihr in relativ scharfem Ton, es sei Zeit fürs Mittagessen. Sie nickte.

Nach dem Aussteigen nahm ich ihre Hand, schaute, ob ein Auto kam, und als alles frei war, zog ich sie schnell über die Straße. Ich brauchte ein Glas Wein, damit meine Stimmung nicht kippte und aus Frust Wut wurde.

Wir setzten uns an einen Tisch am Fenster, und ich bestellte für jede von uns einen Drink – ein großes Glas Wein für mich und eine Margarita ohne Salz für sie, dazu ein paar Kleinigkeiten, die wir uns teilen würden.

Meine Mutter legte die Hände behutsam in den Schoß und saß mir schweigend gegenüber. Sie spürte meine schlechte Stimmung. Als die Getränke kamen, kippte sie ihren Cocktail genüsslich hinunter und fragte, ob sie noch einen bekommen könne.

»Klar«, antwortete ich, während ich an meinem Wein nippte.

Unser Kellner brachte den zweiten Drink für meine Mutter. Diesmal war er mit einem kleinen Papierschirmchen garniert, das meine Mutter sofort aus dem Glas zupfte.

»Was ist das?«, fragte sie.

»Ein Regenschirm«, antwortete ich.

»Aber es regnet doch gar nicht«, sagte sie, während sie ihn auf- und zuklappte. »Und der hier ... der sieht aus, als würde er auseinanderfallen, wenn er nass wird.«

Ich lachte. Es ist ja auch wirklich lächerlich – ein Regenschirm für einen Drink.

»Das kann kein echter sein«, schob sie nach. »Eher etwas für eine Puppe oder so.«

Sie legte das Schirmchen auf den Tisch und hob ihr Glas.

»Cheers!«, sagte sie mit einem Lächeln. »Das ist so schön.«

Ich stieß mit ihr an und nahm noch einen Schluck von meinem Wein.

»Ich meine ...«, fuhr sie fort. »Das ist wirklich etwas Besonderes. Ich –«

Ihre Stimme brach. Als ich aufblickte, sah ich, dass sie weinte. Sie lächelte und weinte gleichzeitig.

»Mom?«, fragte ich. »Geht es dir gut?«

»Ich ...« Sie hielt inne. »Ich habe mich schon lange nicht mehr so wie jetzt gefühlt.«

Plötzlich hatte sich ihre Stimme verändert. Sie klang zwar noch brüchig, aber nicht mehr verwirrt. Es lag weder Sorge noch Staunen darin. Wenn sie einen guten Tag hatte, konnte das passieren. Hin und wieder kam eine unbeeinträchtigte Version von ihr zum Vorschein. Es war fast, als wäre Alzheimer eine Jacke, die sie in manchen Momenten einfach ausziehen und sorgsam über die Stuhllehne hängen konnte. Jetzt war einer dieser Momente.

Ich sah ihr in die Augen und merkte, wie meine Schultern sich entspannten. Mir war gar nicht aufgefallen, wie angespannt ich gewesen war. Ich hatte vergessen, dass unter dieser Fremden gegenüber am Tisch eine Frau verborgen war, die ich gut kannte. Die ich liebte.

Mom, dachte ich bei mir, während ich sie betrachtete, wie sie dasaß und lächelte.

»Ich habe solchen Spaß«, sagte sie und wischte ihre Tränen weg. »Ich schaue in den Spiegel und weiß nicht einmal, wer das ist. Das ist so etwas Besonderes. Ich muss dir wirklich danken.«

»Es ist etwas Besonderes«, pflichtete ich ihr mit einem glücklichen Seufzer bei. Jetzt tat es mir leid, dass ich vorhin so gereizt reagiert hatte.

»Weißt du«, sagte sie. »Ich liebe deinen Vater – ich habe ihn immer geliebt –, aber er würde das nie machen ... eine solche Reise unternehmen.«

Ich kicherte, denn sie hatte nur allzu recht.

»Wir haben viel erlebt. Aber er mag es nicht ... er wird nicht gern ...«

Ich wusste, nach welchem Wort meine Mutter suchte.

»SCHMUTZIG!«, half ich ihr.

»JA! Schmutzig. Er hasst es, unordentlich auszusehen.«

Sie hob die Hand und ließ sich von mir abklatschen.

Ich lehnte mich zurück und hoffte, dass noch etwas nachkommen würde. Ich sehnte mich nach ein paar Minuten mehr mit meiner Mutter, dürstete nach ihr, dürstete nach ihren Worten.

»Dein Vater war das größte Geschenk meines Lebens«, fuhr sie fort. »Er hatte immer Ideen und Pläne für Reisen. Ich habe ihn gern begleitet, und wir hatten eine schöne Zeit. Aber ...« Sie hielt kurz inne. »Es ist mir nie in den Sinn gekommen, Brian zu fragen, ob er so etwas mit mir unternimmt.«

Es ist ihr nie in den Sinn gekommen?, dachte ich verwundert.

Irgendetwas gab mir einen inneren Ruck.

Es ist ihr nie in den Sinn gekommen?

Meine Gedanken wanderten zurück zu einem Gespräch, das ich etwa ein Jahr zuvor mit meinem Vater geführt hatte.

Wir unterhielten uns über das erste Buch, das ich geschrieben hatte, und darüber, wie erbittert ich dem männlichen Ideal nachgejagt war, wie sehr ich mich bemüht hatte, »eine von den Jungs« zu werden. Dann kamen wir auf meine Ansichten zum modernen Feminismus zu sprechen, auf die Veränderungen, die in mir und innerhalb der Gesellschaft vorgegangen waren.

»Weißt du«, sagte mein Vater von seiner Sofaecke aus. »Rückblickend glaube ich, dass wir euch anders behandelt haben.«

»Was meinst du damit?«, fragte ich, plötzlich verwirrt. »Wen habt ihr anders behandelt?«

»Es geschah nicht bewusst«, redete er weiter, als hätte er mich nicht gehört. »Aber wir haben deine Brüder anders behandelt als dich und deine Schwester.«

Mir war, als würde ich innerlich zerquetscht. Ich spürte ein Ziehen und dann ein heftiges Flattern und Zittern, als wäre in mir ein Mottenschwarm freigelassen worden. Sie schwirrten wild durcheinander, stiegen von der schmerzenden Stelle in meinem Innern auf und bildeten eine Flamme – weißglühender Zorn, der in meiner Brust loderte. Mein Körper war ein solches Gefühl nicht gewöhnt.

Augenblicklich bewegte ich mich in zwei Richtungen gleichzeitig: Innerlich empfand ich Chaos. Äußerlich blieb ich ruhig. Ich blieb ruhig, weil ich Fragen hatte, Fragen, auf die ich Antworten wollte.

»Und wie kam das?«, fragte ich leise, in einem beiläufigen Ton, der meine Entrüstung verbarg.

»Wir spornten die Jungs an«, antwortete mein Vater. »Wir forderten sie heraus.«

Mein Zorn loderte heller. Mehr Motten kamen. Meine Eingeweide bestanden aus aufblitzendem Licht und flatternder Dunkelheit.

Ich nickte. Halb hoffte ich, dass noch mehr nachkommen würde, halb hoffte ich, dass nicht.

Will ich die ganze Wahrheit hören?, dachte ich bei mir, *oder nur einen Teil? Wie viel Wahrheit ist in diesem Fall zu viel?*

»Deine Schwester und du ...«, fuhr er fort, »ihr beide wart eben so ...«

Er schürzte kaum merklich die Lippen, bevor er einen großen Schluck Wein trank. Ich saß abwartend da, während die Motten das letzte verbliebene Licht in mir verschluckten.

»Ihr wart beide bildhübsch«, sagte er. »Ihr wart bezaubernd und liebenswert. Wir dachten einfach, ihr findet einmal nette Männer.«

Ich spürte, wie die Motten meinen Körper übernahmen. Ich ertrank in Tausend hauchzarten Flügelpaaren.

Als ich meiner Mutter gegenübersaß und ihr zusah, wie sie an ihrer Margarita nippte, musste ich an die Worte meiner Therapeutin denken: »Sie glauben, Sie sind größer als Ihre Mutter.«

Tut das nicht jeder?, antwortete eine Stimme in meinem Kopf. *Glauben wir nicht alle, dass wir größer sind als unsere Mütter? Hat man uns das nicht beigebracht?*

Meine Eltern fanden mich bildhübsch, bezaubernd und liebenswert.

Meine Eltern glaubten, mein Beitrag zu diesem Ort hier, zu der Welt um mich herum, bestünde in meinem Aussehen, in meiner Fähigkeit, andere zu erfreuen.

Sie erhofften sich nicht mehr für mich, als dass ich liebenswert und selbstlos werden und einem Mann den Rücken freihalten würde. Hat er »einen netten Mann« gesagt? Er hat es gesagt, oder? Er hat gesagt, ich würde einen netten Mann finden.

Bestand die Herausforderung, die sie für mich bereithielten, darin, jemanden zu finden, der, wenn ich Glück hatte, mich finden würde? Wusste denn überhaupt jemand, wo ich war? Hielt jemand nach mir Ausschau? War sich irgendwer im Klaren darüber, dass die Frauen irgendwo auf See in schaukelnden Booten saßen?

Mir kam noch eine andere Erinnerung aus der jüngeren Vergangenheit in den Sinn, als meine Mutter und ich ein paar Monate vor unserer Reise durch Vancouver gefahren waren.

Ungefähr einen Block vor unserem Haus drehte sie sich zu mir.

»Sind die Jungs zusammen?«, fragte sie.

»Ja«, sagte ich, nicht ganz sicher, welche Jungs sie meinte, aber ich wollte sie auch nicht verwirren.

»Oh, gut«, meinte sie. »Lassen wir die Jungs spielen.«

Ich stutzte. Meine Neugier war geweckt.

»Und was machen die Mädchen?«, fragte ich. »Du weißt schon ... während die Jungs spielen.«

»Oh«, antwortete meine Mutter achselzuckend. »Keine Ahnung.«

Sie konnte mit der Frage überhaupt nichts anfangen. Das merkte man schon an ihrem Ton. Es war fast, als hätte sie hinzugefügt: »Warum ist das wichtig?«

Für meine Eltern waren Jungen größer, also besser als Mädchen. Und ein Vater besser als eine Mutter. Alles war gut, solange nur die Jungen sicher an Land waren. Und die Frauen schluckten ihre Wut hinunter. Das waren die unausgesprochenen Wahrheiten – die Dinge, die ich gespürt, aber nie benannt hatte. Im Rückblick erkannte ich, dass diese Wahrheiten ein Muster für all meine Handlungen vorgaben.

Mir wurde die Vorstellung eingeimpft, meine Erfüllung, meine Ganzheit als Person hänge davon ab, einen netten Mann zu finden.

Sobald du ihn gefunden hast, wirst du ganz sein.

Das machte mich wütend, aber anstatt dieses Gefühl zuzulassen, hatte ich es begraben. Hatte es irgendwo in mir verstaut und versucht, mich größer zu machen. Im Rückblick sah ich es überall – jede Entscheidung, die ich jemals getroffen hatte, war davon beeinflusst. Das Fortschnipsen einer unbenannten Essenz, meine erbitterte Ablehnung gegen das Weibliche und die daraus resultierende Zurückweisung meiner Mutter. Das hohe Podest, auf das ich meinen Vater gestellt habe. Mein Versuch, wie Toko-pa Turner gesagt hat, »wie Athene zu werden, sich mit dem Vater zu verbünden, um wachsen und gedeihen zu können«.

Wenn du wirst wie er, wirst du ganz sein.

Irgendwo in die Knochen meiner Eltern und ihrer Eltern und deren Eltern hat jemand folgende Behauptung eingepflanzt: Das Maskuline ist besser als das Feminine.

Eins war besser als das andere. Mein Fehler war, dass ich ihnen geglaubt hatte.

Das Essen wurde serviert. Gebratener Blumenkohl, Rote-Bete-Salat mit Burrata und Brathuhn mit grünem Gemüse.

»Was ist das?«, fragte meine Mom und zeigte auf den Blumenkohl.

»Das ist Blumenkohl, Mom«, sagte ich. »Vorsicht, er könnte ein bisschen heiß sein.«

»Das ist Blumenkohl!«, rief sie. »Erstaunlich. Ich wäre nie darauf gekommen, Blumenkohl auf diese Art zuzubereiten.«

»Nicht, oder?«, pflichtete ich ihr bei. Ich hatte gemerkt, dass meine Mutter wieder ihre Alzheimerjacke angezogen hatte.

»Weißt du«, sagte sie. »Ich habe es immer wie meine Mutter gemacht. Sie hat ihn …«

Meine Mutter suchte nach Worten. Ich füllte die Lücke.

»Gedämpft«, sagte ich. »Deine Mutter hat den Blumenkohl gedämpft.«

»Ja! Sie hat ihn gedämpft«, bestätigte sie. »Aber woher weißt du das?«

»Weil du es auch so gemacht hast. Und es mir so gezeigt hast.«

»Also, von nun an sollten wir es anders machen«, konstatierte sie nüchtern. »Unbedingt.«

»Das werden wir«, versicherte ich und trank meinen Wein aus.

Ich habe schon oft darüber nachgedacht, Mutter zu werden,

aber jedes Mal meldete sich eine leise und dennoch mächtige Stimme in mir, die diesen Gedanken verwarf. Ich habe mich entschieden, auf diese Stimme zu hören, ohne genau zu wissen, wem sie gehörte oder woher sie überhaupt kam. Nach dem Mittagessen mit meiner Mutter an jenem Tag begriff ich, dass es immer ihre Stimme gewesen war.

Irgendwann in meinem Leben hatte sie mir mitgegeben, dass ein Geschlecht besser war als das andere. Ganz so einfach lag der Fall allerdings nicht. Denn bei anderen Gelegenheiten, auf andere Art und Weise hatte sie mir zugeflüstert, dass es Alternativen, abweichende Wege, eine andere Zubereitungsart für Blumenkohl gab. In der einen Welt stellte sie mir eine mathematische Aufgabe. In der anderen Welt lieferte sie mir die Lösung.

Es ist ein äußerst verwirrendes Gefühl, dass meine Mutter mir einerseits geholfen hat, solche Grenzen zu errichten, und mich andererseits ermutigt hat, sie zu übertreten. Aber vielleicht war es gar nicht verwirrend; vielleicht war ihre Generation dazu bestimmt, diese Brücke zu bauen. Es muss eine schier unlösbare Aufgabe gewesen sein – sich so zu bemühen, das von ihren Müttern übernommene Bild aufrechtzuerhalten, und gleichzeitig die Arme über eine Kluft hinwegzustrecken, um uns in eine Welt zu entlassen, die sie noch nicht sehen konnten.

Sie muss sich sehr zerrissen gefühlt haben. Die vorhergehende Generation zerrte von einer Seite und sagte ihr, die Definition von Liebe sei das Unterdrücken von Gefühlen und man dürfe seine Mitmenschen nicht mit seinem Schmerz belasten, während ich ihr von der anderen Seite zusetzte und eine radikal andere Definition von Liebe forderte, eine, die auf dem Ausdrücken von Gefühlen basierte, auf unserer Fähigkeit, die ganze Wahrheit zu akzeptieren und auszusprechen.

Wie groß ist der Sprung, den wir von einer Generation zur nächsten erwarten können? Wann werden wir bei der Beurteilung unserer Mütter miteinbeziehen, in welchem Boden sie wuchsen, und nicht die Erde, in der wir wurzeln, zum Maßstab nehmen? Wann werden wir verstehen, dass die Gräben, die sie zu überwinden versuchten, all jene Teile ihres Selbst waren, zu denen man ihnen den Zugang verwehrt hatte?

Ich hatte meine Mutter nicht als eine Frau gesehen, die die ihr gesetzten Grenzen durchbrach, doch in Wahrheit hatte sie sie alle gesprengt. Es waren nur andere Grenzen als die, die mir gesetzt wurden.

Zurück im Auto dachte ich an meine Mutter und ihre fünf Kinder – mich und meine drei Geschwister, mit denen ich aufgewachsen bin, und den erstgeborenen Bruder, von dem wir erst später erfuhren. Die Vergangenheit, ihr jetziges Leben, ihre Zukunft, all das zog und zerrte an ihr – ein Fluss, der sowohl zum Leben erweckt, als auch angezapft wird, Wasser, das gezwungen wird, sich in viele verschiedene Richtungen gleichzeitig zu bewegen.

Und als wir aus Missoula hinausfuhren, wanderten meine Gedanken zu dieser Stadt, die von fünf Gebirgsketten eingerahmt ist: den Bitterroot Mountains, der Sapphire Range, der Garnet Range, den Rattlesnake Mountains und der Reservation Divide. Fünf mächtige Gebirgszüge laufen auf ein Tal mit einem See zu, der ausgetrocknet ist.

Was vielleicht weniger bekannt ist: Athenes Mutter ist die Wassernymphe Metis, eine Frau, die die Weisheit des Wassers – von Salz-, als auch Süßwasser – in sich trägt. Sie wird häufig übersehen, sodass mancherorts der Eindruck entsteht, das Wasser sei versiegt. Das bedeutet jedoch nicht, dass es nicht da ist; man muss nur unter die Oberfläche schauen. Wenn man in die Tiefe hinabsteigt, findet man oft eine Quelle, aus der seit Jahrhunderten eine unsichtbare Wasserader der Weisheit fließt.

9
Die große Wasserscheide

Meine Mutter schlief tief und fest. Ein Bär neigte sich über sie; er war kurz davor, über sie herzufallen und sie zu verschlingen. Ich stürzte zu ihr, wollte dazwischengehen, doch in diesem Moment erkannte ich, dass ich der Bär war.

Ich erwachte von meinem eigenen Keuchen. Rasch drehte ich mich um, suchte im Dunkel des Zelts nach meiner Mutter. Halb erwartete ich, sie sei wach, in Panik, vielleicht sogar irgendwie verletzt. Nichts von alldem traf zu.

Ich konnte sie neben mir hören. Sie atmete ruhig ein und aus.

In dem Versuch, den Traum abzuschütteln, wackelte ich in meinem Schlafsack mit den Zehen.

Normalerweise wache ich nicht von meinen Träumen auf, dachte ich, bevor ich mich auf die andere Seite drehte und wieder einschlummerte.

Am nächsten Morgen tauchte der Traum als eine Abfolge unzusammenhängender Bilder und Emotionen wieder auf. Ich schob sie jedoch rasch beiseite, denn ich hatte große Pläne für heute, und wir mussten ein bisschen früher aufstehen als sonst.

Etwa nach einer Stunde Fahrt bogen wir in einen kleinen gekiesten Parkplatz ein. Am Tag zuvor hatte ich mich bei einem Wildwasser-Rafting-Anbieter nach einer schönen, aber nicht zu wilden Tour erkundigt.

»Auf dem Clark Fork River. Durch die Alberton-Schlucht«, sagte der Mann am Telefon. »Sie werden begeistert sein. Das Wasser fließt dort ziemlich schnell.«

»Aber nicht zu wild?«, hakte ich noch einmal nach.

»Überhaupt nicht«, versicherte er.

Der Clark Fork ist der volumenmäßig größte Fluss Montanas. Er entwässert eine ausgedehnte Region der Rocky Mountains und transportiert Schnee und Eis und Tonnen von Wasser in den mächtigen Columbia River und von dort in den salzigen Pazifik. Er ist eine wichtige Lebensader im Westen, eine über Land verlaufende Arterie, die dem Becken, das sie durchquert, sowie dem Land jenseits davon Leben einhaucht.

Der höchste Punkt im Einzugsgebiet des Clark Fork liegt an der Kontinentalen Wasserscheide – eine geografische und hydrologische Besonderheit, die mich immer in Erstaunen versetzt hat. Niederschlag auf der westlichen Seite der Wasserscheide rauscht durch steile Wasserläufe zum Pazifik. Wasser, das auf der östlichen Seite der Wasserscheide landet, fließt in den Missouri, dessen Nebenflüsse sich bis zum Atlantik im Osten winden.

Es leuchtet ein, dass es eine natürliche Trennlinie gibt, die das Wasser diesen oder jenen Weg einschlagen lässt, aber ich habe mich immer gefragt, was mit dem Wasser passiert, das direkt am Scheitelpunkt auftrifft. Woher weiß es, in welche Richtung es fließen soll? Welche Elemente spielen in diesem Moment eine Rolle? Ich würde gern wissen, wie das Wasser im Augenblick des Loslassens aussieht. Vielleicht liegt das Loslassen auch in seiner Natur, vielleicht kann es nur so fließen.

Der Parkplatz war leer, und auch wenn links von uns ein Fluss plätscherte, war ich mir nicht sicher, ob wir hier richtig waren. Es gab keine Gebäude, keine anderen Autos, und ich sah keine Menschenseele.

»Parken wir hier?«, fragte meine Mutter.

»Ich glaube schon«, antwortete ich. »Schauen wir uns mal um.«

Beim Aussteigen schlug mir kühle Luft ins Gesicht. Sofort dachte ich, dass diese Unternehmung ein Fehler war. Wenn ich es schon kalt fand, würde meine Mutter –

»Oooh«, sagte sie, als sie aus dem Auto stieg. »Hier ist es ja eiskalt!«

»Lass dich mal richtig einpacken«, sagte ich und griff nach dem Reißverschluss ihrer Jacke.

»Was machen wir hier?«, fragte sie. Ihr Ton ließ vermuten, dass sie viel lieber im warmen Auto geblieben wäre.

»Wir wollen raften gehen«, entgegnete ich und blickte auf eine schmale Zufahrtsstraße rechts von uns.

»Da«, sagte ich und setzte ihr eine dunkelgraue Strickmütze auf. »Komm mit.«

Ich führte sie an der Hand die Straße entlang. Als wir um die Kurve bogen, sah ich ein Gebäude, das aus zwei Mobilheimen zu bestehen schien, mit einer umlaufenden Holzveranda und einem Schild an der Seite, auf dem MONTANA RIVER GUIDES stand.

»Da wären wir«, verkündete ich.

Ich machte mir Gedanken, ob ich Mom mit diesem Abenteuer nicht zu viel zumutete. Ich hatte das Gefühl, dass auf dem Wasser viel mehr schiefgehen konnte als auf dem Pferderücken, doch dann rief ich mir in Erinnerung, dass ich nach einer einfachen Tour gefragt hatte.

»Das schaffen wir schon«, flüsterte ich mir zur Beruhigung zu, als ich den behelfsmäßigen Souvenirladen mit einem kleinen Empfangsbereich betrat. »Das schaffen wir schon.«

Im Raum befanden sich zwei Angestellte, die beide Kleidung mit dem Firmenlogo trugen. Eine stand hinter einem schmalen Tresen und füllte einen Ständer mit Lippenpomade und Neopren-Trageriemen auf. Die zweite ordnete in der anderen Ecke des Raums einen Stapel T-Shirts und Hüte.

»Hallo«, begrüßte ich sie. »Bin ich hier richtig für die Alberton-Tour?«

Die Frau hinter dem Tresen blickte auf.

»Oh«, sagte sie. »Tut mir leid. Ich habe Sie nicht gesehen!«

In diesem Moment kam ein weiterer Mitarbeiter herein. Er trug ein kariertes Hemd und türkisfarbene Shorts, unter denen Neopren-Leggings hervorlugten, dazu ausgelatschte Flip-Flops. Er war ein Hüne. Mindestens eins fünfundneunzig. Vielleicht größer.

»Ich bin Quinn«, verkündete er. »Kommt ihr heute mit auf den Fork?«

Ich schaute zu ihm hoch.

»Ihr müsst das Mutter-Tochter-Duo sein«, sagte er.

Ich nickte.

»Ja, das sind wir.« Ich legte den Arm um meine Mutter. »Ich bin Steph, und das ist meine Mutter, Sheila.«

Meine Mutter musterte Quinn.

»Du bist so groß«, sagte sie. »Was hast du gegessen, um so groß zu werden?«

Sie meinte es ganz ernst.

Quinn lachte, dann deutete er auf die Umkleideräume.

»Ihr müsst euch noch umziehen«, wies er uns an.

In der Umkleidekabine half ich meiner Mutter aus den Kleidern und in den bereitgelegten Neoprenanzug samt Schuhen. Während sie sich hineinzwängte und ich an ihr zog und zerrte, löcherte sie mich mit Fragen – wie habe der Mann so groß werden können, warum müssten wir diese Anzüge tragen, was sollte sie mit ihrer Handtasche machen.

Ich tat mein Bestes, um alle Fragen zu beantworten, ehe ich selbst in meinen Anzug schlüpfte. Als wir beide fertig angezogen waren, wandte ich mich wieder meiner Mutter zu. Sie stand neben mir und begutachtete sich im Spiegel. Sie wirkte besorgt.

»Wohin gehen wir denn in diesem Aufzug?«, fragte sie,

während ich sie nach draußen führte. »Wir sehen so merkwürdig aus. Sind das überhaupt Schuhe?«

Ich sah sie an und lachte. Sie trug einen schwarzgrauen Ganzkörper-Neoprenanzug, dazu Stiefel mit abgeteiltem großem Zeh und eine blaue Rettungsweste. Über ihre graue Strickmütze hatte sie einen knallgelben Helm gestülpt, und in der Hand hielt sie ihre Handtasche.

»Die Mütze lassen wir lieber hier«, sagte ich, löste den Verschluss ihres Helms und zog sie ihr aus. »Und deine Handtasche können wir ins Schließfach legen«, fügte ich hinzu. »Im Wasser brauchst du sie nicht.«

»Im Wasser?«, fragte sie verwirrt. Sie sah sich eine Weile lang um und entdeckte dann unterhalb von uns den Fluss.

»Da rein?«, kreischte sie und deutete hinab. »Aber das sieht so kalt aus!«

Quinn trat von hinten zu uns.

»Tja, Sheila«, sagte er, als wir uns zu ihm umdrehten. »Ich hoffe, dass wir nicht tatsächlich im Wasser landen, wir nehmen lieber ein paar Boote.«

»Du wirst vielleicht ein bisschen nass«, ergänzte ich. »Den einen oder anderen Spritzer könntest du abbekommen.«

Ich eilte zurück zu den Umkleideräumen, schloss die Handtasche meiner Mutter und unsere restlichen Sachen ein und flitzte wieder hinaus. Inzwischen hatten sich drei weitere Teilnehmer zu Quinn und meiner Mutter gesellt. Unsere Rafting-Gruppe war komplett.

»Sieht so aus, als wären wir vollzählig.« Quinn deutete zur Veranda. »Jetzt machen wir noch die Sicherheitsunterweisung.«

Die Hand auf ihrem Arm, dirigierte ich meine Mutter zu einigen Bänken, die ein wenig von der Sonne beschienen wurden. Ich wollte sie so warm wie möglich halten, bevor wir aufs Wasser gingen.

Quinn und ein weiterer Guide führten uns durch eine ziemlich lange Liste von Sicherheitshinweisen. Die ganze Zeit stellte ich mir vor, wie meine Mutter in die Stromschnellen stürzte. Offenbar dachte meine Mutter etwas ganz Ähnliches, denn ungefähr nach der Hälfte des Vortrags beugte sie sich mit großen Augen zu mir.

»Das sind ganz schön viele Dinge, die man sich merken muss«, flüsterte sie.

»Mach dir keine Sorgen, Mom, ich werde sie mir für dich merken.«

»Ja? Kannst du das alles im Kopf behalten?«

»Ich hoffe doch«, flüsterte ich zurück.

Nach der Unterweisung nahm ich Quinn beiseite.

»Quinn«, sagte ich, »meine Mom –«

Ich schluckte schwer, bevor ich fortfuhr.

»Quinn ... meine Mutter hat Alzheimer.«

Es war das erste Mal, dass ich es vor einem Fremden laut ausgesprochen hatte.

Quinn nickte. Sein Blick wurde ein wenig weicher.

»Sie wird sich nichts davon merken, was ihr gerade gesagt habt«, fügte ich hinzu. »Die ganzen Hinweise zur Selbstrettung – alles weg. Das ist doch eine einfache Tour, oder?«

Quinn, der meine Nervosität spürte, legte seine riesige Pranke auf meine Schulter.

»Kein Grund zur Beunruhigung«, sagte er. »Kann sie paddeln?«

»Du meinst im Wasser?«, fragte ich.

Oh Gott, meldete sich eine Stimme in meinem Kopf. *Er denkt, dass wir ins Wasser fallen.*

»Sie kann schwimmen – allerdings war sie nie eine richtig gute Schwimmerin.«

»Nein«, sagte Quinn. »Ich meine, weiß sie, wie man mit einem Paddel umgeht?«

»Oh!«, lachte ich. »Ja. Sie kann paddeln. Wenn man ihr Anweisungen gibt, die sie sofort ausführen soll, kommt sie klar. Und sie ist kräftiger, als man denkt.«

»Großartig«, sagte er. »Ich setze sie auf meine rechte Seite, damit sie mich hört.«

Fünf Minuten später sah ich zu, wie der zweite Guide meiner Mutter in das knallgelbe Boot half.

Meine Mutter wiederholte jede Anweisung. Sie konnte ihre Gefühle nicht artikulieren, aber ich sah ihr an, dass sie ebenso nervös war wie ich.

»Hier festhalten?«, wiederholte sie, nachdem der Guide ihr erklärt hatte, woran sie sich festhalten sollte.

»Ja«, sagte der Guide. »Genau. Halt dich hier fest.«

»Hier hinsetzen?«, fragte meine Mutter ängstlich.

»Ja, Sheila. Genau hier. Und dann steck deine Füße in diese Schlaufen.«

»Die Füße da reinstecken?«, fragte sie.

»Ja. Da rein.«

»Ooh, das zwickt ein bisschen«, meinte sie. »Gut. Was noch?«

»Das war's schon. Jetzt musst du nur noch hier sitzen bleiben.«

»Hier sitzen bleiben?«, fragte sie zur Sicherheit noch einmal nach. »Gut, ich bleibe genau hier sitzen.«

Als Nächstes stieg ich ins Boot. Sie wiesen mir einen Platz direkt gegenüber von meiner Mutter zu. Als ich die Halteleine gefunden und meine Füße verstaut hatte, sah ich zu ihr rüber. Wir saßen beide mit angehaltenem Atem da. Und dann bekam jede von uns ein kurzes blaugelbes Paddel ausgehändigt.

»Soll ich das halten?«, fragte sie. »So?«

»Genau so, Sheila«, bestätigte Quinn. Er stieß das Boot vom Ufer ab. »Und los geht's«, verkündete er, bevor er selbst reinsprang.

Meine Mutter saß mit dem Paddel quer über dem Schoß da.

»Das Schöne an Flüssen ist«, sagte Quinn, »dass sie uns von einem Ort zu einem anderen bringen.«

Quinn saß etwas erhöht in der Mitte des Boots, direkt hinter meiner Mutter und mir. Er richtete sich schnell ein, griff nach den großen Rudern links und rechts von sich und blickte mit einem breiten Lächeln flussabwärts.

»Seid ihr alle bereit für den Clark?«, fragte er in die Runde, während er das Boot in die Strömung manövrierte. »Hier ist er ruhig, aber in der Schlucht ist er heute ein bisschen wild!«

Ich sah nach hinten zu Quinn. Ich wollte es nicht wild. Ich kam damit klar, aber meine Mutter nicht. Und ich kam nicht damit klar, wenn meiner Mutter im Wildwasser überfordert war.

Quinn musste die Panik in meinem Blick bemerkt haben.

»Keine Sorge«, flüsterte er. »Sie schafft das. Hat sie doch immer, oder nicht?«

Ich warf einen Blick zur anderen Seite des Boots. Meine Mutter starrte auf den vor uns dahinströmenden Fluss, auf die sanften blaugrünen Wellen. Ihre Nervosität war verflogen. Sie war wie gebannt. Wasser hatte schon immer diese Wirkung auf sie. Obwohl sie sich ständig Sorgen macht, ist sie äußerlich meist ziemlich ruhig, aber in der Nähe von Wasser passiert innerlich etwas mit ihr. Es ist, als würde sich das Summen, das ihre Sorgen ständig im Hintergrund erzeugen, plötzlich legen. Dann spüre ich, wie ihre Energie, ihr ganzes Selbst in ruhigeren Bahnen strömt. Wann immer sie hinaus auf den Ozean schaut oder auf einen See oder einen breiten, reißenden Fluss, ist es, als würde ein fehlendes Stück von ihr zu ihr zurückfinden, als würde ein unnennbarer Teil von ihr seinen ursprünglichen Ort einnehmen. Ich habe es nie ganz verstanden, aber oft erlebt – diese Momente, in denen in meiner Mutter pures Fließen ist.

Sie lächelte, und ich holte tief Luft. Dafür hatte ich diese Rafting-Tour gebucht – für den Ausdruck im Gesicht meiner Mutter, wenn sie das Wasser betrachtet. Es gibt mir das Gefühl, als könnte ich in sie hineinsehen, bis zu den Steinen am Grund, dem Sediment, aus dem ihr Flussbett besteht.

»Mom?«, fragte ich leise. »Bist du aufgeregt?«

Sie sah zu mir herüber.

»Ja«, sagte sie. Ihre Antwort klang so klar, so gewiss.

»Weswegen?«, fragte ich.

»Wegen was auch immer da kommt«, sagte sie, bevor sie wieder auf das Wasser starrte.

Die Fähigkeit meiner Mutter, loszulassen, erstaunt mich. Und obwohl wir nie ein Wort darüber verloren haben, weiß ich, dass es von den Umständen kommt, unter denen sie zum ersten Mal Mutter wurde. Die Mutterschaft ist mir immer wie eine Art Wildnis erschienen. Egal, auf welchem Weg man sich dort hineinbegibt, muss es sich meiner Vorstellung nach anfühlen, als würde man mitten ins kalte Wasser geworfen. Als müsste man wie auf einem Fluss das Spiel zwischen Loslassen und Kontrolle beherrschen, begreifen, welche Gnade es bedeutet, sich dem Rhythmus von etwas anzupassen, was einen eigenen Herzschlag hat.

Der Weg meiner Mutter war interessant. Man hat ihr gesagt, wo sie sich hinsetzen soll, aber ich glaube nicht, dass man ihr ein Paddel gegeben hat.

Mein ältester Bruder wurde am 27. Juli 1966 geboren, in einem Krankenhaus in der Nähe von Vancouver. Für mich hätte es aber auch auf dem Scheitelpunkt der Kontinentalen Wasserscheide sein können. Von dort nahm meine Mutter den holprigen Weg zu den salzigen Stränden des Westens, während mein ältester Bruder eine lange, gewundene Straße durch die Prärie einschlug und irgendwo weit weg unterhalb der Großen Seen landete.

Meine Eltern waren damals 18 und 19. Es waren die 1960er-Jahre. Das Wasser floss schnell, die Wellen brachen. Letzten Endes, oder vielleicht war es auch der Anfang, entschied sich meine Mutter loszulassen. Sie hatte gar keine andere Wahl.

Sie bewegte sich in zwei Richtungen gleichzeitig – das war die große Wasserscheide meiner Mutter. Sie ging nach Westen und fand schließlich zurück zu meinem Vater. Und ihr erstgeborenes Kind, ein Junge, ging auf dem Weg der Adoption nach Osten. Ich kann nur mutmaßen, dass sich in dieser Zeit etwas in ihr verschloss – vielleicht die Tür zu ihren Tausend Meilen Wildnis.

Möglicherweise hat sie damals angefangen, mit diesem Blick auf das Wasser zu schauen, es wehmütig zu betrachten, hoffnungsvoll darin zu suchen – nach ihrem erstgeborenen Kind und nach all den Teilen ihres Selbst, die ihr bei diesem Prozess verloren gegangen sein müssen.

Wenn ich ihn finde, werde ich ganz sein.

Inzwischen war die Strömung stark. Quinn erteilte Anweisungen, wann und wie kräftig wir paddeln sollten, und meine Mutter war konzentriert. Sie blühte auf, wenn man ihr eine Aufgabe gab, besonders wenn es sich um eine körperliche Tätigkeit handelte.

Zwischen Abschnitten mit schäumendem Wildwasser hüpfte das Boot auf und ab und glitt dann sanft dahin, wenn wir durch tiefe grüne Becken und kleine Wirbel fuhren. Plötzlich ging es eine tiefe Schlucht hinab, in den Rachen des Flusses. Steile Wände aus grauem Fels und roten Klippen ragten zu beiden Seiten auf, hoch oben auf der Kammlinie standen Kiefern. Wir waren nun in tosendem Wasser und wurden inmitten schäumender Strudel und felsiger Stromschnellen hin und her geworfen. Ich hörte, wie meine Mutter auf der anderen Seite des Boots vor Vergnügen kreischte.

Als die Stromschnellen weniger wurden, vernahm ich Quinns Stimme.

»Du hast recht«, schrie er von hinten. »Sie kann paddeln!«

»Schaut mal nach rechts!«, rief er an die ganze Gruppe gerichtet.

Eine Hirschfamilie kletterte über Geröll. Als wir in ruhigerem Wasser hielten, um sie zu beobachten, erklang irgendwo über uns der Ruf eines Adlers.

Ich sah zu meiner Mom hinüber, weil ich wissen wollte, ob sie auch die Hirsche gesehen und den Adler gehört hatte. Nein, hatte sie nicht. Mit der rechten Hand hielt sie die Rundumleine des Boots. Und während der Rest von uns nach oben blickte, waren die Augen meiner Mutter nach unten gerichtet. Sie beobachtete den Fluss.

»Fließendes Wasser heilt Erinnerungen«, schrieb Annie Dillard.

Später am Nachmittag fuhren wir von den Außenbezirken Missoulas nach Kalispell und schließlich nach Columbia Falls. Wir überquerten den Flathead River – den größten Nebenfluss des Clark Fork –, und ein paar Kilometer danach bog ich von der großen Hauptverkehrsstraße ab auf eine Landstraße, die zur Hungry-Horse-Talsperre führte. Ich parkte das Auto auf einem kleinen Parkplatz neben dem Besucherzentrum und griff in eine Tasche auf dem Rücksitz.

»Möchtest du einen Apfel?«, fragte ich meine Mutter.

Sie nickte.

»Und Käse?«

Sie nickte erneut.

»Mmmmmm«, sagte sie, als sie den Imbiss auf dem Vordersitz zu sich nahm. »Lecker, lecker, lecker.«

Als wir aufgegessen hatten, gingen wir in das Besucherzentrum. Meine Mutter schaute aus dem Aussichtsfenster, während ich die Infografiken an den Wänden überflog. Ich erfuhr, dass der Überfalltrichter der Hungry-Horse-Talsperre der größte der Welt ist und wie viele Megawatt Energie das Kraftwerk jährlich produziert. Anschließend gesellte ich mich zu meiner Mutter ans Fenster, und wir starrten beide auf die riesige Menge Beton, die vor uns aufragte.

Wir stiegen wieder ins Auto und fuhren über gewundene Bergstraßen nach Nordosten – zwei oder drei Stunden lang nur Serpentinen. Die Kehren waren so eng, dass man erst um die Kurve sehen konnte, wenn man schon durch war. Hin und her, hin und her, hin und her, bis wir oben angekommen waren und die Kontinentale Wasserscheide überwunden hatten.

Der Staudamm ging mir nicht aus dem Sinn. Ich verstand, warum man ihn gebaut hatte. Ich hatte gelesen, wofür er gut war und was er produzierte. Aber das Besucherzentrum lieferte keine Informationen darüber, was passiert, wenn man auf diese Art und Weise in den natürlichen Verlauf eines Flusses eingreift, wenn etwas Wildes in eine Form gezwungen wird. Wenn sich ein Teil davon in die eine und ein anderer Teil in die andere Richtung bewegen soll.

Hatten sie das vergessen? Hatten sie vergessen, wie mächtig der ursprüngliche Fluss ist?

Wir glauben, Stahl und Eisen seien robuster als Schlick, Ton und Erde. Wir glauben, Beton sei stärker als Wasser. Wir glauben, wenn wir etwas absperren, hätten wir Kontrolle über alles, was hinter der verschlossenen Tür liegt. Das erzeugt eine große Illusion. Es lässt uns kleiner wirken, als wir wirklich sind; wir wirken wie ein Bach, ein warmer, plätschernder Bach. Doch das ist eine große Illusion.

Den ganzen Vormittag hatte ich mir Sorgen gemacht, meine Mutter könnte die Stromschnellen nicht bewältigen, dabei war sie in Wahrheit die Stromschnelle. Meine Mutter war das Wasser – sie war der Fluss und das Boot zugleich. Sie hatte jeden Einzelnen von uns – mich, meinen Vater, alle meine Geschwister – von einem Ort zum anderen gebracht.

Meine Mutter hatte uns alle befreit. Sie war größer als jeder Einzelne von uns.

Aber wer wird meine Mutter befreien?, fragte ich mich. *Wer wird sie weiterbringen? Von diesem Leben ins Jenseits überführen?*

Ich war mir nicht sicher, ob ich jemanden kannte, der dieser Aufgabe gewachsen war.

»Schau«, sagte meine Mutter und deutete durch das Autofenster. »Auf den Bergen liegt Schlagsahne.«

»Das ist Schnee, Mom.«

»Wer sagt das?«, erwiderte sie rasch. »Ich glaube, es ist Schlagsahne für die Tiere.«

»Weißt du was, Mom?«, sagte ich. »Vielleicht hast du recht.«

10
Buntstiftspäne und Wacholderbeeren

Sobald wir lernen, die Symmetrie zwischen der äußeren Landschaft und der inneren Wildnis zu verstehen, können wir nur bedauern, wie unser ureigenes Wesen manipuliert, verunstaltet, zum Gehorsam gezwungen und in vielen Fällen aus dem Gedächtnis gelöscht wurde.

TOKO-PA TURNER

Es war Anfang Juni. Im Winter zuvor waren Unmengen Schnee gefallen. Die berüchtigte, oft gefährliche Going-to-the-Sun Road, die sich durch den Glacier-Nationalpark schlängelt, war noch schneebedeckt. Meine Mutter und ich waren also gezwungen, einen weiten Umweg zu machen. Was mir allerdings ganz passend erschien angesichts dessen, was ich gerade über unsere Beziehung lernte.

Wir befanden uns ungefähr 16 Kilometer südlich des Osteingangs des Parks, als ich merkte, dass sich etwas veränderte –

die Energie, die Landschaft, alles. Auch meine Mutter merkte es.

»Wo sind wir?«, fragte sie. »Sind wir woanders?«

»Nein«, sagte ich, während ich aus dem Fenster schaute und das Tempo leicht drosselte. »Und ja.«

Im Wald um uns herum entdeckte ich eine Handvoll verkohlte Bäume, und als wir weiterfuhren, wurden es immer mehr. Einen oder zwei Kilometer später waren alle verkohlt – um uns herum erstreckte sich kein Wald mehr, sondern Felder bedeckt mit dunkler Erde und Asche, auf denen zu Tausenden schwarze Stämme wie einsame Gespenster standen. Keine Äste, keine Möglichkeit, Kontakt zueinander aufzunehmen. Das hier war keine immergrüne Lebensgemeinschaft mehr. Die ganze Szenerie wirkte gruselig.

Waren das einmal Küsten-Kiefern?, dachte ich bei mir. *Oder Douglasien?*

Wegen der Brandspuren, die sich den Stamm hinauf bis in die Krone zogen, ließ sich das unmöglich sagen.

Das Red-Eagle-Feuer brach im Juli 2006 aus. Bis in den Herbst zerstörte es annähernd 14 000 Hektar Wald. Nachdem es fast sechs Monate lang gewütet hatte, erklärte man es im Winter für erloschen.

Für uns Menschen ist es so leicht, unsere Verletzungen zu verbergen, unser Trauma zu kaschieren, so zu tun, als wäre uns nichts passiert. Im Fall der Natur ist das anders. Sie hat keine andere Wahl, als sich uns in ihrem ganzen Schmerz zu zeigen. Sie muss, für alle sichtbar, in der Asche ihrer verbrannten Bestandteile stehen, bis neues Leben aus ihr sprießt.

Ende 2015 bekam meine Mutter ein Malbuch für Erwachsene geschenkt. Wie alle solche Bücher enthielt es Hunderte Seiten mit detailreich gezeichneten Szenen – Gärten und Wälder und Unterwasserwelten, die meine Mutter zum Leben erwecken sollte. Es war etwas, womit sie sich beschäftigen konnte. Etwas,

was sie tun konnte, während sie am Küchentisch saß. Da sie sich weder damit unterhalten, noch sich an seine Geschichte erinnern musste, war es das perfekte Geschenk.

Meine Mutter stürzte sich konzentriert und mit einer ungeheuren Begeisterung aufs Ausmalen, so wie ich auf die lose verkauften Süßigkeiten im Lebensmittelladen. Stunde um Stunde, Tag für Tag verbrachte sie damit. Erst machte sie sich über den Tintenfischgarten her und dann über das verschlafene Tal und das englische Blumenbeet. Sie ging ganz darin auf. Verlor sich völlig. Oder vielleicht fand sie sich wieder, das war schwer zu sagen.

Nach ein paar Wochen wurden weitere Bücher gekauft und Buntstifte aus alten Schubladen und ramponierten Federmäppchen hervorgeholt, und auch ein schon leicht verrosteter Spitzer kam erneut zum Einsatz. Ihre vier Schwestern organisierten in jenem Jahr an Weihnachten eine Ausmalparty. Sie trafen sich ausgerüstet mit Malbüchern im Haus meiner Tante Daphne. Es gibt ein Foto von ihnen, wie sie zusammen am Esstisch sitzen und alle mit ihren Buntstiften malen, während mein Onkel Doug mit einem Tablett Martinis für die Künstlerinnen etwas abseits steht. Wenn man sich das Foto ansieht, kann man es förmlich riechen – Buntstiftspäne mit einem Hauch Wacholderbeeren.

Über einen längeren Zeitraum hinweg konnte ich mich darauf verlassen, dass meine Mutter, wann immer ich meine Eltern besuchte, am Küchentisch saß und wie eine Verrückte die leeren Flächen ausmalte, wie eine Frau, die buchstäblich ihren Verstand verloren hatte. Die grünen Farbstifte waren nur noch kurze Stummel.

»Da sind so viele Blätter«, sagte sie und blickte auf den Haufen moosfarbener Buntstifte, die bereits aufgebraucht waren.

»Du musst nicht alle Blätter grün ausmalen«, meinte ich. »Sie können auch rot und braun sein, oder gelb und orange. Tu einfach so, als ob es Herbst wäre.« Wahrscheinlich hatte sie genau dasselbe auch zu mir gesagt, als ich klein war.

Tu einfach so.

»Aber das würde nicht gut aussehen«, lehnte sie rundheraus ab. Es klang, als wäre mein Vorschlag irgendetwas zwischen vollkommen absurd und absolut lächerlich.

Nach ein oder zwei Stunden legte sie ihre Buntstifte auf den Tisch.

»Schau«, sagte sie und streckte mir die rechte Hand entgegen. »Das tut weh.«

Der rechte Daumen und der rechte Zeigefinger hatten tiefe Dellen. Wenn man vier oder fünf Stunden lang einen Stift auf Papier drückt, hinterlässt das tatsächlich einen Eindruck. Wenn ich das doch nur mit ihrem Gehirn machen könnte.

Ich nahm ihre Hand in meine und massierte die beiden Finger.

»Au, au, au«, jammerte sie, dann sah sie wieder auf das Papier und lächelte. »Nur noch ein bisschen.«

Sie war wie besessen. Unter ihrem Tisch in der Küche steht eine ganze Tasche mit fertig ausgemalten Malbüchern. Es müssen ein oder zwei Dutzend sein – Seiten über Seiten, die sie in ihrer produktiven künstlerischen Phase beackert hat. Das Lustige ist, dass ich meine Mutter, bevor sie das erste Malbuch geschenkt bekommen hat, nie ausmalen gesehen habe. Oder malen. Oder zeichnen. Kein einziges Mal.

Obwohl ihre beiden Eltern starke künstlerische Neigungen hatten, war meine Mutter für mich immer mehr eine Sportlerin gewesen. Das Ausmalen hatte bei ihr eher etwas mit Erleichterung zu tun, mutmaßte ich daher. Mit der Erleichterung, eine Aktivität gefunden zu haben, bei der sie sich nicht an Wörter, Orte oder Gesichter erinnern musste. Im Grunde, dachte ich, meditierte sie einfach stundenlang, und malte, weil sie sich gut dabei fühlte. Nicht ein einziges Mal kam mir in den Sinn, dass es für sie eine Bewältigungsstrategie war oder dass ihre Obsession mehr sein könnte als eine gesunde neue Gewohnheit. Das änderte sich erst, als ich mich bei einer Wanderung durch den Glacier-Nationalpark mit meiner Tante Brenda unterhielt.

Kaum hatte ich den Plan zu dem Roadtrip mit meiner Mutter gefasst, erzählte ich meiner Tante Brenda davon. Sie wohnte damals in Calgary, nur ein paar Autostunden vom Osteingang des Glacier entfernt, und so rief ich sie an und fragte, ob sie sich uns für ein paar Tage anschließen wolle. Sie sagte sofort zu.

Wir hielten unser Vorhaben vor meiner Mutter geheim, was nicht schwer war, denn sie hat ja Alzheimer. Aber trotzdem machte uns die Geheimnistuerei Spaß. Sowohl meine Tante als auch ich wollten etwas ganz Besonderes für meine Mutter tun. Und für uns. Es sollte ein außergewöhnliches Erlebnis werden.

Einige Monate später war es dann so weit. Meine Tante erwartete uns auf dem Campingplatz. Sie war etwas früher angereist, um die Park-Rangerin in unser Geheimnis einzuweihen. Und tatsächlich, als meine Mutter und ich in das Besucherzentrum marschierten, wurden wir von dieser Rangerin empfangen. Als ich ihr sagte, auf welchen Namen wir reserviert hätten, wurde sie vor Aufregung ganz hibbelig.

»Warum benimmt sich diese Frau so seltsam?«, flüsterte mir meine Mutter im Wartebereich zu.

»Tja, Mom, ich habe auf dem Campingplatz eine Überraschung für dich, und diese Frau weiß, was es ist.«

»Wirklich?«, rief sie. »Ihr habt eine Überraschung?!«

»Und ob«, sagte ich.

Die aufgeregte Rangerin nickte. Sie konnte meiner Mutter kaum in die Augen sehen, als hätte sie Angst, dann mit der Überraschung herauszuplatzen.

Wir stiegen wieder ins Auto, und meine Mutter konnte sich vor Aufregung nicht mehr beherrschen.

»Für mich!«, rief sie. »Du hast eine Überraschung für mich?«

Sie überlegte.

»Kommen etwa unsere Männer?!«

»Nein«, sagte ich. »Aber gut geraten!«

Jetzt war sie mit ihrem Latein am Ende. Sie lehnte sich zurück und sah aus dem Fenster, und wenige Sekunden später hatte sie das mit der Überraschung vergessen.

Ich folgte einem Feldweg neben einem kleinen Fluss. Und dann, auf einem Campingplatz hinter der Kurve, entdeckte ich das Auto meiner Tante. Langsam fuhr ich in die Parklücke daneben.

»Ich glaube, der gehört jemand anderem«, sagte meine Mutter.

»Nein. Er gehört uns«, entgegnete ich. »Ich habe eine Überraschung für dich.«

»Wirklich?«, fragte sie erstaunt. »Ich noch jemand hier? Unsere Männer?«

»Nein. Unsere Männer nicht«, sagte ich. »Du wirst schon sehen … Es ist jemand, den du kennst.«

Inzwischen hatte Brenda uns entdeckt und kam auf unser Auto zu.

»Diese Person?«, fragte meine Mutter und spähte aus dem Fenster, um besser sehen zu können. »Ist es diese Person?«

»Ja. Diese Person.«

Und dann fiel endlich der Groschen.

»Ich weiß, wer das ist!«, rief sie.

Wie schön muss es sein, jemanden zu erkennen, wenn man in einer Welt lebt, in der man sonst nichts mehr wiedererkennt.

Meine Mutter konnte gar nicht schnell genug aus dem Auto kommen. Tränen liefen ihr übers Gesicht, während sie hektisch am Sicherheitsgurt herumfummelte. Als sich der Verschluss endlich löste, sprang sie aus dem Wagen und lief mit ausgebreiteten Armen auf ihre Schwester zu.

»Woher has… Woher hast du gewusst, dass wir kommen?«, fragte meine Mutter, weitere Tränen zurückhaltend. »Woher um alles in der Welt hast du das gewusst?«

»Steph und ich haben es so geplant«, entgegnete Brenda. »Ich bin gestern Abend von Calgary hergefahren. Und schau … da drüben steht mein Zelt!«

Brenda hatte schon immer vor überschäumender Energie gesprüht. In fast all meinen Erinnerungen mit ihr wird gelacht. Und wenn dem nicht so war, in den schmerzlichen, schweren Augenblicken, versuchte sie, die Situation mit etwas Fröhlichem aufzulockern. Das war einer der Gründe, warum ich sie eingeladen hatte. Es passiert so leicht, dass man ohne ein Lachen durch den Alzheimer-Treibsand stapft, ohne irgendeine Form von Leichtigkeit. In diesem Sumpf glaubt man, die einzige Waffe, die man braucht, sei Geduld, aber so ist es nicht. Wenn Geduld der Schild ist, ist Lachen das Schwert, das man in der Scheide am Gürtel trägt. Und wenn überhaupt jemand, den ich kannte, mit dieser Art von Schwert Erfahrung hatte, dann Brenda. Sie hatte es in vielen Schlachten eingesetzt.

Doch es gab noch einen zweiten Grund für Brendas Anwesenheit – sie sollte mir alles erzählen, was sie wusste. Brenda war im Winter 1965, als meine Mutter zum ersten Mal schwanger wurde, zwölf Jahre alt, und im Sommer darauf dreizehn. Sie ist einer der wenigen Menschen auf der Welt, die meine Eltern vor, während und nach diesem Jahr kannten, und einer der beiden Menschen, die damals mit ihr zusammenwohnten und heute noch leben.

Brenda war bei der ersten Schwangerschaft meiner Mutter dabei. Sie kannte zumindest eine Seite der Geschichte, die meine Mutter in sich trug.

Brenda hat miterlebt, wie meine Mutter zum Scheitelpunkt der Wasserscheide hinaufkroch und wie sie wieder herunterstolperte.

Ich hatte meine Tante eingeladen, sich uns im Glacier-Nationalpark anzuschließen, weil ich ihre Erinnerungen wollte. Sie war der einzige Mensch, der einen Augenzeugenbericht liefern konnte. Meine Mutter war nie dazu in der Lage gewesen.

Für diese Phase ihres Lebens hatte sie einen schwarzen Stift benutzt. Sie übermalte sie. Sie schwärzte sie. Sie hatte diese Episode aus ihrer Lebensgeschichte herausgestrichen.

Ich hatte keine Ahnung, was Brenda wusste, aber irgendetwas musste sie wissen, und bestimmt wusste sie mehr als ich. Wir gingen am nächsten Tag zum Wandern, und da fragte ich sie.

Am Morgen war es bewölkt, und es sah nach Regen aus, daher entschieden wir uns für einen Spaziergang in der Nähe des Campingplatzes. Wir warfen die Regenjacken über, packten zusätzliche Kleidung und Snacks in den Rucksack und schlugen einen Pfad ein, der sich zwischen offenen Wiesen dahinschlängelte, ehe er einem kleinen Flusslauf folgte.

Ich ging hinter Brenda und meiner Mutter und verbrachte die ersten zehn Minuten damit, mir zu überlegen, wie ich das Thema behutsam zur Sprache bringen könnte. Doch was eigentlich als elegante Überleitung gedacht gewesen war, kam dann so plötzlich und plump heraus, dass es mich selbst überraschte.

»Was ist passiert, als Mom schwanger wurde?«

Meine Worte legten eine ziemlich klägliche Landung hin. Es folgte eine kleine Pause – wir verharrten schweigend, wie um meinen Worten ein wenig Freiraum zu verschaffen.

»Ich meine …«, sagte ich langsam, um mich von meinem Schreck zu erholen. »Ich weiß, wie es dazu gekommen ist, aber … was ist danach passiert?«

»Als ich schwanger wurde?«, fragte meine Mutter. »Du meinst mit dir?« Sie war etwas verwirrt.

»Nein, Mom. Als du mit Carl schwanger warst.«

»Oh, mit Carl.«

Brenda drehte sich zu mir um.

»Ich habe mir schon gedacht, dass du mich vielleicht danach fragst«, sagte sie, setzte ihr strahlendes Lächeln auf und legte los.

»Ach je, das ist ja schon so lange her. Aber ich weiß noch, wie deine Oma und dein Opa es mir erzählt haben. Ich war damals … hmmm, ich glaube, höchstens zwölf oder dreizehn.«

Sie hielt inne, und es war, als könnte ich ihr dabei zusehen, wie sie die Geschichte Stück für Stück hervorholte.

»Sie meinten, sie müssten etwas mit mir besprechen«, fuhr sie fort. »Ich glaube, Daph war damals schon aus dem Haus, vielleicht sogar schon verheiratet, und ich erinnere mich nicht, dass Nancy dabei gewesen wäre.«

Als wir weitergingen, tauchte rechts von uns ein großer Wasserlauf auf. Ich sah eine Handvoll kleine graue Vögel am Ufer – Grauwasseramseln, die unter Fels und Steinen nach Futter suchten.

»Nancy war ja noch so klein«, fuhr Brenda fort, »erst sieben oder acht. Ich kann mich nicht erinnern, ob sie dabei war …, ob sie es ihr überhaupt erzählt haben. Mir haben sie jedenfalls erzählt, dass Sheila schwanger war, das weiß ich noch. Und dass ich furchtbar verwirrt war. ›Aber sie und Brian sind doch gar nicht verheiratet‹, sagte ich.«

Brenda blieb einen Moment stehen und lachte.

»So war das bei uns zu Hause, weißt du. Wir wurden nicht aufgeklärt. Sie sagten uns nichts. Ich hatte keine Ahnung, was Sex ist. Ich dachte tatsächlich, man kann nur schwanger werden, wenn man verheiratet ist. Aus heutiger Sicht ist es kein Wunder, dass sie schwanger wurde. Über solche Dinge haben wir nie geredet. Kannst du dir vorstellen, wie deine Oma die Geschichte von den Bienchen und den Blümchen erzählt?«

Wir blieben alle stehen und lachten. Die Antwort lautete: Nein. Trotz all ihrer Warmherzigkeit war meine Großmutter noch wortkarger als meine Mutter.

Während Brenda fortfuhr, nickte meine Mutter immer wieder. Es war, als würde das Ganze ihr Gedächtnis so sehr ankurbeln, dass sie sich an kleine Schnipsel erinnern konnte. Gelegentlich machte sie sogar eine Bemerkung dazu: »Ja, Brian«, oder: »Mmmm. Unser Papa war bei allem immer so lieb, nicht wahr? Ich habe es Papa zuerst gesagt. Wusstest du das? Ich habe den Bus zu seinem Büro genommen.«

»Ja, wusste ich, Mom. Du hast es ihm dort gesagt, oder?«

»Ja. Mmmm«, nickte sie.

Das gehörte zu den wenigen Details, die ich kannte. Ungefähr ein Jahr vor unserer Reise waren Mom und ich spazieren gegangen, und ganz ähnlich wie ich vorhin war sie einfach damit herausgeplatzt: »Ich dachte, Mama würde sich zu sehr aufregen. Deshalb habe ich es Papa zuerst gesagt. In seinem Büro.«

Während wir uns nun mit meiner Tante unterhielten, spürte ich, wie ein einzelner Regentropfen auf meinen Handrücken fiel.

»Ich erinnere mich an einen Tag im Juli«, sagte meine Tante. »Ich war im Ferienlager. Deine Oma und dein Opa wussten, dass das Baby bald kommen würde, deshalb steckten sie uns ins Ferienlager. Ich glaube ... ich glaube, Nancy war auch dabei – jedenfalls weiß ich noch, dass meine Betreuerin sagte, ich solle mich im Büro melden, was ich auch tat. Als sie mir einen Telefonhörer hinhielten, war dein Opa dran. Er erzählte mir, dass Sheila ihr Baby bekommen hatte. Relativ bald danach war ich wieder zu Hause, in unserem Haus in der McCleery Street.«

»Und wie war es?«, fragte ich. »Wie ging es ihr? Hat sie sich verändert?«

Brenda sah mich über die Schulter an. Ihre Miene war traurig.

»Ja«, antwortete sie. »Sie hat sich definitiv verändert. Ein ganzes Jahr lang war sie ein anderer Mensch. Als wir klein waren, hatte sie so viel Energie. Sie war ein freches Mädchen – das weißt du ja –, aber in diesem Jahr hockte sie fast die ganze Zeit in ihrem Zimmer. Sie hat sich mehr oder weniger ein ganzes Jahr lang eingesperrt. Sie saß nur an ihrem Schreibtisch und machte … wie heißt das noch mal? Malen nach Zahlen. Sie saß einfach da und malte, malte aus. Jeden Tag, ein ganzes Jahr lang.«

Ich sah meine Mutter an.

Sie nickte.

»Ich habe ausgemalt«, bestätigte sie.

Mich zerriss es innerlich, aber ich ließ mir nichts anmerken. Es fühlte sich an, als wäre mein gesamter Magen von irgendeinem inneren Band abgetrennt worden.

Die Zahl der Dinge, die ich nicht über meine Mutter weiß, wird täglich größer. Das gibt mir ein Gefühl der Verlorenheit, als würde ich ziellos durch die Landschaft ihres Lebens irren. Ich bin nicht einmal mehr sicher, wonach ich suche.

Eine ganze Weile lang standen wir zusammen auf dem Wanderweg. Meine Mutter brach das Schweigen.

»Ich liebe Ausmalen«, sagte sie.

»Ich weiß, Mom.«

Und da wehte er sanft durch die Luft, der Geruch von Buntstiftspänen und Wacholderbeeren.

Meine Mutter stand allein in der Wildnis ihrer Mutterschaft. Vor meinem inneren Auge sehe ich sie dort. Ich sehe, wie sie die Arme ausstreckt und die Hände öffnet. Doch sie sind leer. Ein kleiner Junge wird rasch in die Strömung auf der anderen Seite der Wasserscheide gelegt. Meine Mutter hatte niemanden mehr, den sie bemuttern konnte.

Dann stelle ich mir vor, wie sie diesen Ort wieder verließ. Ich stelle mir vor, wie man ihr sagte, es sei Zeit zu gehen und sie solle mit niemandem über das Geschehene sprechen. Dass es für sie das Beste sei, niemandem zu erzählen, wo sie gewesen war und was sie erlebt hatte. Ich stelle mir vor, dass man ihr riet, es hinter sich zu lassen, es hinter einer Tür zu verschließen, es zu vergessen. Das bedeutete, dass man meiner Mutter nicht einmal erlaubte, sich selbst zu bemuttern.

Eine Wunde, die nicht atmen kann, deren Existenz nicht

anerkannt wird, die es gar nicht geben darf, verheilt äußerst schwer. Und eine Wunde, die nur einmal verbunden und dann vergessen wird, kann eigentlich nicht heilen. Eine solche Wunde wird wahrscheinlich eitern und faulen und über das Blut andere Teile des Körpers infizieren.

Als meine Mutter die Schwelle vom Mädchen zur Mutter überschritt, war ihre erste Überlebensstrategie, zu vergessen, und danach offenbar, wie verrückt auszumalen. Das war der Staudamm, den sie baute – vergessen, ignorieren und weitermachen. Der Staudamm war ein Gemeinschaftsprojekt der Menschen um sie herum, ihrer gesamten Umgebung. Es schien mir kein Zufall zu sein, dass sie jetzt, beim Übergang von der Mutter zur alten Frau, zu denselben Werkzeugen griff – demselben Schild, demselben Schwert.

Der Akt des Vergessens hatte sie schon einmal befreit, und das Muster wiederholte sich nun. Das war mir jetzt klar. Alzheimer würde meine Mutter befreien und ihr Besuche in der Vergangenheit ermöglichen, damit ihr der Sprung in die Zukunft gelang. Von dem Moment ihrer Diagnose an, eigentlich schon ein oder zwei Jahre früher, hatte ich meine Mutter dabei beobachtet, wie sie über ihre eigenen Klippen sprang.

Ich wusste nicht, ob ich frenetisch applaudieren oder verzweifelt protestieren sollte.

11
Kernholz

Irgendwann einmal wurde entschieden,
dass es sich nicht gehört, Schmerz zu benennen.
Es sei hilfreicher, ihn zu verstecken und auch
sich selbst davor zu verstecken. Aber das
stimmt nicht. Es ist eine Lüge. Eine Lüge, die
uns zwar tröstet, aber auch zerstört.
SHONDA RHIMES

Während unserer Rückfahrt zum Campingplatz senkte sich am Himmel der dichte, samtene Vorhang der Dämmerung herab.

Ich drehte mich zu meiner Mom und meiner Tante.

»Wir sollten ein Lagerfeuer machen, sobald wir zurück sind.«

»Guter Plan«, stimmte meine Tante zu.

Kurz darauf saßen wir alle drei um die Feuerstelle bei unserem Zelt, und ich gab meiner Mutter einige Blätter Zeitungspapier.

»Hier, Mom«, wies ich sie an. »Knüll sie zusammen und wirf sie da rein.«

»Da rein?«, fragte sie und deutete auf einen kleinen Haufen verkohlte Holzstückchen und Asche.

»Ja, genau da.« Ich zog ein paar Scheite Feuerholz unter dem Picknicktisch hervor.

»Reich mir doch mal eines«, bat meine Tante, die eine kleine Axt aus dem Kofferraum ihres Autos geholt hatte. »Ich schlage uns ein bisschen Anmachholz.«

Ich sah zu, wie meine Tante die Axt am Rand des hochkant gestellten Scheits ansetzte und die Stahlklinge mit einer wiegenden Bewegung ins Holz trieb. Dann hob sie die Axt mit dem daran hängenden Scheit in die Höhe und ließ sie niedersausen, alles in einer einzigen fließenden Bewegung. Als das Holz mit einem dumpfen Aufprall auf dem Boden aufkam, folgte ein kurzes Knacken – das Geräusch sich abspaltenden Holzes. Es schien mühelos vonstatten zu gehen, ganz als hätte der abgespaltene Span nie wirklich dazugehören wollen.

Meine Tante, lebenslang sowohl Lernende als auch Lehrende, hielt uns einen kleinen Vortrag.

»Solche Sachen lerne ich in meiner Wandergruppe«, begann sie. »Wenn man die Axt entlang der Fasern einschlägt, statt quer dazu, spaltet sich das Holz fast wie von allein. Man muss sie nur an genau der richtigen Stelle ansetzen, und dann – knack – springt einfach ein Stück ab.«

Als sich das Holz spaltete, empfand ich eine Art Verwandtschaft mit ihm. Ich hatte immer das Gefühl gehabt, wenn ich nur diesen unbenannten, ungewollten Teil meines Selbst loswürde, würde man mich akzeptieren – als ob meine Zugehörigkeit davon abhinge, etwas abzuhacken oder abzuschneiden oder Tropfen meiner Essenz fortzuschnippen.

Meine Tante wiederholte das Ganze etwa sieben- oder achtmal, und jedes Mal, wenn das Holzscheit auf den Boden traf, spürte ich ein Beben in meinen Füßen. Es jagte durch meine Unter- und Oberschenkel bis in die Hüfte. Dort setzte es sich fest, als schwarze, unaussprechliche Wut. Ich holte tief Luft und nahm die Streichhölzer vom Picknicktisch.

»Ich weiß nicht mehr, wie es heißt«, fuhr meine Tante fort, den Blick unverwandt auf das Scheit gerichtet, das sie gerade bearbeitete. »Aber irgendjemand hat mal gesagt, dass das Holz in der Mitte das beste ist. Es ist trockener, glaube ich.«

»Man nennt es Kernholz«, hörte ich mich flüstern, während ich zusah, wie sich erneut ein Span abspaltete.

»Wie?«, fragte meine Tante.

»Kernholz«, erwiderte ich ein wenig lauter. Meine Wut sickerte allmählich nach außen wie Harz aus einer verletzten Stelle unter der Rinde.

Ich war zehn oder elf Jahre alt, als meine Geschwister und ich zu einer formellen Familienzusammenkunft gerufen wurden. So ein Treffen hatte es bei uns noch nie gegeben, und ich wusste nur (basierend auf den Erzählungen meiner Freundinnen), dass so etwas fast immer der Vorbote einer Scheidung war. Sofort wurde ich unruhig.

Wir schoben uns ins Wohnzimmer, und ich sicherte mir einen Platz neben meinem Bruder Ryan. Ich musste unbedingt in seiner Nähe sein, brauchte seine überschäumende Lebensfreude, etwas, das mich von dem gewaltigen Loch ablenkte, das sich in meinem Magen auftat.

Meine Mutter, die fast immer warmherzig, ruhig und gelassen war, wirkte in sich gekehrt und stark angespannt. Sie hatte die Augen niedergeschlagen, als starrte sie in einen soeben zu ihren Füßen erschienenen Fluss. Vielleicht wünschte sie sich, er möge sie aufnehmen und geradewegs aus dem Wohnzimmer tragen.

Und dann geschah es. Bevor auch nur ein Wort gefallen war, erkannte ich, dass meine Mutter sich in zwei Richtungen gleichzeitig bewegte. Ein Teil von ihr blieb sitzen, der andere Teil glitt ins Wasser und verschwand aus dem Zimmer. Und während sie davontrieb, begann ich innerlich zu frieren. Mir wurde kalt und immer kälter.

Ich sah mich um. Niemand sonst schien bemerkt zu haben, dass sie fort war, was die eisige Kälte in meinem Innern nur noch verstärkte. Im Raum herrschte eine seltsame Anspannung. Alle saßen wir steif da, gaben die Anspannung weiter, als würden wir einen Stein herumreichen. Ich sah zu, wie mein Bruder ihn an meine Schwester weitergab und diese versuchte, ihn an meine Mutter weiterzureichen. Aber meine Mutter war nicht anwesend, sie konnte ihn nicht in Empfang nehmen oder behalten oder uns helfen, weil sie zu sehr damit beschäftigt war zu schwimmen, sich über Wasser zu halten. Also blieb der Stein bei meiner Schwester.

Möglicherweise hat meine Schwester ihn seit diesem Tag nicht mehr abgelegt.

Als die Anspannung im Schoß meiner Schwester liegen blieb, streckte ich unwillkürlich die Hand nach meinem Bruder aus. Ich klammerte mich an ihn, während ich hektisch nach meiner Mutter suchte.

Wo ist sie? Wo ist sie denn nur? Wo?

Möglicherweise bin ich seit diesem Tag auf der Suche nach ihr.

Plötzlich hörte ich, wie die anderen Fragen stellten, im Flüsterton, begleitet von Kichern.

Ist das Ganze vielleicht nur ein Spaß?, überlegte ich. Ich war mir zwar nicht sicher, aber bei diesem Gedanken fühlte ich mich gleich besser.

»Sollen wir raten?«, fragte jemand. Ich kann mich nicht erinnern, wer.

»Lasst ihr euch scheiden?«, mutmaßte jemand.

»Ist Mom schwanger?«, spekulierte ein anderer.

Als ich die Stimme meines Vaters vernahm, hielt ich mich rasch daran fest. Noch etwas, was mich tröstete.

»Mit der letzten Frage seid ihr schon nahe dran«, sagte er und sah zu meiner Mutter, die jedoch immer noch abwesend war.

Kann er es spüren?, fragte ich mich. *Weiß er, dass sie nicht da ist?*

Er blickte wieder in die Runde.

»Ihr habt es fast erraten«, sagte er. »Aber noch nicht ganz.«

Und dann erzählte er es uns Stück für Stück.

Wir waren gerade mit der Highschool fertig.

Wir waren verliebt, aber noch zu jung, um zu heiraten.

Das Baby kam zu jemand anderem.

Kurz darauf haben wir geheiratet und euch bekommen.

Und jetzt haben wir die Möglichkeit, den Jungen ausfindig zu machen.

Er zeichnete uns ein rosiges Bild. Erzählte uns zumindest einen Teil der Wahrheit, während meine Mutter gerade schwamm oder im Wasser trieb oder ertrank, ich weiß es nicht genau.

Ich kann mich nicht erinnern, wie lange wir beisammensaßen, aber irgendwann meinte Dad, wir sollten es fürs Erste dabei belassen.

»Das ist jetzt alles ein bisschen viel auf einmal«, sagte er. »Machen wir hier doch erst mal eine Pause.«

Eine Pause, überlegte ich. *Aber was ist mit meinen Fragen?*

Ich hatte so viele Fragen.

Wo ist Mom?

Warum ist mir so kalt?

Wenn wir diesen neuen Bruder gefunden haben, wird er dann bei uns im Haus schlafen?

Aber ich stellte selten Fragen, wenn überhaupt. Dafür gab es drei Gründe. Erstens: Rosige Bilder sind doch etwas Schönes, nicht wahr? Zweitens: Wir Jaggers haben nun mal nicht neugierig zu sein, wir sind schließlich nette und höfliche Menschen. Und der dritte Grund? Als jüngstes von vier Kindern war mir sonnenklar, dass etwas nicht zu wissen nervig, uncool und der unbestreitbare Beweis von Dummheit ist. Deshalb bemühte ich mich, das Gegenteil zu beweisen, meinen älteren Geschwistern zu zeigen, dass ich genauso viel wusste wie sie, auch wenn das nicht der Fall war, auch wenn es bedeutete, nach Strich und Faden zu lügen.

Und doch, wenn ich auf mein bisheriges Leben zurückblicke, erkenne ich, dass ich noch viel mehr Fragen hatte. Alle drehten sich um das Thema Weiblichkeit, darum, was es bedeutet, eine Frau zu sein und zu werden. Das weiß ich so genau, weil sie zu ganz bestimmten Zeitpunkten während meines Erwachsenwerdens auftauchten.

Mit dem Beginn der Pubertät stellte ich meine Mutter und mich selbst infrage. Als ich zum ersten Mal meine Periode bekam, ergaben sich noch mehr Fragen. Doch weder wagte ich sie zu stellen, noch erhielt ich Antworten. Die einzige Reaktion meiner Mutter auf dieses besondere Ereignis in meinem Leben war der Hinweis, dass meine Schwester einen Vorrat an Binden im oberen Badezimmer aufbewahrte. Das war buchstäblich die einzige Frage, die beantwortet wurde. Aber wer würde mir zeigen, wie ich diese Binden benutzen sollte? Wer würde mir erklären, warum das Blut so dunkel war? Wer würde mir verraten, was ich auf der Geburtstagsfeier nächste Woche machen sollte, bei der ein Ausflug ins Schwimmbad geplant war? Wer würde mir zeigen, wie ich weiterleben sollte, nun, da die Scham ein fester Bestandteil meines Lebens sein würde? Wer würde mir versichern, dass dies nichts war, wofür man sich schämen musste? Niemand. Niemand würde es mir sagen.

Ich hatte viele Fragen, als ich im selben Alter wie damals meine Mutter anfing, mit Jungs Händchen zu halten und sie zu küssen und ihnen zu erlauben, die Hände in mein Höschen zu schieben.

Mit 16 verkündete ich meiner Mutter, dass einige meiner Freundinnen die Pille nähmen und ich sie mir vielleicht auch verschreiben lassen sollte. Wir gingen gemeinsam zu meinem Arzttermin. Sie saß auf einem Stuhl in der Ecke des Sprechzimmers und ich auf dem knittrigen weißen Papier des Behandlungsstuhls.

»Haben Sie irgendwelche Fragen?«, wollte die Ärztin wissen, während sie das Rezept ausstellte.

Ich sah in das ausdruckslose Gesicht meiner Mutter und dann wieder in das der Ärztin – sie wirkte nüchtern und ein wenig abwesend.

»Nein«, erwiderte ich. »Keine Fragen.«

Das war eine ganz große Lüge. Natürlich hatte ich Fragen. Konnten sie nicht sehen, wie sie förmlich aus mir herausquollen?

Ich wollte wissen, welche Auswirkungen die Pille auf meinen Körper hatte und ob an dem Mythos, dass man davon größere Brüste bekam, etwas dran war. Ich wollte wissen, was passieren würde, falls ich einmal vergessen sollte, sie zu nehmen. Und was wäre, wenn ich sie ein zweites Mal vergaß? Ich wollte wissen, ob Mom mich zur Apotheke begleiten würde, denn dort arbeitete Laura Biffens Mutter, und bei dem Gedanken daran, dass die es wüsste und dann Laura und alle anderen, wäre ich am liebsten im Boden versunken. Ich wollte wissen, warum manche Leute Kondome anstatt der Pille oder zusammen mit der Pille benutzten. Ich wollte wissen, ob meine Mutter schwanger geworden war, obwohl sie die Pille genommen hatte. Ich wollte wissen, ob ich mir Sorgen machen musste. Ich wollte wissen, was zum Teufel sich diese beiden Frauen eigentlich dabei dachten, dazusitzen und stillschweigend davon auszugehen, dass die andere mich schon über all das aufklären würde, irgendwann später, irgendwo unter vier Augen. Die ganze Zeit über musste ich auf dem Weg in meine Zukunft allein durch den Wald wandern, und wenn sich der Pfad gabelte, musste ich über die Richtung entscheiden, ohne ausreichend mit Antworten gewappnet zu sein. Und ich wollte wissen, warum meine Mutter mir verschwiegen hatte, wie gut sie sich mit solchen Weggabelungen auskannte.

Als junges Mädchen hatte ich angenommen, dass alles, was mein Vater uns an jenem Tag im Wohnzimmer erzählte, und alles, was meine Mutter damals nicht ausgesprochen hatte, ein Buch mit dem Titel »Die ganz Wahrheit« ergab. Als ich älter wurde, dämmerte mir, dass ich den Titel missverstanden hatte und das Buch in Wirklichkeit »Ein Teil der Wahrheit« hieß.

Aber was ist die richtige Dosis Wahrheit für Kinder? Sicherlich sollten Zehn- und Elfjährige andere Wahrheiten hören als 17- oder 18-Jährige. Und was bitteschön bedeutet das dafür, wie viel Wahrheit wir uns selbst zumuten sollen?

Als ich älter wurde und meine eigenen Wahrheiten unter die Lupe nahm, trat eine deutlich hervor: Ich war wütend auf meine Mutter. Ich war damals wütend, und ich war es in jenem Augenblick auf dem Campingplatz.

Wann genau diese Wut in mein Leben getreten war, ließ sich nicht sagen. Sie war nicht von einem singulären Ereignis ausgelöst worden, sondern ganz allmählich gewachsen, hatte sich unbemerkt mit jeder nicht gestellten und unbeantworteten Frage eingeschlichen. Im Lauf der Jahre wurde sie ein Teil von mir, fest mit meinem Innern verbunden. Und wenn die Wut auf diese Weise kommt, bezeichnest du sie nicht als Wut. Du benennst sie überhaupt nicht. Du tust, was dir deine Mutter beigebracht hat, distanzierst dich von dieser Wut und machst einfach weiter wie bisher. Du sagst dir, dass deine Eltern dich umhegt und umsorgt, sich gut um dich gekümmert haben, denn so war es wirklich. Und dann machst du ein Schläfchen, weil du bestimmt einfach nur müde bist.

Du lehnst deine Weiblichkeit ab – weil du erkennst, dass all deine nicht gestellten und unbeantworteten Fragen direkt damit zusammenhängen – und hältst sie für klein und wertlos. Und nach einiger Zeit siehst du deine Weiblichkeit gar nicht mehr. Löst jegliche Verbindung dazu. Du ziehst dein Selbstbewusstsein daraus, dich nicht in diese weibliche Schablone pressen zu lassen, während du gleichzeitig eine andere, männlichere an dich anlegst, die zwar nicht hundertprozentig passt, dir aber genügt. Du machst dich zu etwas, was du gar nicht bist.

Du wirst eine von den Jungs. Du gibst dir große Mühe zu beweisen, dass du genau das bist, prahlst sogar damit. Zumindest habe ich das getan.

Ich habe mich oft gewundert, wie rasch ich mich meiner Weiblichkeit entledigte. Mit welcher Leichtigkeit ich die Axt schwang. Doch im Grunde ist das nicht weiter verwunderlich. Es war schließlich genau das, was ich gelernt hatte. Meine Mutter hatte es mir beigebracht. Und die Welt, in der ich aufwuchs, die Gesellschaft und das System halfen mir dabei, die Axt an genau der richtigen Stelle anzusetzen.

Natürlich hatte man mir keinen Unterricht erteilt. Ich lernte vom Zusehen, am lebenden Beispiel. Ich übernahm von meinen Vorbildern, saugte in mich auf, dass es sowohl akzeptiert war als auch von mir erwartet wurde, Teile meines Selbst zu verstecken, zu verschleiern, wer ich wirklich war. Als mein Vater zum Erzähler der Geschichte wurde, lernte ich, dass die Stimme des Mannes mehr Gewicht hatte. Als meine Mutter Teile ihres Selbst vor uns verbarg, fühlte ich mich ermutigt, dasselbe zu tun. Und später, als ich begriff, dass alles, was meine Mutter verbarg, mit der Mutterschaft verbunden war, mit dem Frausein und Frauwerden, dachte ich ... na ja, je früher du aufhörst, etwas auszuleben, desto leichter ist es, dich davon zu trennen. Weil es dann vertrocknet. Wie Kernholz.

Ich sah zu meiner Mutter hinüber, die vor einem kleinen Haufen zerknülltem Papier saß.

»Was machen wir als Nächstes?«, fragte sie.

Ich konnte nicht antworten. Mein Körper war mit sich selbst beschäftigt, wurde verzehrt von Wut. Es fühlte sich an, als würde alles, was meine Mutter nie ausgesprochen und vielleicht sogar niemals gefühlt hatte, in einen Sack gesteckt und mir in die Hand gedrückt. Irgendwie schien im Lauf der Jahre ihr Schmerz auf mich übertragen worden zu sein. Und jetzt würde sie ihn vergessen können und hinter sich lassen, und das Erinnern wäre meine Aufgabe. In meinem Innern schmolz etwas, es versengte mich, und ich wusste nicht, wohin mit dem Schmerz.

Ganz plötzlich war mir nach Schreien zumute. Das einzige Problem war, dass ich nicht mehr wusste, wie das geht. Ich hatte das Gefühl, ich müsste zerspringen, zu einem Haufen Scherben zerfallen. Mir fehlte das Wissen, wie ich mit diesem brennenden, pulsierenden Schmerz in meinen Füßen, meinen Händen und Fingerspitzen umgehen sollte. Man hatte mir nicht beigebracht, so ein Gefühl zu verarbeiten. Man hatte mir nicht beigebracht, dieses Gefühl überhaupt zuzulassen. Stattdessen hatte ich gelernt, dass es nicht existierte.

In diesem Moment – in der einen Hand die Streichhölzer, in der anderen den Sack – begriff ich: Der größere Teil meines Selbst befand sich inzwischen außerhalb, in meinem Innern war nicht mehr viel übrig geblieben. Meine Essenz war durch meinen Zorn ersetzt worden.

Schmerz in allen seinen Erscheinungsformen hatte noch nie in das eher rosige Bild von unserer Familie gepasst. Er wurde so gut wie nie gezeigt oder angesprochen. In unserem Haushalt gab es nur Raum für Silberstreifen am Horizont und den Duft von Rhabarberkuchen. Ich wusste nicht, wohin mit meiner Wut, hatte keine Ahnung, wie ich mit Traurigkeit, Kummer oder unbändigem Zorn umgehen sollte. Ich wusste nicht, wo solche Dinge ihren Platz hatten. Sie gehörten nicht in mein Inneres, doch trotzdem waren sie da, und ich hatte keine Ahnung, wie ich diese Gefühle herauslassen konnte.

Meine erste Regung war, meine Mutter anzubrüllen. Sie brüllend an den Schultern zu packen und zu schütteln. So viele Jahre hatten wir uns vor der jeweils anderen versteckt, und dies war unsere letzte Chance, Herrgott noch mal! Konnte sie das denn nicht sehen?

Aber fürs Brüllen war es nun zu spät. Es wäre sinnlos, eine zarte Frau mit Alzheimer anzubrüllen, und grausam, auch für mich.

Mein zweiter Gedanke war, diese Gefühle in Kernholz zu verwandeln. Alles – den Zorn darüber, dass meine Mutter alle Türen geschlossen hatte, und den Zorn darüber, dass Alzheimer diese nun auf immer versperrte – tief in meinem Innern zu verstauen und es dort so lange unter Verschluss zu halten, bis ihm die Luft ausging. Ich wollte meine Wut mit einer dunklen Leere ersticken.

Aber ich wusste es besser. Dieser Regung würde ich nicht nachgeben. Ich spürte, dass der Schmerz sonst weiter durch meine Blutbahn pulsieren würde, durch unser aller Blutbahn, wenn ich ihn nicht an die Oberfläche holen würde, an unser aller Oberfläche.

»Schmerz wird in den Familien weitergegeben«, schrieb Stephi Wagner, Transformational Coach und Heilerin der »Mutterwunde«, »bis jemand dazu bereit ist, ihn zu spüren.«

Ich hatte wahrlich kein Interesse daran, denselben Weg wie meine Mutter und davor ihre Mutter zu gehen – ein quälend langsamer Zerfall kam für mich nicht infrage. Und so würde ich herausfinden müssen, wie ich stattdessen den Schmerz ertragen, ihn aus mir und der Erde, in der ich gewachsen war, herausholen konnte.

Kernholz ist nicht der Teil des Baums, in dem Wasser und Nährstoffe durch den Stamm zu den Ästen und Zweigen geleitet werden. Es gehört nicht zum Gefäßsystem. Ganz im Gegenteil. Kernholz besteht aus leblosen Zellen. Es ist tot. Es ist der verhärtete Beweis von dem, was gewesen ist. Es bedeutet Erstarrung im Kern, im innersten Heiligtum. Ein bisschen Kernholz ist in Ordnung, denn es verleiht dem Baum Stabilität. Zu viel jedoch, und es besteht das Risiko, dass der Baum von innen heraus verrottet.

Ich musste mich entscheiden, ob ich den Schmerz empfinden wollte, der seit Jahrzehnten, vielleicht Jahrhunderten nicht gefühlt worden war, oder ob ich versuchen sollte, in einer Generationenfolge, die langsam ausradiert wurde, zu überleben.

Die Antwort war klar.

Ich würde meine Wut nicht herunterschlucken. Ich musste einen Weg finden, sie auszudrücken.

Ich hielt inne und sah hinauf in den Himmel. In diesem Moment tauchten einige Erinnerungen vor meinem inneren Auge auf, eine nach der andern, ein Daumenkino meiner Kindheit und Jugend.

All die Dinge, von denen ich schon mit acht Jahren wusste, dass man sie nicht tut. All die Dinge, von denen ich schon mit elf wusste, dass man sie nicht ausspricht. All die Dinge, von denen ich mit 14 wusste, dass ich sie nicht sein sollte. Das Geräusch splitternden Holzes dröhnte in meinen Ohren.

Ich muss einen Weg finden, dachte ich bei mir. *Aber ich habe keine Ahnung, wo ich anfangen soll.*

Neben mir wiederholte meine Mutter ihre Frage: »Was machen wir als Nächstes?« Sie meinte es ganz ernst.

»Ich weiß es nicht, Mom«, erwiderte ich. »Ich weiß es nicht.«

Meine Tante riss ein Streichholz an und hielt es in das aufgeschichtete Holz. Zuerst brannte das zusammengeknüllte Zeitungspapier, bis die Holzspäne Feuer fingen. Und dann loderten auch schon die Flammen – so könnte eine Feuersbrunst beginnen.

Ich stand da, sah in die Flammen und hoffte darauf, dass die Hitze des Feuers groß genug war, um das Eis in meinem Innern zum Schmelzen zu bringen.

12
Der Unterschied zwischen Erodieren und Ausradieren

In verwirrenden Zeiten – wenn alle alten Wege im Morast zu versinken scheinen – ist es sinndienlich, den Blick erdwärts zu richten und die oft übersehenen Lebensweisheiten unter unseren Füßen zu betrachten.
ROBERT MOOR

Am nächsten Morgen kamen wir nur langsam in die Gänge. Ich war müde, und meine Mutter fror. Ich legte ihr eine zweite Daunenjacke um die Schultern und brachte unsere Campingstühle hinüber zum Ufer des Wild Creek, einem sich dahinschlängelnden Bachlauf, der den Abfluss des Saint Mary Lake bildet. Dort aßen wir unser Frühstück und sahen zu, wie sich die Sonne über den Rand des Horizonts schob und die ersten Strahlen auf dem Wasser glitzerten.

Während des Sonnenaufgangs bemerkte ich, dass meine Mutter blinzelte, und so ging ich zum Zelt zurück und holte die Sonnenbrille aus ihrer Handtasche.

»Setz die auf, Mom«, sagte ich, als ich ihr die Sonnenbrille reichte.

»Ach, das ist viel besser.« Sie seufzte. »Ich hatte ganz vergessen, dass ich die habe. Wirklich praktisch, nicht wahr?«

Ich legte ihr die Hand auf die Schulter und bedeutete ihr und meiner Tante, mir das Geschirr zu geben.

»Nur her damit. Ich spüle das schnell ab.«

Meine Mutter reichte mir ihren Becher und ihren Löffel und wandte sich dann an meine Tante.

»Sie ist so tüchtig«, sagte sie. »Ich habe keine Ahnung, wo sie das alles gelernt hat.«

Meine Tante lachte, schließlich wusste sie, dass meine Mutter mir die meisten Dinge beigebracht hatte.

»Ich nehme noch einen Kaffee«, meinte sie. »Nur falls noch welcher da ist.«

»Kommt gleich, Tante Brenda.«

Als ich über den schmalen Kiesweg ging, hörte ich meine Mutter sagen: »Schau mal, der –« Ihr fiel das Wort nicht ein.

»Löwenzahn«, ergänzte Brenda.

»Löwenzahn«, wiederholte meine Mutter. »Ja. All die lustigen gelben Hüte.«

Ich warf einen Blick über die Schulter zu der Stelle mit den gelben Blumen, die meine Mutter meinte. Direkt daneben wuchs leuchtend grüner Klee. »Dandelion«, das englische Wort für Löwenzahn, ist eins der ungefähr 50 Wörter, die man 2007 aus dem Oxford Kinderlexikon gestrichen hat.

Getilgt wurden auch die englischen Begriffe für Eisvogel, Feldlerche, Otter, Rabe, Star und Drossel. Für Esche, Brombeere, Stechpalme, Farn und Minze. Und für Klee. Es hieß, die Wörter würden zu selten gebraucht, um ihren Eintrag weiterhin zu rechtfertigen.

Als ich das las, bildete sich ein kastaniengroßer Kloß in meinem Hals. Übrigens fiel auch die Kastanie dem Rotstift zum Opfer.

Die Wörter, die die vorgenannten ersetzt haben, stammen überwiegend aus dem Elektronik- und Computerbereich: Breitband, MP3-Player, Blockdiagramm und Chatroom. Oder es sind Begriffe wie Prominente, Debatte, Staatsbürgerschaft und Konflikt. Besonders auffallend jedoch waren zwei Neuzugänge: »warnendes Beispiel« und »vom Aussterben bedroht«.

Dieses allmähliche Verschwinden von Worten vollzieht sich auch im Gehirn meiner Mutter. Und wir als Gemeinschaft lassen zu, dass uns scheinbar unbedeutende Dinge entgleiten, wir verlieren den Bezug zu den Wörtern, die buchstäblich unsere Welt ausmachen. Was sagt das wohl über unser Verhältnis zu unserer Welt aus? Wie rasch wird sie uns aus den Händen gleiten?

Am späten Vormittag packten wir ein paar Müsliriegel und hart gekochte Eier in einen Rucksack und stiegen ins Auto. Es war nur eine kurze Fahrt bis zum Lake Sherburne und ein noch kürzerer Fußmarsch vom Parkplatz bis zum Anfang des Wanderwegs. Die Rangerin hatte uns den leichten, rund sieben Kilometer langen Rundweg zu den Redrock Falls empfohlen, wie geschaffen für eine kleine mittägliche Wanderung.

Meine Tante ging voran, gefolgt von meiner Mutter. Während die beiden lebhaft plauderten, trödelte ich ein wenig hinterdrein. Ich war müde. Ein vertrautes Gefühl. Wieder einmal fiel ich in mein altes Verhaltensmuster zurück, das mich schon mein ganzes Leben begleitete – wann immer Emotionen hochkamen, befahl mir mein Instinkt, mich in mein Kissen zu kuscheln und ein Schläfchen zu machen. Ich bemühte mich nach Kräften, das Gefühl der Müdigkeit abzuschütteln, um andere Gefühle, die sich in mir regten, zuzulassen.

Der von Espen gesäumte Weg gab hie und da fantastische Ausblicke auf den Fishercap Lake frei. Dort standen ein paar Fliegenfischer bis zur Taille im Wasser und warfen ihre Schnüre aus. Seidig schimmernd, zart wie Spinnenfäden schwangen diese graziös durch die Luft.

Während wir weiter dem Pfad folgten, der immer wieder in den Wald hinein und heraus führte, hörten wir ab und zu Glöckchen klingeln. Irgendwo in der Nähe waren Wanderer unterwegs, die durch eine an ihre Rucksäcke gebundene Glocke Bären abschrecken wollten. Als wir uns dem Wasserfall näherten, stieg der Pfad leicht an und führte durch Wiesen und niedriges Gestrüpp – die Heidelbeeren bildeten gerade erst Früchte aus, und die Nutka-Himbeeren waren noch zu hell. Für eine süße Ernte war es zu früh im Jahr.

Ein Stück weiter vorn waren meine Tante und meine Mutter stehen geblieben. Als ich sie einholte, wusste ich, warum: Sie genossen die Aussicht – auf Mount Wilbur und den Swiftcurrent Mountain, zwei majestätische Gipfel der Lewis Range.

Beim Weitergehen fiel mir auf, dass sich mit steigender Höhe die Farbe des Gesteins veränderte. Waren die Felsen vorher hellgrau gewesen, durchzogen von Schwefeladern und mit Sprenkeln aus blassgrünen Flechten übersät, wurden die Farben nun kräftiger und gingen ins Rötliche. Oben angekommen waren wir ganz und gar von karmesinrotem Felsen umgeben – wir standen vor roten Felsterrassen, über die ein Fluss herabströmte. Ein atemberaubender roter Springbrunnen, bei dem das Wasser in flachen Kaskaden nach unten plätscherte und sich in ein smaragdgrün schimmerndes Becken ergoss.

Ein im wahrsten Sinne des Wortes rosiges Bild. Das mich irgendwie wütend machte.

Wir legten eine kleine Rast ein und aßen unsere Müsliriegel und die hart gekochten Eier. Meine Tante zeigte meiner Mutter einige ihrer Lieblingsyogaübungen, und ich hob eine Handvoll Steine auf und schleuderte sie ins Wasser.

Auf dem Rückweg, ungefähr drei- oder vierhundert Meter vor dem Parkplatz, stand plötzlich ein Elchkalb vor uns. Mit seinen langen, schlaksigen Beinen wirkte es entzückend unbeholfen. Meine Mom ging direkt darauf zu.

»Komm, Elchi«, sagte sie und versuchte es mit Schnalzlauten zu locken.

»Mom!«, rief ich, während ich langsam rückwärtsging.

Dem Kalb oder Welpen eines Wildtiers in freier Wildbahn zu begegnen, ist nicht ungefährlich. Denn unweit des Jungtiers ist fast immer seine –

»Mom!«, rief ich noch einmal.

Sie wandte den Kopf zu mir, und in diesem Moment sah ich die Elchmutter. Reglos stand sie da und starrte meine Mutter an. Die Elchkuh war ein prächtiges, aber zugleich äußerst Furcht einflößendes Tier. Tante Brenda packte Mom von hinten an der Jacke und begann sie wegzuziehen.

Mein Blick war auf die Elchkuh gerichtet, deren Blick wiederum immer noch auf meiner Mutter ruhte. Früher hatte ich angenommen, die Begegnung mit einem Elch wäre nicht viel anders als die mit einem Reh. Aber das stimmt nicht. Es ist etwas völlig anderes. Wenn dich ein Reh ansieht, erkennst du, dass es bereit ist zu fliehen. Aber wenn dich ein Elch ansieht, erkennst du, dass er bereit ist, dich anzugreifen. Es ist ganz schön beängstigend.

»Sheila«, flüsterte meine Tante. »Runter vom Weg!«

Wir eilten alle drei zum Rand des Pfads, duckten uns ins Gebüsch und machten uns leise auf einem Umweg durchs Dickicht zurück zum Parkplatz.

Brenda und ich waren ganz von Ehrfurcht erfüllt, aber auch noch ziemlich zittrig. Meine Mutter hingegen zeigte keinerlei Anzeichen von Angst. Sie war eher enttäuscht als verängstigt.

»Warum hast du mich weggezogen?«, fragte sie Brenda scharf. »Ich wollte den Elch sehen.«

»Nein, Sheila«, entgegnete meine Tante lachend. »Nein, ganz bestimmt nicht.«

Wieder im Auto folgten wir einer Straße Richtung Süden. Nach einer kurzen Fahrt bogen wir auf den riesigen Parkplatz hinter dem Many Glacier Hotel ein – ein Ort, der für seinen atemberaubenden Ausblick bekannt ist.

Wir spazierten am steinigen Ufer des Swiftcurrent Lake entlang bis zu einem Holzsteg, wo einige leuchtend bunte Kanus aufgestapelt waren – noch zusammengekettet, aber bereits einsatzbereit für die kommenden Wochen und Monate. Da die Saison gerade erst begann und der Winter und der Frühlingsanfang kälter als normal gewesen waren, war außer uns kaum jemand unterwegs.

»Ich geh mal die Toiletten suchen«, sagte meine Tante. »Kommst du mit, Sheila?«

Meine Mutter nickte. Sie wirkte ein bisschen verfroren.

»Ich möchte noch ein paar Fotos machen«, erwiderte ich. »Wir treffen uns gleich drin.«

»Alles klar.« Sie wandte sich an meine Mutter: »Schnell, Sheila, rein mit dir ins Warme!«

Ich sah ihnen nach, wie sie mit raschen Schritten zurück zum Hotel gingen.

Als ich allein war, holte ich tief Luft und atmete mit einem langen Seufzer aus. Die Anspannung in meinen Schultern ließ merklich nach. Bisher hatte es auf der Reise kaum einen Moment gegeben, an dem ich nicht neben meiner Mutter gestanden, neben ihr gesessen oder geschlafen hatte. Neben meiner Mutter, auf die ich gerade wütend war. Irgendwie. Es war alles so verwirrend.

Auf wen bin ich eigentlich wütend?, fragte ich mich.

Ich sah hinauf zu den Bergen, die auf der anderen Seite des Sees steil in den Himmel ragten. Im Vordergrund Grinnell Point, der markant aufragende dreieckige Vorgipfel des Mount Grinnell, und in seiner Nähe der beeindruckende Mount Gould. Genau wie die Gipfel, die wir heute Vormittag gesehen hatten, gehören auch sie zur Lewis Range.

Sie waren alle atemberaubend – schroffe, scharfkantige Felsen mit faszinierenden Gesteinsschichten. Vielleicht nicht so hoch wie viele andere Gipfel in den Rockies, aber ebenso spektakulär. In ihrer eiszeitlich geprägten Form glichen sie riesigen schwarzen Diamanten, die direkt aus dem Boden wuchsen.

Von meinem Standort aus konnte ich keinen der vielen Gletscher in diesem Gebiet sehen, aber ich wusste, dass sie da waren, sich wie gewaltige Diamantcolliers um die Berge schmiegten – darunter der Grinnell- und der Salamander-Gletscher. Zungen aus Eis und gewaltige gefrorene Flüsse, die sich durch den Glacier-Nationalpark gewälzt und dazu beigetragen haben, aus ihm ein solches Gebirgsjuwel zu formen.

Vor unserer Fahrt hierher hatte ich mich ein bisschen eingelesen und auf der Website der Nationalparkverwaltung die Information gefunden, dass die hiesigen Gletscher bis zum Jahr 2030 verschwunden sein werden. Sie werden weggeschmolzen sein. Sie schmolzen auch genau in diesem Moment, in dem ich auf dem Holzsteg neben den bunten Kanus stand. Sie schwanden, sogar an einem eiskalten Tag im Spätfrühling.

Wenn wir etwas verlieren, merken wir es normalerweise erst, wenn es bereits geschehen ist. Eine Geldbörse. Unsere Schlüssel. Unseren Lieblingsstift, den wir ganz bestimmt heute Morgen noch benutzt und danach wieder auf den Schreibtisch gelegt haben. Nur sehr selten wird uns bewusst, dass wir gerade dabei sind, etwas zu verlieren. Wir bekommen nicht mit, wie wir unser Portemonnaie verlieren oder nach und nach unsere Wörter – wir gehen unserem Alltag nach, ohne zu wissen, dass es passieren wird, ohne es zu merken.

Meistens also verlieren wir Dinge nicht auf diese bewusste Weise. Oder vielleicht doch, aber wir können einfach nicht hinsehen, können es nicht ertragen.

Denn der Verlust an sich ist die eine Sache. Aber sich mitten in diesem Prozess zu befinden – an einer Schwelle zu stehen, irgendwo dazwischen, wo wir hilflos zuschauen müssen, wie etwas verschwindet –, ist etwas ganz anderes. Ich kann mir nichts Schwereres vorstellen als das. Es gibt nichts Schlimmeres, als so etwas miterleben, spüren, etwas im Gedächtnis behalten zu müssen.

Während meines ersten Jahres an der Universität musste ich fast jeden Tag an meine Mutter denken. Sie hatte gerade mal einen Monat studiert, als sie schwanger wurde und gezwungen war, die Uni zu verlassen.

Da ich etwas Geisteswissenschaftliches studieren wollte, belegte ich in meinem ersten Semester ein Seminar in Sozialer Arbeit. Und als man uns Themen für ein wissenschaftliches Projekt vorschlug, wählte ich Adoption. Es war der perfekte Vorwand

Endlich, dachte ich. *Jetzt kann ich all meine Fragen stellen.*

Ich schrieb eine Liste. Ich machte Pläne, wie ich unter dem Deckmantel einer wissenschaftlichen Recherche jede Frage stellen, alles Unbekannte, das mich brennend interessierte, erfahren könnte.

Ich rief tagsüber zu Hause an, weil ich wusste, dass meine Mutter dann allein war. Und irgendwann nahm ich meinen ganzen Mut zusammen.

»Wo bist du hingegangen?«, fragte ich. »Also, ich meine, erinnerst du dich an den Ort, an den sie dich geschickt haben, als du mit Carl schwanger warst?«

Meine Mutter konnte mir nichts sagen – gar nichts. Weder zu dieser Frage noch zu allen anderen. Sie hatte keine einzige Antwort für mich. Sie wusste nicht, wohin sie gegangen und wer sonst noch dort gewesen war. Sie konnte weder sagen, welche Kleidung sie getragen, noch ob sie eine Zimmergenossin gehabt hatte. Sie erinnerte sich nicht, wie das Essen gewesen war und ob man ihr erlaubt hatte zu telefonieren. Auch wie sie ins Krankenhaus gekommen war und ob ihr jemand bei der Geburt beigestanden hatte, war ihr entfallen. Nichts, null, nada, niente. Es war beinahe so, als hätte sich die ganze Wahrheit vor ihren Augen verflüchtigt. Vielleicht hatte sie zu viel gesehen und vor allem gefühlt, es war zu viel gewesen, um sich dann auch noch erinnern zu müssen.

Es wurde entschieden – wie und von wem weiß ich nicht –, dass meine Mutter in eine Einrichtung für unverheiratete Mädchen gehen sollte. Die meisten Menschen, mit denen ich gesprochen habe, und die meisten Artikel, die ich gelesen habe, sprechen von diesen Orten als »Heim«, das tue ich nicht. Ein echtes Heim fühlt sich nicht an wie eine Mischung aus Krankenhaus und feuchtkalter Krypta. Ein echtes Heim, vor allem eines für Mädchen, verbietet keine weiblichen Besucher. Ein Heim verlangt nicht, dass du bei der Ankunft deinen Namen änderst, sodass du später mit niemandem, den du während deines Aufenthalts kennenlernst, draußen in Kontakt treten kannst. In einem Heim wird ein 18-jähriges Mädchen in den Wehen nicht auf die Rückbank eines Taxis verfrachtet, ohne es darauf vorzubereiten, was es im Krankenhaus erwartet. Ein Heim instrumentalisiert Schamgefühle nicht, um Menschen zum Schweigen zu bringen, zu kontrollieren. Oder doch? Ich bin mir nicht mehr sicher. Ich weiß nicht einmal, ob sich irgendetwas von dem gerade Erwähnten mit den Erfahrungen deckt, die meine Mutter gemacht und dann sofort vergessen hat – es waren die Ergebnisse meiner Recherche für die Arbeit im Sozialarbeitsseminar.

Eins jedoch weiß ich gewiss: Als meine Mutter 18 Jahre alt war, bestärkte man sie darin, einen Teil ihres Selbst zurückzulassen. Ihn zu vergessen und einfach weiterzumachen, als wäre nichts geschehen. Und ich weiß, dass bei ihr einen Monat vor ihrem 68. Geburtstag Alzheimer diagnostiziert wurde.

Fünfzig Jahre sind eine lange Zeit, um das Vergessen zu üben.

Fünfzig Jahre. Ungefähr so lange dauert es, bis ein umgestürzter Baum sich auflöst – nachdem eine Wunde entstanden ist, sich ein Pilz angesiedelt hat und bis ins Kernholz vorgedrungen ist, was den Baum von innen heraus verrotten lässt.

Nachdem der Baum alle verbliebenen Nährstoffe ans Erdreich abgegeben hat. Vom Moment des Umfallens bis zu seiner vollständigen Zersetzung – 50 Jahre. Irgendwo habe ich gelesen, dass Roteichen 49 Jahre brauchen, Balsamtannen dagegen etwas mehr als 63 Jahre.

Bis die Gletscher verschwinden, kann es zwischen ein und hundert Jahre dauern. Aber auch sie werden verschwunden sein. Und dann?

Werden wir immer noch vom Glacier-Nationalpark sprechen, wenn es dort keine Gletscher mehr gibt?

Werde ich meine Mutter noch als meine Mutter bezeichnen, auch wenn sie nicht mehr weiß, dass sie Töchter hat?

Welche Begriffe werden noch aus den Wörterbüchern verschwinden? Wird irgendetwas übrig bleiben? Wird irgendetwas überdauern?

Ich stand an der Kante des Stegs und sah aufs Wasser. Am liebsten hätte ich eines der angeketteten Kanus genommen und wäre hinausgepaddelt.

Und dann wurde ich plötzlich aus meinen Gedanken gerissen. Die Wasserspiegelung erregte meine Aufmerksamkeit – auf dem Kopf stehende Berge, umgeben von Licht. Tränen liefen mir über die Wangen, während mein Blick über den See wanderte. Ich saugte das schimmernde Spiegelbild in mich auf – Türme aus Granit als zartes Gemälde auf der Wasseroberfläche.

Sieh nach oben, flüsterte eine Stimme.

Es spielte keine Rolle, woher die Stimme kam. Ich tat wie geheißen und sah in den Himmel und zu den Gipfeln in der Ferne.

Ist es nicht schön, was das Eis hinterließ, als es sich zurückgezogen hat?, fragte die Stimme.

Noch mehr Tränen rannen über mein Gesicht. Den Blick erhoben, war ich mir plötzlich sicher, dass ich die Stimme von Mutter Natur hörte.

Es geht nicht um das, was verschwunden ist, sondern um das, was bleibt, wisperte sie. *Du musst zulassen, dass die Dinge ihre Gestalt verändern, sich wandeln, erodieren. Wenn du dich dagegen wehrst, meine Liebe, wirst du sie verlieren. Dann werden sie ausradiert.*

Ich wollte widersprechen. Mich verteidigen.

»Aber das ist nicht das, was meine Mutter …«

Die Stimme unterbrach mich.

Befreie dich von deinem eindimensionalen Denken, fuhr sie fort. *Du darfst nicht glauben, dass hier etwas ausradiert wird. Diese Berge, die Felsen, die noch da sind, enthalten alles, was von Bedeutung ist. Ihre Mineralien zeugen davon, dass sich hier vor Urzeiten ein Meer befand. Die versteinerten Algenkolonien und Sedimentgesteine sind fast eine Milliarde Jahre alt. In ihnen wohnt eine uralte Weisheit. Auch wenn du etwas Stummes – wie einen Felsen – siehst, kannst du davon ausgehen, dass tief in seinem Innern eine ganze Geschichte schlummert, eine Art des Daseins, ein altes Wissen.*

»Aber sie hat sich nicht verwan…«

Schschsch, sagte die Stimme. *Natürlich hat sie sich verwandelt. Richte deinen Blick aufs Wasser, dann wirst du es sehen.*

Ganz langsam glitt mein Blick zurück aufs Wasser. Darin sah ich das verschwommene Spiegelbild meines eigenen Gesichts.

Meine Mutter gleicht den schmelzenden Gletschern. Und der Fels, der darunter zum Vorschein kommt, bin ich.

Meine Mutter hat zugelassen, dass sich ihr Schmerz in etwas anderes verwandelt. Sie hat zugelassen, dass er erodiert in eine stille, demonstrative Art von Liebe. Sie hat losgelassen. Dem Leben gestattet, etwas aus ihr herauszumeißeln. Der Schmerz meiner Mutter wurde abgetragen, abgeschliffen. Verwandelte sich von Stein zu Lehm. Und aus diesem Lehm hat sie jeden von uns erschaffen.

Meine Mutter ist eine Bildhauerin, und ihre fünf Kinder

sind die Transformation ihres Schmerzes. Sie hat viele Male losgelassen, ohne zu wissen, wer sie danach sein würde. Und nun wurde ich Zeuge, wie sie es ein letztes Mal tat.

Könnte ich das auch?, fragte ich mich. *Könnte ich Schmerz in Liebe verwandeln?*

Plötzlich hörte ich am Ufer die Stimme meiner Tante.

»Ich dachte, wir würden uns drin treffen«, meinte sie. »Die Toiletten sind sehr zu empfehlen – viel komfortabler als die Büsche draußen«, fügte sie lachend hinzu.

Ich wischte mir rasch über die Augen und wandte mich um. Sie stand da, Arm in Arm mit meiner Mutter, die ebenfalls auf die Reflexionen im Wasser aufmerksam geworden war, auf die im Wasser tanzenden Bilder.

»Ist das nicht wunderschön …« Ihre Stimme brach.

Meine Mutter ist ein Berg, der von den Elementen abgeschliffen wurde. Eine große Seele – ein Mensch, der Wind und Wasser, Feuer und Eis benötigte, um seine Seele zu formen.

Ich bin ein Berg, der einen Schub benötigt. Eine kleine Seele – ein Mensch, der Erdbewegungen und Umwälzungen braucht, eine Seele, die ein Erdbeben braucht, um überhaupt wachsen zu können.

13
Geborgte Landschaften

Ob wir dem Bild, das wir sehen, ähneln oder nicht,
sind unsere Mütter doch unser erstes und nachhaltigstes
Abbild von uns selbst: ein Spiegel, in den wir von der
Geburt bis zum Tod blicken.
GLYNNIS MACNICOL

Wir entdeckten ein Café am Straßenrand. Er war helllila gestrichen, und daneben stand ein knalliges blau-oranges Schild mit der Aufschrift »Two Sisters Café«.

»Hier müssen wir unbedingt halten«, lachte meine Tante vom Rücksitz aus.

Ich fuhr auf den gekiesten Parkplatz, und wir gingen hinein.

Wir bestellten Club-Sandwiches und Pommes. Und während wir den Nachtisch aussuchten, loggte ich mich im WLAN des Cafés ein, um die spirituelle Symbolik einer Elchsichtung zu recherchieren. Ich fand eine Website, auf der die Bedeutung verschiedener Pflanzen und Tiere erläutert wurde, und als ich bei dem Eintrag über Elche landete, las ich meiner Tante und meiner Mutter einen Teil davon vor:

»Trotz ihrer gewaltigen Größe sind sie in der Lage, sich vollkommen unbemerkt durch ihr Revier zu bewegen. Elche lehren uns die Kraft der Präsenz und Unsichtbarkeit. Sie sind weise und ausgeglichen – sie wissen, wann sie sich bemerkbar machen sollen.«

»Sheila.« Meine Tante lachte. »Du bist ein Elch! Das erklärt alles – auch warum dich dieser Elch heute nicht niedergetrampelt hat!«

Meine Mutter hob die Arme und legte die Daumen links und rechts an ihren Kopf. Dann wackelte sie mit den Fingern und streckte die Zunge heraus.

»Ich bin ein Elchi«, sagte sie, von Kicheranfällen geschüttelt. »Hier, Elchi, Elchi.«

Meine Mutter ist ein Elch. Nur weil ich sie nicht gehört hatte, bedeutete das nicht, dass sie nicht da gewesen war – und mit mir gesprochen, mich geleitet, mich angestupst und mir all die unterschiedlichen Wege gezeigt hatte, die ich einschlagen konnte. Ich hatte sie die ganze Zeit falsch verstanden. Wie ich so vieles falsch verstanden hatte.

»Ihr drei scheint ja mächtig Spaß zu haben«, meinte die Kellnerin, als sie eine große Portion Beeren-Crumble über den Tisch schob.

»Allerdings«, bestätige meine Mutter. »Wir haben viel Spaß.«

Sie nahm sich einen Dessertlöffel.

»Ist das mein …«

»Löffel«, half ich ihr, weil ihr das Wort nicht einfiel. »Ja, das ist dein Löffel.«

»Oh, gut«, sagte sie. »Das dachte ich mir schon. Ich muss doch wissen, welcher meiner ist, damit ihr mir nicht den ganzen Nachtisch klaut.«

Sie warf mir einen verschmitzten Blick zu und schob meinen Löffel mit ihrem weg, um sich den ersten Bissen zu sichern.

Als wir den Crumble aufgegessen hatten, war die Schüssel

so blitzblank, dass man sie direkt zurück in den Schrank hätte stellen können – ein klarer Beleg dafür, dass eine Humphrys am Tisch gesessen hatte. Bei den Humphrys-Frauen – meine Urgroßmutter mütterlicherseits hieß Eve Humphrys – vereinen sich tadellose Tischmanieren mit einer an Gefräßigkeit grenzenden Liebe zu Süßem, sodass sie höchst effizient darin sind, sämtliche Nahrungsspuren von Tellern und Schüsseln zu tilgen.

Auf dem Weg zurück zum Auto zeigte Brenda auf das »Two Sisters«-Schild.

»Lass uns ein Foto machen«, schlug sie vor und bedeutete mir, meine Kamera herauszuholen.

Meine Mutter blickte zu dem Schild hinauf und war auf einmal verwirrt.

»Aber wir sind doch drei Schwestern«, sagte sie.

»Nein, Sheila«, entgegnete meine Tante, als sie den Arm um meine Mutter legte. »Du und ich, wir sind die albernen Schwestern.«

»Ab…«

»Das ist Steph«, fiel ihr meine Tante ins Wort. »Das ist deine Tochter Steph.«

Meine Mutter stutzte, dann lächelte sie mich an.

»Steph«, sagte sie langsam, wie um die eine oder andere Erinnerung heraufzubeschwören. »Immer in ihrem Zimmer mit einem Buch.«

Sie musterte mich einige Augenblicke.

»Du … du bist so hübsch geworden«, fügte sie hinzu, als wäre ich noch klein und als hätte sie sich irgendwie in die Zukunft geschmuggelt, um einen Blick auf mich zu erhaschen.

Alzheimer ist die Relativitätstheorie meiner Mutter. Die Krankheit krümmt ihre Zeit. Bei meiner Mutter finden Vergangenheit, Gegenwart und Zukunft gleichzeitig statt – ein Wurmloch, eine Einstein-Rosen-Brücke. Nicht mehr lange und das ganze Konstrukt bricht zusammen. Eines Tages wird sie darin verschwinden. Aber spielt das überhaupt eine Rolle, wenn man ohnehin glaubt, dass alle um einen herum bereits verschwunden sind?

Wann immer ich mir das Foto ansehe, das ich an jenem Tag aufgenommen habe, das Foto von meiner Mutter und meiner Tante vor dem Café, frage ich mich, ob sie es überhaupt sind. Es könnten auch Picassos *Zwei Schwestern* von 1902 sein oder Renoirs *Zwei Schwestern* von 1881. Oder vielleicht, sinniere ich, sind es die zwei Schwestern von Mutter Natur – die Twin Sisters, ein Doppelgipfel in der Cascade Range, entstanden im Mesozoikum.

Es war nicht das erste Mal, dass meine Mutter nicht mehr wusste, wer ich war. Ihre Verwirrtheit hatte sich bereits weit vor unserer Reise bemerkbar gemacht und seitdem deutlich zugenommen.

An dem Morgen, an dem wir abflogen, hatten wir beide im oberen Flur meines Elternhauses gestanden. Ich war gerade aus dem Badezimmer gekommen, sie wollte nach unten.

»Guten Morgen, Mom«, sagte ich.

»Oh!«, erwiderte sie. »Guten Morgen.«

Sie war leicht aus dem Konzept gebracht, als hätte sie nicht erwartet, mich zu sehen, oder vielleicht überhaupt irgendjemandem schon so früh in ihrem Haus zu begegnen.

Ich ließ einen Moment verstreichen, um ihrem Gehirn Zeit zu geben, die Informationen zu verarbeiten, und als ich dachte, es wäre so weit, sah ich ihr in die Augen.

»Ich hab dich lieb, Mom«, sagte ich.

»Danke«, sagte sie leicht überrascht.

Eine merkwürdige Antwort. Das würde man zu einem Fremden oder netten Nachbarn sagen, der einem eine kleine Gefälligkeit erwiesen, die Tür aufgehalten oder seinen Platz im Bus angeboten hat.

Sie schickte sich an, nach unten zu gehen, doch vor der ersten Stufe wirbelte sie herum und sah mich an.

»Ich hab dich auch lieb«, sagte sie.

Die zweite Antwort war genauso merkwürdig wie die erste. Ihr Ton war so nüchtern, als hätte sie gewusst, dass sie es sagen sollte, nur nicht genau, warum.

Meine Mutter weiß, dass sie mich liebt, dachte ich bei mir, *aber sie weiß nicht, warum.*

In ihrem Gehirn existierten nicht mehr genug Hinweise darauf, wer ich war, welche Verbindung und welche gemeinsamen Erfahrungen wir hatten. Es war zu viel vom Konto abgehoben worden. Aus Liebe war eine einfache Gleichung geworden.

Wenn sich diese Person im oberen Flur meines Hauses aufhält und wenn sie mir bekannt vorkommt und mir sagt, dass sie mich lieb hat – dann muss das wohl bedeuten, dass wir irgendwie verwandt sind, dass ich sie liebe oder es zumindest tun sollte.

Es sollte noch etwa ein Jahr dauern, bis ich für sie vollkommen verschwamm – ihre Erinnerung an mich schlug sanft an ihren Strand.

Wurde ihr schwindlig von all den Menschen, die unentwegt in allen möglichen Variationen von sich selbst in ihrem Leben auftauchten und wieder daraus verschwanden? Davon, an einem Ort zu leben, an dem die Zeit fließend zu sein schien? Wie verwirrend musste es für sie sein, dass die Menschen ihr manchmal als das erschienen, was sie wirklich waren, und dann wieder als jemand, der ihr bekannt vorkam, dessen Name ihr jedoch partout nicht einfiel. Und ein anderes Mal wiederum als ein aufmerksamer Fremder, jemand, an den sie sich leicht panisch wandte: »Ach herrje! Wie spät ist es? Ich muss nach Hause zu den Kindern.«

Das englische Wort »remember« kommt vom spätlateinischen *rememorari,* »sich etwas ins Gedächtnis zurückrufen«. Das Gehirn meiner Mutter konnte das nicht mehr, aber seltsamerweise hatte ich das Gefühl, dass ihr Körper es konnte. Ich wünschte, es gäbe ein Wort dafür, irgendeinen Ausdruck, vielleicht einen anderen lateinischen Begriff.

Man spricht vom impliziten Gedächtnis, das alles umfasst, woran wir uns erinnern, ohne darüber nachzudenken, und vom expliziten Gedächtnis, also dem bewussten Erinnern von Dingen. Die Franzosen haben einen Ausdruck, um etwas zu beschreiben, was mehr dem Muskelgedächtnis ähnelt – *mémoire-habitude* –, die Erinnerung des Körpers an eine wiederholte Tätigkeit. Aber ich suchte nach einem anderen Wort.

Auf gewisser Ebene hatte ich den Eindruck, dass das Wiedererkennen meiner Person nicht mehr eine Aktion war, die ihr Körper ausführen konnte, sondern vielmehr ein Gefühl, das ihr Körper empfinden konnte. Etwas Somatisches. Ich hatte den Eindruck, dass ihr Körper mich auf zellulärer Ebene kannte – ein wortloses Wiedererkennen, das jeden Zoll von ihr durchdrang, direkt unter ihrer Haut, eine Erinnerung der Faszien.

Aber dann war auch das weg. Nach einem weiteren Jahr war ich fast vollkommen verschwunden. Ausgelöscht aus dem Gehirn meiner Mutter, alle Spuren von mir aus ihrem Körper entfernt.

War es kalt an jenem Ort, an dem plötzlich alles, was man kannte, verschwand? War es schrecklich einsam? Und was passiert mit denen, die vergessen sind? Mit denen, an die man sich nicht erinnert?

Während meine Mutter vergisst, wer ich bin, mache ich mir Sorgen, dass ich es ebenfalls vergessen werde. Dass meine Identität, die ich eben erst kennenzulernen glaubte, immer weiter entschwinden wird.

Viele Menschen sagen, wenn jemand stirbt, den wir lieben, stirbt auch ein Teil von uns. Aber als ich meine Mutter später an jenem Abend in ihren Schlafsack packte und den Reißverschluss zuzog, kam mir der Gedanke, dass sie sich irren könnten. Vielleicht meinen sie eigentlich, wenn jemand stirbt, den wir lieben, ist er nicht mehr da, um unsere Identität zu spiegeln. Es kommt uns vor, als würde ein Teil von uns plötzlich fehlen, dabei müssen wir nur die Kraft und den Mut aufbringen, den Spiegel in die Hand zu nehmen, den der geliebte Mensch für uns gehalten hat.

Können wir das? Und falls ja, sehen wir uns dann darin, in unserer Ganzheit, strahlend wie eh und je?

Es fiel mir schwer, das zu glauben, besonders wenn die Person, die wir verlieren, unsere Mutter ist.

Wer bin ich ohne sie?, fragte ich mich, als ich sie an jenem Abend ins Bett brachte und neben ihr den Kopf aufs Kissen legte.

Jemanden von innen zu kennen, in ihm gewohnt zu haben, alles von ihm kennengelernt, in jedem seiner Gedanken, jedem seiner Gefühle gebadet zu haben – das kann man nur von seiner Mutter sagen. Während wir im Fruchtwasser schwimmen, durchdrungen vom Bewusstsein und Unterbewusstsein unserer Mutter, wird unsere Existenz geformt. Unser Herzschlag passt sich dem ihren an, unser Verstand entwickelt sich, indem er sich reflexartig ihre Wünsche und Sorgen zu eigen macht. Einen Menschen auf diese Art und Weise zu kennen, macht es fast unmöglich zu unterscheiden, was zu ihm gehört und was zu einem selbst, zu verstehen, wer und was man getrennt von ihm ist.

Meine Mutter ist die Erde unter und die Landschaft in mir; sie hat mich vom Anbeginn meiner Existenz an gehalten. Sie ist mein Fels und mein Nährboden. Und irgendwie bin ich irgendwo unterwegs zu der Überzeugung gelangt, dass das, was sie mir gegeben hat, mir gehört, dabei war es immer nur geliehen, eine geborgte Landschaft. Der Gedanke, zurückzugeben, was ich mir von meiner Mutter geliehen habe, erschreckt mich zutiefst, denn wer und was wird dann noch übrig bleiben?

Ich lauschte den Atemzügen meiner Mutter. Es war ein

langsamer, gleichmäßiger Rhythmus. Gern hätte ich den Kopf auf ihre Brust gelegt, um zu spüren, wie sie sich auf und ab bewegte, meinen Herzschlag mit ihrem synchronisiert, aber ich wollte sie nicht aufwecken. Oder vielleicht wollte ich selbst nicht aufwachen. Nicht jetzt. Noch nicht. Aufzuwachen und mich den Tatsachen zu stellen, fiel mir so schwer.

Meine Mutter verschwand wie die Gletscher. Ich konnte dabei zusehen, wenn ich sie betrachtete, sei es von Angesicht zu Angesicht oder auf den Fotos, die ich von ihr machte. Da war eine Erschlaffung festzustellen, ihre Kieferpartie wurde ein klein wenig weicher. Und ihre Augen verloren ihr Leuchten. Die Nährstoffe flossen aus ihrem Kernholz zurück in die Erde. Sie wurde immer leerer. Und ich weiß nicht, was ich tun werde, wenn sie fort ist. Dann wird es keinen Spiegel mehr geben. Und auch keine Landkarte.

Aus der Innentasche des Zelts holte ich mein Smartphone. Ich schaltete es ein, öffnete die Kamera-App und stellte auf den Selfiemodus um. Und dann lag ich da und blickte auf das körnige Bild von mir, das mir das Smartphone lieferte. Im dämmrigen Licht begann ich in meinem Gesicht nach ihrem Gesicht zu suchen. Ich musterte mich. Berührte meine Wangen und meine Nasenspitze. Fuhr die Falten nach, die sich seit einigen Jahren in meine Stirn gruben.

Sind diese Falten wie ihre Falten?, dachte ich bei mir. *Sind ihre Wangen wie meine?*

Ich finde, meine Mutter und ich sehen uns nicht besonders ähnlich. Ich finde, wir sind uns nicht besonders ähnlich. Die ungewöhnlich kleinen Füße und die leicht schiefe Hüfte jedoch habe ich von ihr. Ich trage ihre Sorgen in mir wie einen schweren Stein. Aber ihr Gesicht kann ich nicht in mir erkennen. Ihre kleinen kristallblauen Augen und die Krähenfüße. Ihre Stupsnase und ihre niedrige Stirn, ihre klare Kinnlinie, ihre warme, rosige Haut. Ich kann es weder sehen noch fühlen. Nichts von ihr spüre ich in mir.

Als ich dort im Zelt lag, hatte ich plötzlich das Gefühl, ins Bodenlose zu stürzen. Als gäbe es nichts, was mich hält. Nichts von unten. Nichts von oben. Nicht einmal etwas von innen.

Ich ließ das Smartphone sinken. Schwindel überkam mich. Die ganze Welt drehte sich um mich, als wäre die Realität ein Kaleidoskop.

Weiß ich überhaupt, wer ich bin?, dachte ich.

Hektisch kramte ich Erinnerungen hervor – all die Male, die ich in den letzten Monaten vor meiner Mutter gestanden und zugesehen hatte, wie sie mich musterte und gleichzeitig in ihrem Gedächtnis danach forschte, wer ich war. Wie ich dagestanden, mich auf den Füßen gewiegt – vor und zurück, vor und zurück, vor und zurück – und darauf gewartet hatte, dass ihr mein Name einfiel.

Wer bin ich, wenn nicht die Tochter meiner Mutter?, fragte ich mich. *Wer bin ich, wenn nicht das Mädchen, das seine Mutter von sich wegstößt?*

Im Dunkel des Zelts, in dem sich alles um mich drehte, begann ich, eine Möglichkeit zu erahnen.

Vielleicht ist es das, dachte ich bei mir. *Vielleicht ist es ein Geschenk, dass sie mich vergisst.*

Es dauerte nur ein paar Augenblicke, bis sich dieser Gedanke gesetzt hatte. Und als es so weit war, hörte der Schwindel auf einmal auf.

Wenn meine Mutter vergisst, wer ich bin, dann darf ich auch vergessen, darf ablegen, was sie in mir sieht, um mich darauf zu konzentrieren, zu wem ich werde.

Wenn meine Mutter mich nicht mehr erkennt, kann ich dasselbe tun. Ich kann zurückgehen und nach den Spuren meiner Essenz suchen, nach all den Wassertröpfchen, die ich fortgeschnippt habe. Und mich danach in meiner Ganzheit aufmachen, all die Dinge zu sein und zu werden, zu denen es mich hinzieht.

Was wäre alles möglich, wenn wir loslassen könnten, wenn

wir die Masken, die wir getragen haben, die Rollen, die wir gespielt haben, die ganze Schauspielerei, die wir uns angewöhnt haben, abstreifen könnten. Wie wäre es, wenn wir einen Blick in eine bisher unerkennbare Zukunft erhaschen und darauf zulaufen könnten, ohne uns von den Erwartungen und jahrzehntelangen Narrativen – unseren eigenen, denen unserer Mutter oder von irgendwem – zurückhalten zu lassen?

Als ich so im Dunkel des Zelts lag, wurde mein Körper von einer Empfindung erfasst – einem kräftigen Energieschub, der vom Kopf bis in die Zehen und wieder zurück schoss. Es fühlte sich wie eine Rückgewinnung und Neuerfindung gleichzeitig an. Oder zumindest wie die Möglichkeit dazu.

In den Stoff unserer Geschichte hatte sich ein Silberfaden geschmuggelt. Denn die Minute, in der meine Mutter anfing zu vergessen, wer ich war, war die Minute, in der ich anfangen konnte, mich daran zu erinnern.

Ich spürte, wie meine kleine Hand sich öffnete. Wie ich ihren Finger losließ.

Ich hatte keine Ahnung, was als Nächstes kommen würde, aber es schien mir kein Zufall zu sein, dass ich diese Klarheit im Dunkeln gewonnen hatte, in einem Schoß aus Nachthimmel und Nylon, das einzige Geräusch die Atemzüge meiner schlafenden Mutter. Ich hatte das Gefühl, dass meine Wanderung durchs Leben von nun an so aussehen würde – ich würde den Weg im Dunkeln finden, die Schatten um mich herum als Orientierungshilfe. Ich würde mich mit den Händen an der Wand entlangtasten, meine innere Landschaft ausloten. Die Tausend Meilen Wildnis, die meine Mutter in den Tagen vor meiner Geburt in mich eingepflanzt hat, kunstvoll kartieren.

Bei dieser Reise ist es nie darum gegangen, dass ich mich mit den Augen meiner Mutter sehe oder meine Mutter sich mit meinen Augen sieht. Es ging um Entfaltung – wir haben uns gegenseitig einen Raum zugestanden, in dem wir so sein können, wie wir sind und schon immer waren. Das war ein gänzlich weiblicher Vorgang, der gewährte Raum wie auch die Vorstellung, dass darin eine Wiedergeburt, eine große Transformation stattfinden kann.

Es war das Weibliche in all seiner Glorie – die Fähigkeit, alles zu gebären, was bisher zurückgehalten wurde. Sich zu transformieren. Die wilde Frau in sich hervorzuholen. Eine Wiedergeburt des Selbst, um die Fülle unseres Wesens zu entfalten.

In diesem Moment begann ich das Schweigen meiner Mutter zu verstehen, die Dinge, die sie für sich behalten hatte. Als sie ihre eigene innere Landkarte gefunden hatte, Wege der Transformation und Befreiung, wollte sie sie beschützen. Denn dies war der heilige Gral ihrer ganz eigenen Alchemie.

Wie jede gute Alchemistin wusste meine Mutter, dass man dem Feuer etwas geben muss, wenn man etwas daraus gewinnen will. Und ich hatte dem Feuer noch nichts gegeben.

Als ich so im Zelt lag, spürte ich, wie ein Teil meiner Landschaft sich abspaltete und ins Rutschen geriet, ein kleines Stück meiner Wut dahinschmolz. Kurz vor dem Einschlafen wurde mir etwas klar: Bei dieser Reise ist es nie darum gegangen, das Geheimnis meiner Mutter zu enthüllen – sondern jenes, das tief in mir wohnt.

14
Eine weiße Flagge

Nicht die Traurigkeit drückt einen Menschen nieder;
es ist die Energie, die dieser Mensch aufwendet,
um Traurigkeit zu vermeiden.
BARBARA BROWN TAYLOR

Tränen strömten meiner Mutter übers Gesicht, während sie zusah, wie das Auto ihrer Schwester den Campingplatz verließ. Als es hinter der Kurve verschwunden war, drehte sich meine Mutter zu mir. Sie sagte nichts. Sie stand einfach nur da und schaute mich mit ihren nass schimmernden Wangen an.

Etwa eine Stunde später brachen wir ebenfalls auf. Wir fuhren den Kiesweg entlang und zurück auf die gewundene Bergstraße – diesmal Richtung Süden.

Die Berge im Westen des Glacier-Nationalparks ragen spitz auf, bis sie schließlich mit dem Ozean verschmelzen. Sie sehen aus wie ein Kardiogramm von Mutter Natur. Die Berge im Osten hingegen sind anders, sie enden abrupt. Die Lewis Range und die Front Range der Rocky Mountains hören auf einmal auf, steile Abhänge bilden den Übergang zu den Great Plains.

Die weite Grassteppe erstreckt sich über den Rest von Montana bis weit nach North Dakota hinein. Ich war nicht daran gewöhnt, so viel Land vor Augen zu haben. Es war ein wundervoller Anblick, an dem ich mich nicht sattsehen konnte.

Als wir hinunter in dieses Grünland fuhren, erfasste mich sofort ein merkwürdiges Gefühl – ein urtümlicher Frieden vermischt mit Verletzlichkeit, einer Verletzlichkeit, die vom Ausgesetztsein herrührt. Denn man hat hier zwar alles im Blick, was da draußen in der Prärie ist, wird aber auch von allem und jedem gesehen.

Wir wandten uns nach Osten und überquerten auf dem Weg nach Browning ein Flüsschen. Browning ist die größte Gemeinde und zugleich der Verwaltungssitz der Blackfeet Nation. Etwa drei oder vier Kilometer vor der Stadt fiel mir ein Schild ins Auge. Ich konnte nicht alles lesen, was darauf stand, aber ich erkannte das Bild eines gelben Tipis und das Wort »Galerie« darüber. Über dem Schild flatterte eine weiße Flagge im Wind.

Das Bild der sanft wehenden Flagge blieb mir im Gedächtnis.

Nicht lange danach erreichten wir Browning und suchten nach einem Lokal zum Mittagessen.

»Wohin fahren wir als Nächstes?«, fragte meine Mutter, nachdem wir das Essen bestellt hatten.

»Gute Frage«, entgegnete ich. »Ich weiß noch nicht so recht.«

Ursprünglich hatten wir vorgehabt, nach Norden über die kanadische Grenze zu fahren, um eine Schleife durch die Nationalparks Waterton Lakes, Banff und Kootenay zu ziehen. Doch als ich mir den Wetter- und Straßenzustandsbericht angesehen hatte, entschied ich mich dagegen. Die meisten der Straßen waren noch schneebedeckt, und es war zu kalt, um mit unserer Ausrüstung zu campen. Meine Mutter fror ohnehin schon drei Viertel der Zeit, somit kam ein Abstecher nach Norden nicht infrage.

Ich wusste, dass ich einen neuen Plan brauchte, aber ich wusste auch, dass wir keine Eile hatten, irgendwo anzukommen.

»Lass uns mal sehen«, sagte ich und kramte in meiner Tasche nach dem Reiseführer. Wir konnten ihn durchblättern und uns dabei inspirieren lassen. Doch während ich suchend in der Tasche herumwühlte, kam mir das Bild der weißen Flagge wieder in den Sinn.

Kapitulation, dachte ich bei mir. *Eine weiße Flagge bedeutet Kapitulation, loslassen, die Waffen ruhen lassen, um die Verwundeten einsammeln zu können.*

»Weißt du was, Mom – ich glaube, ich habe vorhin an der Straße eine Kunstgalerie gesehen. Dort würde ich gern anhalten. Und danach werden wir wohl weiter nach Süden fahren, nach Helena oder so, und eine Nacht in der Stadt verbringen.«

Meine Mutter lächelte.

»Klingt nett«, meinte sie nickend.

Wir zahlten, sprangen wieder ins Auto, und wenige Minuten später sah ich die Flagge und fuhr langsamer, damit ich lesen konnte, was auf dem Schild stand:

LODGEPOLE GALLERY
TIPI VILLAGE

Wir bogen in die lange Zufahrt und fuhren auf eine Ansammlung von Gebäuden zu – es schien ein Haupthaus mit mehreren Nebengebäuden zu sein. Die Straße stieg leicht an, und als wir uns näherten, öffnete sich der Blick auf die weiter unten liegende Wiese.

Zehn oder zwölf Tipis standen verstreut im leuchtend grünen Gras. Ein paar waren bemalt, die meisten allerdings grellweiß – sie funkelten wie Sterne auf einem grünen Streifen, und dahinter hob sich scharf der klare blaue Himmel von Montana ab.

»Wo sind wir?«, fragte meine Mutter leise. Sie sagte es in einem Tonfall, als würde sie den Anfang eines Märchens vorlesen – es war einmal vor langer Zeit in einem weit entfernten Land …

»Ich bin mir nicht ganz sicher«, antwortete ich. »Warum fragen wir nicht einfach?«

Wir stiegen aus dem Auto und gingen zu dem Haus.

Ich klopfte vorsichtig an eine Tür an der Seite.

»Hallo …?«, kündigte ich unser Kommen an und trat ein.

Von außen ließ sich schwer sagen, ob es sich um eine Galerie, ein Wohnhaus oder ein privates Maleratelier handelte. Ich dachte schon, wir wären falsch, doch dann hörten wir von irgendwo im Innern des Hauses die Stimme einer Frau.

»Hier hinten«, rief sie.

Als wir weiter hineingingen, wussten wir noch weniger, wo wir hier gelandet waren. Jeder Winkel war mit Kunstwerken vollgestopft, mit fertigen Stücken und solchen, an denen noch gearbeitet wurde. Wir durquerten den Raum und kamen an Gemälden vorbei, einer Auswahl wunderschöner Keramikarbeiten, Tierfellen, die mit Perlen und Federn verziert waren, und an ein paar Ständern mit handbemalten Grußkarten.

Um die Ecke erstreckte sich ein weiterer Raum voller Kunst. Und ganz hinten saß eine Frau an einem Schreibtisch und sah irgendwelche Papiere durch.

Als wir auf sie zutraten, hielt sie inne, blickte auf und lächelte.

»Wow«, sagte ich. »Ist das alles von Ihnen?«

Ich meinte die Kunstwerke.

»Das meiste davon ist von Darrell«, entgegnete sie und stand auf. »Aber wir haben auch viele andere lokale Künstler hier. Schauen Sie sich ruhig um.«

»Danke«, sagte ich. »Das machen wir. Und wer ist Darrell? Sollten wir ihn kennen?«

»Darrell ist mein Mann«, sagte sie. »Ein bekannter Blackfeet-Künstler.«

Ich nickte, während sie sprach.

»Ich wollte mir gerade einen Kaffee machen. Möchten Sie auch einen?«, bot sie an.

»Ach, wir haben gerade nach dem Mittagessen schon einen getrunken«, antwortete ich. »Aber danke.«

Die Frau verließ den Raum und kam wenig später zurück, eine dampfende Kaffeetasse in der Hand.

»Sind Sie auf der Durchreise?«, fragte sie.

»Ja. Also ... sozusagen«, antwortete ich. »Wir ...«

Meine Mutter stand neben mir, und ich legte behutsam den Arm um sie.

»Das ist meine Mom«, sagte ich. »Wir waren gerade ein paar Tage im Glacier-Nationalpark und wollten eigentlich ein bisschen nach Norden – aber da oben ist es immer noch so furchtbar kalt.«

»Hier ist es auch kalt«, entgegnete sie. »Der Winter hält sich dieses Jahr lang.«

»Allerdings«, sagte ich. »Deshalb haben wir unsere Pläne geändert. Ich weiß noch nicht, wohin wir als Nächstes fahren. Vielleicht bleiben wir eine Nacht in Helena.«

»Bleiben Sie doch hier«, schlug die Frau vor.

»Entschuldigung, wie meinen Sie das?«, fragte ich.

»Hier.« Sie bedeutete uns, ihr zur Hintertür zu folgen.

Wir gingen durch eine Tür an der Rückseite des Hauses ins Freie. Von dort aus wirkten die Tipis noch beeindruckender.

»Sie können in einem der Tipis übernachten«, erklärte sie und zeigte darauf. Dann führte sie uns wieder ins Haus.

»Sie befinden sich hier auf Blackfeet-Land«, informierte sie uns. »Sie sollten eine Weile bleiben. Wir bieten auch Abendessen an. Darrell kocht nach traditionellen Rezepten. Heute gibt es einen Fleischeintopf.«

»Was meinst du, Mom?«, fragte ich.

Sie sagte nichts. Das war auch nicht nötig, denn sie blickte immer noch sehnsüchtig in Richtung der Wiese mit den Tipis.

Wir bezahlten eine Übernachtung und gingen zum Auto, um unsere Schlafsäcke und Campingstühle zu holen. Danach brachte uns die Frau, die Angelika hieß, zu einer Reihe Tipis am unteren Ende der Wiese. Unterwegs fielen mir die vielen Löcher auf, aus denen Präriehunde ihre Köpfe steckten.

»Diese Tipis hier sind alle gut für zwei Personen geeignet«, sagte Angelika, auf mehrere Zelte deutend. »Und im Innern befindet sich alles, was Sie brauchen – Anmachholz, Feuerholz, Streichhölzer und ein paar Decken, die Sie über Ihre Schlafsäcke legen können. Darrell serviert das Essen gegen sechs Uhr.«

»Klingt gut«, sagte ich.

Während Angelika sich den kleinen Hügel hinauf entfernte, drehte ich mich zu meiner Mutter um.

»Wie wäre es mit dem da?«, fragte ich. Ich hob eine große Zeltklappe aus Segeltuch an der Seite eines Tipis hoch, und wir schlüpften hinein. Wir befanden uns in einem Raum, in dem wir stehen konnten, ein Luxus verglichen mit unserem Zelt. In der Mitte gab es eine kleine Feuerstelle, und auch wenn Platz für drei oder vier Personen gewesen wäre, hatte man am äußeren Rand des Tipis zwei Schlafstellen hergerichtet, erkennbar an den Decken auf dem Grasboden. Seitlich davon lag ein Haufen gehacktes Holz.

Ich blickte hinauf zur Spitze des Tipis. Segeltuch und Stangen waren so im Kreis angeordnet, dass eine kleine Öffnung in der Mitte blieb, durch die Rauch entweichen und Sternenlicht hereinströmen konnte.

Als wir unsere Isomatten und Schlafsäcke ausgerollt hatten, fragte ich meine Mutter: »Möchtest du etwas ausmalen? Ich stelle gern die Campingstühle raus, dann können wir uns in die Sonne setzen.«

Es war immer noch kühl, aber der Himmel war weit und klar und die Sonne schien.

»Was denn ausmalen?«, fragte sie.

»Das hier«, sagte ich, zog das Ausmalbuch aus ihrer Tasche und gab es ihr. »Stellen wir die Stühle auf.«

»Was für Stühle?«, fragte sie.

»Die hier«, sagte ich, nahm unsere beiden Campingstühle und duckte mich, um durch den Tipi-Eingang zu schlüpfen.

»Komm raus, Mom«, rief ich.

Während ich ihren Stuhl aufbaute, sah ich noch mehr Präriehunde. Immer wieder kamen sie kurz aus ihren Löchern, manchmal flitzten sie auch über die Wiese, um in einer anderen Öffnung im Boden zu verschwinden.

»Hier ist es richtig schön«, schwärmte meine Mutter, als sie den Kopf durch den Tipi-Eingang steckte. »Ich kann nicht sagen, ob das ein Haus oder ein Zimmer ist. Schlafen wir hier?«

»Ja, sicher«, entgegnete ich und deutete auf ihren Stuhl. »Hier, Mom. Komm, setz dich zu mir und mal aus.«

»Was denn ausmalen?«, fragte sie.

Ich lachte.

»Das Buch«, sagte ich. »Das Buch in deiner Hand.«

Sie trat aus dem Tipi und betrachtete das Malbuch in ihrer Hand.

»Ach, das«, sagte sie. »Ich habe mich schon gefragt, was das ist.«

Sie setzte sich auf ihren Stuhl und legte das Buch auf den Schoß.

»Möchtest du deine Stifte?«, fragte ich.

Doch sie antwortete nicht. Sie starrte nur auf die Wiese vor sich, ein glatter See aus grünem Gras. Sie lächelte, und nachdem sie eine Weile gestarrt hatte, veränderte sie ihre Sitzposition und hielt ihr Gesicht in die Sonne.

Während ich meinen Stuhl aufbaute, kam mir in den Sinn, dass wir zum ersten Mal auf dieser Reise nicht auf öffentlichem Grund und Boden campen würden. Ich wusste nicht, ob das Land, auf dem wir uns befanden, Darrell und Angelika gehörte oder ob sie es gepachtet hatten, aber es lag eindeutig innerhalb des Blackfeet-Reservats.

Ich machte es mir auf dem Stuhl bequem, meine Mutter neben mir, und wir starrten beide in den intensiv blauen Himmel über uns, ein Meer aus Gras zu unseren Füßen.

In meinem Kopf verwoben sich die Vorstellungen und Definitionen von öffentlichem und Privatgrund, gestohlenem Land und Indigenenland. *Das machen wir mit dem Land,* dachte ich bei mir. *Wir vermessen es, wir beanspruchen es und markieren, wem es gehört. Aber das machen wir auch mit den Menschen. Denn wer sind wir, ohne unsere Besitzansprüche auf dies und das oder auf diesen und jenen Menschen?*

Meine Familie hat sich nur wenige Male zusammengesetzt, um ein Gespräch über meine Mutter zu führen – darüber, welchen Verlust wir erlitten, was da passierte, wozu es kommen könnte oder würde und wie schnell alles gehen würde. Bei solchen Gesprächen eierten wir herum. Wir führten einen Tanz um den Maibaum auf Eierschalen auf.

Und bei keiner dieser Diskussionen, bei keiner einzigen, kam meine Mutter zu Wort. Ich habe mich immer gefragt, ob sie und mein Vater über diese Dinge sprachen, wenn sie allein waren. Ich habe mich gefragt, ob sie als Paar Entscheidungen über ihre Bedürfnisse und Wünsche und seine Bedürfnisse und Wünsche trafen, und ob einer von ihnen Angst hatte. Es schien nicht so, aber ich wusste es nicht sicher.

Natürlich war meine Familie schlecht vorbereitet auf Gespräche, bei denen es um mehr ging als rosige Bilder und Silberstreifen am Horizont. Keiner von uns trug Grautöne mit Würde.

Ich weiß noch, wie wir einmal an einem Sommerabend auf einer Terrasse versammelt waren. Wir saßen um einen großen ovalen Tisch herum – meine Geschwister, diverse Ehemänner und -frauen und mein Vater, der Hauptleidtragende. Die Emotionen kochten hoch. Das Eierschalenparkett war besonders fragil. Und wir hatten die Choreografie nicht geübt.

Irgendwann im Verlauf des Abends fühlte sich mein Vater in die Defensive gedrängt, was unvermeidlich ist, wenn man mit dem Kummer, den Gedanken und Meinungen von fünf bis sechs Personen überschüttet wird. Wir Geschwister mit unseren Ehepartnern bildeten eine Einheit. Als Elternteil war mein Vater allein. Er setzte sich gegen uns zur Wehr, auf wessen Bemerkung hin, weiß ich nicht mehr.

»Schaut«, brachte er es auf den Punkt. »Ich verliere meine Frau. Ich werde mein Ein und Alles verlieren.«

Auch diese Botschaft war klar. Er verlor etwas, was wir nicht verloren. Für ihn stand etwas anderes auf dem Spiel.

Ich höre noch, wie meine Schwester mit zitternder Stimme, aber bestimmt antwortete: »Und ich verliere meine Mutter.«

Die Botschaft war klar. Sie verlor etwas, was er nicht verlor. Auch für sie stand etwas anderes auf dem Spiel.

Sie hatten beide recht. Wie der Autor und Trauerexperte David Kessler gesagt hat, ist der schlimmste Verlust immer der, den man selbst erleidet.

Von da an stockte das Gespräch. So waren wir eben, wir taten unser Bestes, auch beim Tanz um den Maibaum liebevoll miteinander umzugehen. Heute weiß ich, dass wir kein Gespräch, sondern echte Gemeinschaft gebraucht hätten. Wir mussten lernen zu fühlen, für uns selbst und füreinander zu sorgen. Das müssen wir immer noch lernen.

Als ich am nächsten Morgen aufwachte, musste ich die ganze Zeit daran denken, dass jeder etwas verlor, was ein anderer nicht verlor.

Mein Vater seine Frau.

Meine Schwester ihre Mutter.

Meine Brüder die erste Frau ihres Lebens, die erste Frau, die sie gehalten hat.

Meine Tanten ihren Fels in der Brandung, ein Viertel der Geschwisterschar.

Die besten Freundinnen meiner Mutter ihre stille, aber oft auch witzige Vertraute.

Die Kinder meiner Geschwister ihre Großmutter, die auf dem Boden sitzend mit ihnen lacht und spielt.

Und ich die Topografie meiner Identität, die Landschaft meines Inneren.

Trauer kann ein Landvermesser sein, jemand, der daherkommt und die Grundstücksgrenzen zieht. Und wir machten unsere Ansprüche geltend. Eine Rolle Markierungsband wurde diagonal über meine Mutter gezogen, von einer Seite zur anderen. Und ich hielt eines der Enden fest.

Unser Fokus verengte sich, jeder von uns nahm nur noch seinen eigenen, einzigartigen Verlust wahr. Wir sahen alles durch eine Brille der Trauer, die hervorhebt, was dir genommen wird, dich aber blind dafür macht, was andere verlieren. Und bei einer solchen Weltsicht beschleicht einen unweigerlich eine – wenn auch ungesehene, ungehörte, unausgesprochene – Frage. Sie ist wie Gift, das ins Grundwasser sickert.

Wenn dir etwas genommen wird, heißt das doch, dass dir jemand etwas schuldet, hörte ich es flüstern.

Ich dachte, die Geschichte meiner Mutter stehe mir zu. Ich hatte das Gefühl, ich hätte ein Anrecht darauf, ein verbrieftes Recht, die ganze Wahrheit zu erfahren. Ich dachte, das sei mein Erbe. Nachdem meine Mutter die Wahrheit jahrelang für sich behalten hatte, schien mein Verlustgefühl zu fordern, ja, geradezu zu flehen, dass sie sie preisgab, auf den Tisch legte. Ich wollte sie unbedingt erfahren, denn wie der Romanautor Richard Powers sagt: »Es gehen Dinge verloren, die noch gar nicht entdeckt sind.«

Was ich in jenen Momenten nicht verstand, in den Tagen, die wir damit verbrachten, auf Eierschalen um den Maibaum zu tanzen, war, dass jeder von uns tatsächlich etwas anderes verlor – aber das war eigentlich nicht wichtig, da wir alle etwas verloren.

Es lag auf der Hand. Wir waren eine Gruppe von Menschen, die sich in sich selbst zurückgezogen hatten und sich langsam durch den Schmerz schleppten, und gleichzeitig taten wir so, als wäre er nicht da. Wir waren unfähig, unsere eigene Traurigkeit zu ertragen. Weil wir dazu erzogen worden waren, lieb und nett zu sein, zu denken, es sei das Beste, den Schmerz zu verdrängen, fiel es uns schwer, einen Verlust zu akzeptieren, mit dem Eiertanz aufzuhören und zuzusehen, wie sie uns entglitt. Stattdessen machten wir unsere Ansprüche geltend und klammerten uns an sie, bis unsere Fingerknöchel weiß wurden, sich unsere Fingernägel in die Handinnenflächen gruben. Und das alles, weil wir nie den Unterschied zwischen Verlust, Niederlage und Kapitulation gelernt hatten. Weil man uns nie gezeigt hatte, dass nach dem Tod die Wiedergeburt kommt.

Meine Mutter und ich aßen Pökelfleischeintopf, während die Sonne am Horizont versank. Nach dem Essen gingen wir in unser Tipi, und ich machte in der Mitte ein kleines Feuer. Gegen halb acht kuschelte sich meine Mutter in ihren Schlafsack.

»Hier drin ist es so schön warm«, sagte sie.

Ich nickte und nahm noch ein Holzscheit. Als ich wieder zu ihr sah, war sie fest eingeschlafen. Ihre Hände lagen entspannt wie weiche Tatzen zwischen ihrer Wange und dem Rand ihres behelfsmäßigen Kissens.

Mir ging eine ganze Flut von Bildern durch den Kopf. Erinnerungen an meine schlafende Mutter. Mit leicht offenem Mund an einem Sonntagnachmittag, die noch in den Laufschuhen steckenden Füße auf der Lehne der Couch. Meine Mutter an einem Frühlingstag ausgestreckt auf einer Gartenliege, nachdem sie den ganzen Tag im Garten gewerkelt hatte. Die Beine gespreizt, die Arme sanft neben ihrem Körper ruhend, in Shavasana-Haltung schon Jahre, bevor sie mit Yoga anfing. Dann meine Mutter, als ich ein Teenager war – damals stand ich früh auf, um mein Lauftraining zu absolvieren. Bevor ich ging, spähte ich in ihr Schlafzimmer. Ihre Kleider vom Vortag lagen, zusammen mit ihren Sorgen, sauber gefaltet auf dem Stuhl neben ihrem Toilettentisch. Bald würde sie beides wieder anlegen, aber im Moment lag sie da, seitlich zusammengerollt, das Gesicht leicht zerknautscht vom Kissen.

Ohne dass ich es gemerkt hatte, waren dies die ersten Lektionen meiner Mutter im Kapitulieren, im Loslassen gewesen, in ihrer Fähigkeit, die Stopptaste zu drücken, eine Ruhepause zu fordern. Es waren weiße Flaggen, die im Wind wehten. Als ich sie an jenem Abend im Tipi schlafen sah, wurde mir klar, dass es viele solche Lektionen gegeben hatte. Und dass auch dieser Moment eine Lektion war, auch wenn sie mir irgendwie anders vorkam als die anderen. Vielleicht lag es an dem knisternden Lagerfeuer. Oder an den Rauchfäden, die durch die Luft emporstiegen. Jedenfalls fühlte ich mich bereit für die Initiation, bereit, durch mein eigenes alchemistisches Feuer zu laufen.

Was hat mich nur zu der Überzeugung gebracht, dass das alles mir gehört?, fragte ich mich. *Wie bin ich zu dem Glauben gelangt, dass sie mir ihr ganzes Selbst schuldet?*

Auf einmal berührten meine Füße den Boden am Meeresufer. Ich war bereit, zu meiner Mutter zurückzukehren. Zu ihr zurückzukehren und mich von ihr zu verabschieden, alles in einem. Am Ufer zu stehen und ganz ich selbst zu sein.

Als ich in jener Nacht die Augen schloss, fühlte ich, dass mir etwas durch die Finger glitt. Ich ließ das los, von dem ich geglaubt hatte, meine Mutter schulde es mir. Ich ließ das bunte Markierungsband los, das Band, das ich hielt, während ich um den Maibaum tanzte.

Ich musste meine Traurigkeit spüren. Ich musste zulassen, dass die Wut, die ich über den langen, langsamen Verlust meiner Mutter empfand, sich zu den heißen Kohlen in meinem Innersten durchfraß – der Zorn, den ich über den Verlust meines Selbst empfand. Die geschlossenen Türen, die fast vollständig blockierten Wege zu ihrer und meiner Weiblichkeit. Der daraus resultierende fehlende Zugang zu unserer Ganzheit, zu unserer Fähigkeit, alles von unserer Essenz festzuhalten. Durch all das musste ich hindurch, um zu finden, was auf der anderen Seite war. Ich musste das loslassen, wovon ich gedacht hatte, man sei es mir schuldig. Nur so konnte ich eins mit mir werden, ganz werden, einen Zustand erreichen, in dem alles dazugehört, die Geräusche ebenso wie die glorreiche Stille.

Mein Fokus bewegte sich weg vom Verlust. Ich spürte jetzt, dass es viel zu gewinnen gab.

15
Ein Ort namens Weisheit

Mitten in der Nacht wachte ich auf. Kühle Luft strömte unter dem Rand des Tipis herein. Als ich mit noch halb geschlossenen Augen ins Dunkel spähte, sah ich, dass vom Feuer nur ein Haufen rot glühender Asche übrig geblieben war. Im Schlafsack war mir mollig warm, aber damit das auch so blieb, musste ich das Feuer wieder in Gang bringen. Widerwillig wand ich mich aus dem Schlafsack, schürte die Glut und legte noch ein paar Scheite vom Holzstapel nach.

Während ich dahockte und mich um das Feuer kümmerte, blickte ich zur anderen Seite des Tipis. In dem trüben Licht erkannte ich das Gesicht meiner Mutter, ihre Umrisse und das sanfte Heben und Senken ihres Oberkörpers. Meine liebe Mom, tief und fest schlummernd in derselben Position, in der sie eingeschlafen war.

Ich wollte mich schon wieder hinlegen, als mir einfiel, dass ich die Gelegenheit zum Pinkeln nutzen könnte.

Jetzt bin ich sowieso schon auf, dachte ich. *Und dann muss ich nicht noch mal aus dem warmen Schlafsack raus.*

Ich schlüpfte in die Laufschuhe am Fuß des Schlafsacks und schlich auf Zehenspitzen zum Eingang des Tipis. Leise hob ich die Zeltklappe, trat hinaus und ließ sie hinter mir wieder herunter.

Sobald ich draußen und nicht mehr in der Nähe des Feuers war, konnte ich die Hand vor meinen Augen nicht mehr sehen. Jetzt bereute ich, dass ich zu diesem mitternächtlichen Ausflug keine Stirnlampe mitgenommen hatte. Um mich herum war alles pechschwarz. Als hätte mich das klaffende Maul der Nacht mit einem Bissen verschlungen. Wäre da nicht mein Herzschlag zu spüren gewesen, der rhythmisch in meiner Brust, meinen Handgelenken und meinem Hals pulsierte, hätte ich mich vielleicht gefragt, ob ich überhaupt existierte.

Obwohl ich wusste, dass ich eine leere Wiese vor mir hatte, streckte ich instinktiv die Arme aus und tastete nach – tja, wonach eigentlich? Etwas, was mich aufhalten würde? Was mich umstoßen könnte? Ich sah zu Boden. Auch hier nur Schwärze. Trotzdem hielt ich den Blick nach unten gerichtet, ging leicht gebückt, um besser mein Gleichgewicht halten zu können, und bewegte mich langsam voran. Ich wollte mich zum Pinkeln so weit vom Tipi entfernen, wie es angebracht war, aber nicht so weit, dass ich den Rückweg nicht mehr finden würde.

Warum bloß habe ich die Stirnlampe nicht mitgenommen? dachte ich.

Sobald ich einen gebührenden Abstand zwischen das Tipi und mich gebracht hatte, zog ich meine Hose herunter und hockte mich in die Wiese. In diesem Augenblick hörte ich ein Geräusch, dessen Quelle ich in der Finsternis nicht ausmachen konnte. Ich schoss in die Höhe, die Hose noch um die Knöchel, und war kurz davor loszustürmen, zurück zum Tipi. War es der nächtliche Ruf eines Präriehundes gewesen? Das ferne Bellen eines Kojoten? Oder nur das Wiehern eines Pferdes auf einer benachbarten Weide? Mein Herz raste.

»Stopp«, befahl ich mir mit leiser, aber fester Stimme. »Hier ist auch nichts anders als tagsüber. Jetzt pinkel einfach und leg dich wieder schlafen.«

Gesagt, getan.

Als ich aufstand und die Hose hochzog, wanderte mein Blick zum Himmel. Warum ich nicht schon vorher nach oben gesehen hatte, war mir ein Rätsel. Der Himmel war vollkommen klar, so klar, dass ich das Gefühl hatte, ich könnte jeden Stern in dieser Galaxie und auch in der nächsten sehen.

Montana wird nicht umsonst »Big Sky Country« genannt. Der Himmel dort ist überwältigend. Er spannt sich wie ein Baldachin über dir. Er zieht sich über die gesamte Landschaft, ohne dass Hindernisse den Blick versperren. Man ist buchstäblich von nichts als Himmel umgeben – und in der Nacht gleicht er einem gewaltigen mitternachtsblauen Umhang, bestickt mit Millionen und Abermillionen Diamanten, alles zusammengehalten von der Schwerkraft.

Ich hob meinen rechten Arm und kniff ein Auge zu. Dann deutete ich auf die Sterne über mir und zog unsichtbare Linien von einem zum anderen. Zeichnete den Kosmos mit meinen Fingerspitzen nach. Nach einer Weile ließ ich den Arm wieder sinken, atmete tief durch und wandte mich zum Gehen. Irgendwie fand ich jetzt den Weg zurück zum Tipi. Irgendwie hatten die Sterne die Dunkelheit verjagt.

Solche Linien zu ziehen war nichts Neues für mich. Ich habe etwas Ähnliches auf der Haut meiner Mutter gemacht.

Sommer, Herbst, Winter, Frühling – egal welche Jahreszeit, die Haut meiner Mutter ist voller Sommersprossen. Sie ist von Kopf bis Fuß mit unterschiedlich großen Flecken bedeckt. Als kleines Mädchen strich ich mit den Fingerspitzen an Moms Armen und Beinen entlang und zog unsichtbare Linien von einer Sommersprosse zur anderen, verband sie miteinander in immer wieder unterschiedlichen Mustern. Aus irgendeinem Grund tröstete mich das. Es beruhigte mich, mit meinen kleinen Fingern über ihre Oberschenkel oder Unterarme zu fahren. Sie fragte mich nie, was ich da täte. Sie scheuchte mich nie weg. Sie sagte nie, ich solle aufhören und woanders spielen. Vielleicht fand auch sie es tröstlich. Denn das war ihre ureigene

Sprache, eine stille und demonstrative Liebe. So wusste sie, dass sich jemand dafür interessierte, ihre einzelnen Punkte zu verbinden. So spürte sie, wie sich jemand sanft mit ihr vernähte.

»Und dann geht es von dem da zu dem und von dem da zu dem«, flüsterte ich, wenn ich ein Muster in diese Galaxie zeichnete, die sich direkt vor mir befand, auf dem Körper meiner Mutter.

Meine Mutter war immer mein Himmel gewesen. Meine Sterne. Mein Mond. Meine Sonne. Ohne dass es mir bewusst war, hatte ich jahrelang mit forschendem Blick in sie hineingespäht und versucht, die einzelnen Punkte zu einem Ganzen zu verbinden. Seit meiner Geburt hatte ich mich darin geübt, hatte ich diese Übersetzungsarbeit geleistet, vielleicht sogar schon vorher.

In meiner Mutter verbarg sich eine ganze Galaxie. Und jetzt war mir, als würde sie flüstern: »Auch in dir liegen Antworten. Fang an, danach Ausschau zu halten.«

Ich kroch zurück ins Zelt und kuschelte mich in meinen Schlafsack. Meine Mutter, ein Sonnensystem, ein Himmelskörper, schlief mir gegenüber tief und fest.

In diesem Moment wünschte ich mir nichts sehnlicher, als die restlichen Punkte zu verbinden, ihr Rätsel zu lösen, herauszufinden, was am Ende wartete, und vielleicht den Blick auf einen Neuanfang zu erhaschen.

Aber ich tat es nicht. Ich konnte es nicht. Ich starrte nur auf meine schlafende Mutter und stellte ihr eine Frage.

»Hast du Angst?«, flüsterte ich.

Sie antwortete nicht. Das musste sie auch gar nicht.

»Habe ich Angst?«, fragte ich mich selbst leise und schloss die Augen.

»Ja«, hauchte ich. »Ja, ich habe Angst.«

Und dies, dies war mein Neuanfang. Ich konzentrierte mich nicht länger darauf, Antworten von ihr zu fordern, sondern machte mich auf eine wortlose, tastende Suche nach meinen eigenen Antworten. Auch wenn meine Arme und Hände beim Ausstrecken ins Dunkel zitterten, fühlte sich diese Bewegung vertraut an, fast instinktiv.

Als ich am nächsten Morgen aufwachte, ereilte mich sogleich der Ruf der Tetons. Vor ein paar Jahren war ich dort Ski gefahren, etwas außerhalb von Jackson Hole, Wyoming, und ich erinnerte mich daran, dass ich gedacht hatte, wie schön es doch wäre, den Nationalpark einmal im Sommer zu besuchen. Und so beschloss ich, mit meiner Mutter nach Süden zu fahren. Obwohl ich mir über die genaue Route noch nicht im Klaren war, stand unser Ziel fest – der Grand-Teton-Nationalpark.

Wir gönnten uns beide im Waschraum eine warme Dusche, frühstückten, rollten unsere Schlafsäcke zusammen und bedankten uns bei Angelika und Darrell für ihre Gastfreundschaft. Um neun Uhr waren wir bereits frisch duftend und mit gewaschenen Haaren unterwegs. Ich wusste noch nicht, wie weit wir kommen würden, aber der Tag begann viel versprechend.

Die ersten ein oder zwei Stunden fuhren wir auf einem schnurgeraden Stück Schnellstraße. Es war langweilig, aber herrlich entspannend zu fahren. Und dann erreichten wir die Berge – die Sawtooth Range, die Elkhorn Mountains, die Big Belt Mountains und schließlich, über gewundene Bergstraßen, die Tobacco Root Mountains und die Bitterroot Range. Aufgefaltete Erdkruste, geschichtetes Gestein, das einen Teil der fantastischen Rocky Mountains bildet.

In den Jahren vor dieser Reise war ich viel im Gebirge unterwegs gewesen, meistens auf Skiern – Stunden, Tage und Wochen, wenn nicht sogar Jahre meines Lebens habe ich damit verbracht, auf Berge hinaufzusteigen und dann auf Skiern wieder hinunterzufahren. In dieser Zeit habe ich gehörigen Respekt vor den Bergen, vor einzelnen Gipfeln und ganzen Bergketten entwickelt. In gewisser Weise beneide ich sie um ihr

Dasein. Wie sie unerschütterlich dastehen und alles klaglos über sich ergehen lassen. Ich bewundere, wie sie dem Leben gestatten, sie zu formen. Bis vor einigen Jahren war mein ganzes Streben auf das genaue Gegenteil ausgerichtet – auf Kontrolle. Ganz sicher würde ich nicht diejenige sein, die geformt wurde, sondern selbst gestalten.

Ich sah zu meiner Mutter auf dem Beifahrersitz hinüber. Eine Frau, gebeutelt von Wind und Regen, Graupel und Schnee, geformt von den tektonischen Platten unter ihren Füßen.

Sie erwiderte meinen Blick und lächelte, bevor sie eine Karte hochhielt, um sie mir zu zeigen.

»Wo auf der Karte sind wir gerade?«, fragte sie.

»Das weiß ich nicht, Mom«, sagte ich. »Aber wenn wir das nächste Mal anhalten, schaue ich nach.«

»Ist gut«, entgegnete sie und fuhr schweigend damit fort, die Karte zu studieren.

Zu Beginn unserer Reise hatte meine Mutter im hinteren Teil unseres Reiseführers einige Seiten mit Landkarten entdeckt. Sofort hatte sie angemerkt, wie praktisch sie wären. Ich stimmte ihr zu, obwohl ich wusste, dass wir sie nicht brauchen würden. Schließlich hatte ich mein Smartphone, das über eine GPS-Funktion verfügte.

Jedes Mal, wenn wir ins Auto stiegen, fragte sie nach diesen Karten, und ich erfüllte ihr nur allzu gern ihre Bitte. In meinen Augen war das die perfekte Ablenkung – das Alzheimer-Roadtrip-Pendant dazu, einem Kind ein iPad mit all seinen Lieblingsvideos in die Hand zu drücken.

Doch ich irrte mich. Die ganze Situation gab mir das Gefühl, mit Siri zu reisen, nur dass Siri ständig vergaß, wo wir waren, wohin wir fuhren und welche Karte sie benutzen sollte.

Bis zu jenem Tag hatte es kaum eine Rolle gespielt, dass meine Mutter so fixiert darauf war, jederzeit und auf den Punkt genau wissen zu wollen, wo wir uns befanden. Bisher waren unsere Fahrten recht kurz gewesen, aber nach drei Stunden und 137 Variationen von »Wo sind wir?« war ich nahe daran, die Beherrschung zu verlieren. Und dann bemerkte ich es – das kleine orangefarbene Tanksymbol auf dem Armaturenbrett leuchtete auf.

Wie habe ich das übersehen können?, dachte ich bei mir.

Rasch gefolgt von: *Wo sind wir?*

Denn obwohl ich auf diese Frage schon ungefähr 200 Mal geantwortet hatte, wusste ich es wirklich nicht.

Ich konnte meine Mutter nicht bitten, die nächste Stadt zu googeln oder die nächste Tankstelle ausfindig zu machen; das hätte sie endgültig verwirrt, was wiederum mir den letzten Nerv geraubt hätte. Also ließ ich es gut sein und ging einfach davon aus, dass wir schon auf dem richtigen Weg waren und gleich hinter der nächsten Kurve eine Tankstelle liegen würde.

Wieder irrte ich mich.

Es gab keine Tankstelle hinter der nächsten Kurve, und auch nicht hinter der übernächsten. Ungefähr 40 Kilometer nachdem das Tanksymbol aufgeleuchtet hatte, mitten auf dieser Route abseits der Hauptverbindungsstraßen, waren wir immer noch wer weiß wie weit von einer Tankstelle entfernt.

Allmählich geriet ich in Panik. Ich fuhr weiter, und während ich körperlich im Wagen anwesend war, schweiften meine Gedanken in die Zukunft, und ich malte mir die unterschiedlichsten Szenarien aus.

Wenn uns das Benzin ausgeht und ich den Wagen am Straßenrand abstellen muss, nehme ich dann meine Mutter mit, oder lasse ich sie besser im Auto? Und wenn ich sie zurücklasse, wird sie dann auch an Ort und Stelle bleiben? Wird sie warten, bis ich zurückkomme, oder davonlaufen? Gut, also nehme ich sie besser mit … Aber wie lange werden wir wohl in dieser Kälte laufen müssen, auf einer gefrorenen Straße bis zu einer kalten Stadt, mitten im eiskalten Nirgendwo? Wo ist eigentlich ihre Mütze? Wie viel Wasser haben wir noch? Was für Schuhe hat sie überhaupt an?

Ich durchforstete mein Hirn, versuchte mich zu erinnern, durch welche Stadt wir zuletzt gekommen waren und wann das ungefähr gewesen war.

Oje, das ist schon eine ganze Weile her, dachte ich bei mir. *Bestimmt 60 Kilometer ... zu spät zum Umkehren. Warum habe ich nicht nachgetankt, bevor wir in Browning losgefahren sind?*

Ich dachte daran, was mir meine Freundin Sarah kürzlich geschickt hatte – eine Textnachricht mit dem Foto einer Vorrichtung, mit der man auch noch den letzten Rest Zahnpasta aus der Tube quetschen kann.

»Das wäre doch was für dich«, hatte sie dazu geschrieben.

Alle, die mich kennen, machen sich gern über eine Angewohnheit von mir lustig: Ich mag es, Sachen ganz aufzubrauchen. Ich bemühe mich, Tuben und Gläser und Behälter vollständig zu leeren, bevor ich sie wieder auffülle oder etwas Neues anbreche. Es ist eine leichte Obsession von mir. Etwas daran gibt mir ein Gefühl der Befriedigung. Aber diesmal könnte es mir zum Verhängnis werden – und auch meiner armen, arglosen Mutter, die sich auf einer Wanderung zu einer ewig weit entfernten Tankstelle zu Tode frieren würde.

Meine Panik floss aus mir heraus und jagte wie elektrischer Strom durch den Wagen, bis sie schließlich direkt bei meiner Mutter landete. Sie legte die Karte in den Schoß.

»Was ist?«, fragte sie brüsk.

»Nichts«, log ich und biss mir auf die Unterlippe.

Ein paar Minuten vergingen.

»Was ist denn?«, fragte sie noch einmal.

Die ganze Wahrheit, ermahnte ich mich.

»Na ja«, sagte ich mit belegter Stimme. »Wir haben fast kein Benzin mehr.«

»Was meinst du mit ›fast‹?« Meine Mutter sah auf die Karte, die sie eben abgelegt hatte.

Ich erwiderte nichts darauf.

Wir kamen an einem Schild vorbei. Ohne Tankstellensymbol, ohne den Hinweis »Nächste Tankstelle 15 km«.

Noch ein Schild. Wieder nichts.

»Verdammter Mist«, sagte ich laut.

Meine Panik hatte sich gesteigert, und damit wuchs auch die meiner Mutter. Sie griff nach der Karte in ihrem Schoß und hatte ein, wie sie meinte, Aha-Erlebnis.

»Ach!« Sie hielt die Karte in die Höhe. »Ich schaue einfach auf der Karte nach!«

Und dann hielt sie inne.

»Aber … jetzt weiß ich nicht mehr, wo wir waren. Wo sind wir?«

Etwas in meinem Innern explodierte.

»Ich habe keine Ahnung, wo wir sind!«, schrie ich.

Ich konnte spüren, wie meine Mutter zusammenzuckte. Ihre schmale Statur wurde noch kleiner – als würde ein winziger Vogel auf dem Beifahrersitz zusammenschrecken.

»Mom«, sagte ich. »Es tut mir leid. Es tut mir so leid. Es ist nur so, dass uns die Karte im Moment nicht weiterhilft.«

»Was meinst du damit, dass sie uns nicht weiterhilft?«, fragte sie. »Woher wissen wir dann, in welche Richtung wir fahren müssen?«

Das Benzin hatte sie ganz vergessen. Ich holte tief Luft. In diesem Augenblick war ich zu frustriert, um zu antworten.

Sie sah mich unverwandt an.

»Ich würde dir gern helfen«, sagte sie dann sanft, zögernd. »Aber wenn ich nicht weiß, wo genau wir auf der Karte sind, kann ich das nicht. Dann kann ich dir nicht sagen, wohin du fahren musst.«

Ich schrumpfte auf dem Fahrersitz zusammen und stieß einen tiefen Seufzer aus. Ich vergaß das Benzin.

Meiner Mutter war es gar nicht so wichtig, jederzeit und auf den Punkt genau zu wissen, wo sie war. Sie versuchte nur, mir zu helfen. Meiner Mutter war es egal, wo auf der Karte wir uns befanden, sie wollte lediglich nett und hilfsbereit sein. Es ging ihr nicht darum, unseren Weg genau nachzuvollziehen. Es ging ihr einzig und allein darum, dass wir uns nicht verirrten.

Meine Mutter wollte sichergehen, dass *ich* mich nicht verirrte.

Ich dachte an all die Familienurlaube meiner Kindheit und Jugend zurück. Der zweifarbige VW-Bus. Der Bus war der Wagen meiner Mutter, der Wagen, in den alle Kinder hineinpassten, ideal für Ausflüge, Fahrten zu Freunden und zu Fußballspielen. Und obwohl ich weiß, dass meistens sie hinter dem Steuer saß, habe ich keine einzige Erinnerung daran. Was die Wochenendausflüge und kurzen Familienurlaube angeht, sehe ich immer nur meinen Dad den VW-Bus aus der Stadt heraussteuern, die rechte Hand am Schalthebel. Neben ihm Mom auf dem Beifahrersitz, eine unhandliche aufgefaltete Straßenkarte glattstreichend. Ich sehe ihren Finger auf der Landkarte, mit dem sie unsere Fahrtroute durch die Täler und hinauf in die Berge verfolgt.

Meine Mutter las für uns die Karte. Meine Mutter wollte sichergehen, dass wir uns nicht verirrten.

In diesem Augenblick erkannte ich, dass auch sie Dinge loslassen musste.

Plötzlich entdeckte ich ein Hinweisschild auf einen Ort. Zwar fehlte ein Tankstellensymbol, aber ich musste die Chance nutzen. Ich musste jemanden um Hilfe bitten. Meine Mutter und ich brauchten Hilfe.

Der Ort selbst war unfassbar klein, ein Flecken, mehr nicht. Es gab nur eine Straße, einige Häuser mit verwitterten Holzzäunen und ein winziges Geschäft, eine Mischung aus Angelshop und Dorfladen mit einer Western-Fassade. Neben dem Geschäft befand sich ein leeres Grundstück, auf dem – oh Wunder – eine einzelne Zapfsäule stand, als hätte man sie einfach so auf dem Asphalt abgestellt.

Ich parkte genau daneben und sagte meiner Mutter, dass ich gleich zurück sein würde. Als ich ausgestiegen war, beschlichen mich Zweifel, ob diese Zapfsäule überhaupt eine richtige, funktionierende Säule war. Sie war völlig veraltet, so alt, dass sie wahrscheinlich irgendwann zur vorletzten Jahrhundertwende aufgestellt worden war und nur noch zu Dekorationszwecken diente. Ein Relikt von früher, das Benzin für die ersten Automobile geliefert hatte.

Selbst wenn das Ding funktionieren sollte, glaubte ich nicht, dass ich es ohne Hilfe bedienen konnte. *Und bei wem sollte ich bezahlen?*

Ich winkte meiner Mutter zu, und obwohl ich mir keine großen Hoffnungen machte, hob ich aufmunternd den Daumen, was sie mit derselben Geste aus dem Auto heraus erwiderte.

Ich ging hinüber zu dem Angelshop und trat ein.

Hinter dem Ladentisch stand ein Mann in Camouflage-Klamotten. Er grüßte nicht.

»Hallo« sagte ich zögerlich.

Immer noch keine Reaktion.

»Ähm … ich habe mich gefragt … kennen Sie sich mit der Zapfsäule da draußen aus?«

Er sagte nichts.

»Wissen Sie, meine Mutter und ich haben fast kein Benzin mehr, und ich bräuchte Hilfe.«

Der Mann starrte mich ausdruckslos an, schob die Ärmel zurück, drehte sich um und sah aus dem Fenster hinter ihm.

Von seinem Standort aus konnte er die Zapfsäule und unseren Wagen sehen.

»Dieser verdammte –«, begann er und murmelte einen Namen, den ich nicht verstand. »Sorry«, fügte er an mich gewandt hinzu. »Er sollte eigentlich da draußen sein. Aber er ist nie da.«

»Oh. Okay. Ist es denn möglich, ihn anzurufen oder so?«

»Nein«, entgegnete er barsch. »Aber ich sag Ihnen was. Sie können bei mir bezahlen, ich helf Ihnen, und falls er jemals zurückkommt, geb ich ihm das Geld. Oder vielleicht auch nicht, aber das lassen Sie mal ruhig meine Sorge sein.«

»In Ordnung. Klingt nach einem Plan.«

»Wie viel möchten Sie?«, fragte er, bereit, die Summe in die Kasse einzutippen.

»So viel ich kriegen kann«, sagte ich. »Vielleicht so für 50 Dollar.« Ich legte das Geld auf den Ladentisch.

Der Mann lachte.

»Oha, da wird er sich bestimmt schwarz ärgern, dass er sich so ein Geschäft hat entgehen lassen. Kommen Sie, ich zeige Ihnen, wie das alte Ding funktioniert.«

Wir verließen den Laden und gingen zum Wagen. Ich winkte wieder meiner Mom, und sie winkte zurück.

»Ihre Mutter?«, fragte der Mann, der bereits dabei war, den Tank zu füllen.

»Ja«, erwiderte ich.

»Sieht wie eine richtig nette Lady aus.«

»Das ist sie auch. Sie ist wirklich eine richtig nette Lady.«

Als der Tank voll war, dankte ich dem Mann für seine Hilfe und stieg wieder ins Auto.

»Alles in Ordnung?«, fragte meine Mutter.

»Ja«, sagte ich, ließ den Motor an und fuhr zurück auf die Straße. »Das war knapp, aber jetzt ist alles gut.«

Doch Mom hörte mir gar nicht zu. Sie blickte in ihren Schoß.

»Ich habe mich gefragt«, sagte sie und nahm die Karte zur Hand. »Wo genau sind wir?«

»Wir sind in einem Ort namens Weisheit, Mom. In Wisdom, Montana. 98 Einwohner.«

»Und wo ist das auf der Ka...«

»Leider haben wir keine Karte von dieser Gegend, Mom«, log ich. »Aber weißt du, wie du mir helfen könntest? Du könntest mich bei jedem roten Auto, das du siehst, abklatschen.«

»Und das würde dir helfen?«, fragte sie.

»Sehr sogar.«

»Gut, wenn du meinst.«

»Ja, Mom, ganz bestimmt. Ein High Five für jedes rote Auto. Und leg doch die Karte weg. Diese Gegend ist nicht drauf.«

Ungefähr zwei Stunden später sah ich, wie meine Mutter aus dem Autofenster schaute, ihre Miene entspannt und glücklich. Wir befanden uns irgendwo in Idaho und hatten uns schon ungefähr 17 Mal abgeklatscht. Um uns herum war alles grün, ein frisch gesprossener Chlorophyllteppich in leuchtenden Frühlingsfarben.

Ich fuhr rechts ran, damit ich aussteigen und ein Foto schießen konnte, und dabei drehte sich meine Mutter zu mir.

»Ich mag es, wenn du das tust«, sagte sie.

»Was denn?«, fragte ich.

»Wenn du über diese Dinger fährst.«

Sie meinte die Rüttelstreifen am Straßenrand.

»Warum das denn?«, lachte ich.

Verlegen lächelte sie mich an.

»Dann kitzelt es so am Hintern«, sagte sie und brach in Gelächter aus.

An diesem Tag fuhren wir knapp über 800 Kilometer, bis wir endlich kurz vor dem Dunkelwerden in Idaho Falls ankamen. Ich hatte keine Kraft mehr, nach einem Campingplatz zu suchen, und so stiegen wir in einem Hotel in der Stadt ab. Nach so vielen Nächten draußen fühlte es sich seltsam und verwirrend an, von Menschen und Beton umgeben zu sein, sich in ein Bett mit sauberen weißen Laken zu legen.

Als wir am nächsten Morgen aufwachten, machten wir einen langen Spaziergang am üppig grünen Ufer des Snake River. Wir gingen erst auf der einen Flussseite entlang und dann am anderen Ufer zurück, bis wir wieder an unserem Ausgangspunkt angekommen waren.

Manchmal weiß du nicht genau, ob du dich nur im Kreis bewegst oder doch einer Spirale nach oben folgst, ob du einige Stationen auf deiner Reise immer wieder aufsuchst, dabei aber dennoch weiterkommst. Manchmal weißt du nicht genau, ob du dich von einem Ort namens Weisheit fort- oder auf ihn zubewegst. Und keine Karte auf der Welt kann dir darauf Antwort geben.

Obwohl ich mich auf gepflastertem, festem Untergrund bewegte, fühlte ich mich unsicher und irgendwie verloren. Ich wollte wieder die bloße Erde unter meinen Füßen spüren. Mir war nicht bewusst gewesen, wie viel Sicherheit es mir verliehen hatte, so viele Tage am Stück in direktem Kontakt mit der Natur zu leben. Wie geerdet ich war, wenn ich von all den Wäldern und Bergen und klaren Bergseen umgeben war. Wie es mich genährt hatte, inmitten der ausgedehnten Dunkelheit geborgen zu sein. Im Mutterleib. Einem sicheren Ort, um mich selbst neu zu erfinden.

16
Die Bewegung der Steine

Ganzheit erreicht man nicht,
indem man Teile seines Selbst abspaltet, sondern
indem man die Gegensätze vereint.
TOKO-PA TURNER

Am Nachmittag setzten wir uns wieder ins Auto, passierten die Grenze zwischen Idaho und Wyoming und überquerten den Teton Pass. Nach gemächlicher Fahrt erreichten wir das Tal, in dem die Stadt Jackson liegt, und folgten einer Straße entlang des ausgedehnten National Elk Refuge, eines der größten Wapiti-Schutzgebiete der Welt. Ungefähr 60 Kilometer weiter nördlich hielten wir vor einem Campingplatz am Ufer des Jackson Lake. Schon fühlte ich wieder festeren Boden unter den Füßen.

Nachdem wir eine geringe Gebühr am Kiosk entrichtet, die Nummer für unseren Stellplatz bekommen und einige Landkarten entgegengenommen hatten, fuhren wir auf das Gelände. Wir waren ganz offiziell im Grand-Teton-Nationalpark angekommen.

Kaum hatte ich den Wagen geparkt, verkündete meine Mutter, dass sie zur Toilette müsse.

»Gutes Timing«, kommentierte ich und schnappte mir den Lageplan des Campingplatzes vom Armaturenbrett. Offenbar befand sich unser Stellplatz ganz in der Nähe der Damentoiletten – sie lagen hinter uns, eine Reihe weiter. Ich stieg aus und schaute mich um. Von der Rückseite unseres Zeltplatzes konnte ich den Eingang zu den Toiletten überblicken.

»Siehst du das dort drüben, Mom?« Ich deutete auf das kleine Gebäude. »Das ist der Waschraum. Da drin sind die Toiletten.«

»Aha«, erwiderte sie leise, blieb jedoch reglos stehen.

»Ist es in Ordnung, wenn du alleine gehst?«, fügte ich hinzu.

»Musst du nicht auch mal?«, fragte sie. Das war ihre Art auszudrücken, dass es ihr lieber wäre, wenn ich sie begleitete. Aber ich war müde, es würde bald dunkel werden, und ich wollte mich ums Abendessen kümmern.

»Nein«, sagte ich. »Ich muss nicht. Ich fange schon mal an zu kochen.«

»Oh«, sagte sie.

»Möchtest du, dass ich mitkomme?«

Zu diesem Zeitpunkt ihrer Krankheit machte ich mir höchstens darum Gedanken, ob sie die Toilettenspülung würde bedienen können, falls diese sich von den üblichen Spülungen unterschied, und/oder ob sie sich beim Verlassen der Sanitäranlagen in die richtige Richtung wandte. Aber hier konnte sie nun wirklich nicht verloren gehen. Ich musste bloß den Eingang im Blick behalten und sie notfalls zurückrufen. Die Toiletten waren ja nur ein paar Schritte entfernt.

»Ich kann auch allein gehen«, sagte sie, bevor sie auf den Waschraum deutete. »Gleich da drüben, oder?«

»Genau. Gleich da drüben«, bestätigte ich. »Und ich bin ganz in der Nähe. Ich behalte den Eingang im Auge.«

Etwa fünf Minuten später sah ich meine Mutter den Waschraum verlassen, sie wirkte munter und zufrieden. Sie schaute sich um, sah mich winken und kam geradewegs zurück, um mir zu helfen.

Kein halbes Jahr später hätte ich sie auf jeden Fall begleitet und vor dem Gebäude auf sie gewartet. Und wiederum ein Jahr danach wäre ich mit hineingegangen, hätte bei den Waschbecken gewartet und sichergestellt, dass sie sich nach dem Toilettengang die Hände wusch. Nach einigen weiteren Monaten hätte ich vor der Toilettenkabine gestanden, ihre Fragen beantwortet und sie daran erinnert, das Toilettenpapier in die Toilette zu werfen (anstatt das benutzte Papier zu falten und in die Hosentasche oder Handtasche zu stecken). Bald darauf war Toilettenpapier kein Begriff mehr für sie, und man musste ihr die verschmutzten Hände schrubben. Und schließlich musste man ihren Rücken streicheln, sie bitten, sich nach vorne zu beugen, und das Abputzen für sie übernehmen. So ist das mit Alzheimer. Es geht nicht nur darum, dass sich jemand auf dem Rückweg von der Toilette verläuft oder Namen, Orte und Gesichter vergisst. Sondern dass der- oder diejenige ganz allmählich immer mehr seiner Würde beraubt wird. Die Krankheit entblößt den Menschen und dringt in seine intimsten Bereiche ein, trifft ihn dort, wo er am verletzlichsten ist.

Gerade als wir die letzten Bissen unseres Abendessens verzehrt hatten, zogen Wolken auf. Eine dicke dunkelblaue Wolkendecke schob sich rasch über den Himmel.

»Wir sollten das Zelt aufbauen«, sagte ich zu meiner Mutter. »Ich glaube, es gibt Regen.«

»Das Zelt?«, fragte sie. »Welches Zelt? Übernachten wir hier?«

Die Anzahl von Dingen, die meine Mutter nicht weiß, wächst von Tag zu Tag. Auf mich wirkt es, als würde sie ziellos umherirren. Oder vielleicht gilt das eher für mich. Vielleicht ist es in Wahrheit so, dass ich mich fühle, als würde ich ziellos umherirren.

Wir beeilten uns. Oder, um genau zu sein, ich beeilte mich, während ich gleichzeitig beantworten musste, was wir da machten, was das für ein komischer Stab sei, wo der Reißverschluss zuging und noch einmal … was wir da machten.

Als ich den letzten Hering einschlug, spürte ich ein paar Regentropfen im Nacken.

»Okay! Sieht gut aus«, sagte ich, bevor ich zum Auto lief. »Komm, Mom … es fängt an zu regnen.«

Wir sprangen ins Auto, wo es nicht so klamm wie im Zelt war, und verbrachten die nächsten Stunden dort. Ich setzte meiner Mutter eine Stirnlampe auf, und sie begann ein Mandala aus Blüten und Blättern auszumalen. Nachdem ich ihr ein, zwei Minuten zugesehen hatte, wurde ich unruhig.

Mir ging durch den Kopf, was meine Tante gesagt hatte: *Sie saß einfach da und malte, malte aus. Jeden Tag, ein ganzes Jahr lang.*

Ich spürte, wie eine Art Energie meine Oberschenkel hinaufkroch und Leere, Kälte und eine leichte Taubheit hinterließ. Die Energie wanderte weiter zu meinem Magen, und ich hatte das Gefühl, mich gleich übergeben zu müssen.

Ich holte tief Luft und griff nach meinem Smartphone, um mich abzulenken. Aber wir hatten kein Netz.

Na schön, dachte ich. *Na schön.*

Ich legte das Handy aufs Armaturenbrett und die Hände in den Schoß. Und weil ich nicht wusste, was ich anfangen sollte, begann ich mich zu bewegen. Eine Weile spielte ich mit den Fingern, bevor ich die Hände auf die Oberschenkel legte und sanft zu trommeln begann.

Klopf, klopf, klopf.

Ich sah zu, wie der Regen gegen die Windschutzscheibe schlug, und hielt einen Moment inne, um zu lauschen.

Klopf, klopf, klopf.

Ich rieb fest über meine Oberschenkel und atmete laut aus. Währenddessen wurde der Regen stärker. Er prasselte auf die

Windschutzscheibe und das Wagendach. Er peitschte den Boden um uns herum. Der Himmel hatte alle Schleusen geöffnet. Etwas hatte sich in ihm aufgestaut, und nun war die Zeit, es loszulassen. Dazu benötigte er keine Worte, nur bewegte Energie und Geräusche.

Ich beschloss, mir am Himmel ein Beispiel zu nehmen. Ich rieb mir die Beine, bis sie sich nicht mehr so taub anfühlten. Ich ließ mein Unbehagen in Wellen durch meinen Magen und meinen Oberkörper strömen. Ich schüttelte Arme und Hände und schnippte statt meiner Essenz die Wut und den Frust fort. In meiner Brust und in meiner Kehle wurde es heiß. Ich atmete tief ein und geräuschvoll wieder aus, entließ ein Donnergrollen aus meinem Innern.

Mit einem fragenden Blick sah meine Mutter von ihrem Mandala auf. Als ich den Blick erwiderte, war es, als schössen Blitze aus meinen Augen. Ganz langsam nickte sie, nur einmal, bevor sie sich wieder dem Ausmalen zuwandte.

Was war das?, wunderte ich mich. *Hat sie Zustimmung signalisiert? Weiß sie, was ich da mache? Ich weiß es nämlich nicht.*

Bei diesem Gedanken musste ich lachen, und als ich das tat, spürte ich, wie das Unwetter nachließ, sowohl in meinem Innern als auch draußen. Aus dem Wolkenbruch war ein Nieseln geworden. Ich fühlte mich entspannt, aber hellwach und ein wenig kribbelig. Nach einer Weile, als nur noch feiner Sprühregen fiel, brachte ich meine Mutter zum Zelt. Dort reichte ich ihr den Schlafanzug, zeigte ihr, wie sie ihn anziehen musste, und packte sie dann in ihren Schlafsack.

»Hier drin ist es so gemütlich«, sagte sie und schlief danach rasch ein. Obwohl noch einige Nächte vor uns lagen, wusste ich jetzt schon, dass ich die allabendlichen Kommentare meiner Mutter zu unserem gemütlichen Zelt vermissen würde. Nie wirkte sie glücklicher und entspannter, als wenn sie in ihr kuscheliges Daunenbett schlüpfen durfte.

Auch ich glitt in meinen Schlafsack, und während ich einschlummerte, hörte ich, wie das Wasser vom Außenzelt tropfte, wo die Erde es aufnahm.

In dieser Nacht hatte ich meinen dritten Bärentraum.

Ich träumte, meine Mutter und ich säßen im Auto, genau wie noch ein paar Stunden zuvor. Nur dass wir diesmal nicht den Regen beobachteten, sondern zwei Bären. Dieser Traum war weniger beängstigend, weniger schockierend als die beiden vorherigen. Da waren nur zwei neugierige Bären, die am Auto schnüffelten. Sie rissen die Scheibenwischer ab und kauten auf dem Gummi herum, bevor sie sich die Gummidichtung der Türen vornahmen. Mit großen Augen verfolgten meine Mutter und ich, was die Tiere taten. Ich war versucht, den Wagen zu starten und wegzufahren, aber ich wusste, dass ich sie dabei verletzen würde, also saßen wir einfach nur da und schauten zu, wie sie am Auto herumknabberten.

»Sie sind hungrig«, sagte meine Mutter im Traum. »Sie sind wohl gerade erst aus dem Winterschlaf erwacht.«

Ich nickte zustimmend.

Am nächsten Morgen waren meine Gedanken noch bei dem Traum. *Drei,* dachte ich. *Drei Bärenträume.*

Ich wusste nicht, was ich von dem Traum oder den beiden davor halten sollte, aber mit Jungs Traumsymbolik im Hinterkopf war mir klar, dass diese Trilogie eine Bedeutung hatte. Also tat ich, was jeder Mensch mit Dingen tut, die er aufbewahren möchte, obwohl er noch nicht weiß, wofür er sie vielleicht einmal brauchen kann. Ich band die drei Träume mit einem Gummi zusammen und legte sie in der Kramschublade meines Gehirns ab. Und dann machte ich Frühstück und brühte mir eine große Tasse Kaffee auf.

»Lass uns am See frühstücken«, schlug ich meiner Mutter vor, die Schublade in meinem Gehirn fest geschlossen.

»Was für ein See?«, fragte sie, während sie sich suchend umblickte. »Hier ist kein See.«

»Mir nach.« Ich reichte ihr einen Becher mit dampfendem Haferbrei und nickte in Richtung eines kleinen Pfades, der gegenüber von uns begann.

Wir folgten dem Pfad bis zum Wasser, und als wir um die Biegung kamen, schnappte meine Mutter nach Luft.

Es war das erste Mal, dass sie die Teton Range sah, wobei »sehen« vielleicht nicht das richtige Wort ist. Man »sieht« die Tetons nicht, man lässt sie auf sich wirken. Man nimmt ihren majestätischen Anblick in sich auf. Unwillkürlich fragt man sich, wie viele Wolken sie wohl schon zerborsten haben. Und sinniert, dass es aussieht, als hätte sich der Unterkiefer eines Riesenkrokodils aus der Erde geschoben. Voller Ehrfurcht steht man davor, gefolgt von Fragen über Fragen.

Doch wenn man die Gipfel länger betrachtet – Grand Teton, Mount Owen, Teewinot Mountain und am Himmel darüber einen Schwarm Rabenvögel, deren Flügel an Schieferplatten erinnern –, verstummen die Fragen. Weil man im Angesicht der Tetons unbestreitbar von etwas umgeben ist, was größer ist als man selbst. Urplötzlich erkennt man die Kluft zwischen dem, was man weiß, und dem, was man niemals wissen wird und auch niemals wissen muss. Unwillkürlich bekommt man eine Ahnung von Gott. Auge in Auge mit solchen Bergen scheint nichts sonst von Bedeutung zu sein.

Ich betrachtete meine Mutter, wie sie in den Anblick der Berge versank, und obwohl ich nie genau wissen werde, was sie in diesem Augenblick dachte, wusste ich genau, was ich vor mir sah und spürte. Mich traf eine Erkenntnis. Plötzlich war ich wieder das kleine Mädchen, das seine Mutter bewunderte. Das staunend zusah, wie sie Dinge tat, die es selbst nicht konnte.

Schnürsenkel binden. Einen Geburtstagskuchen mit diesem wunderbar glatten Zuckerguss machen. Dem Hund »Sitz« beibringen oder jemanden mit einem Glas Ingwerlimonade trösten. Ein Spannbetttuch falten oder eine wortlose Unterhaltung mit einer Bergkette führen. Das Gefühl des Erstaunens und der Bewunderung, die Erkenntnis, dass etwas größer ist als man selbst – all das überflutete mich erneut, durchtränkte mich, drang bis ins Mark, bis ins zarteste Gewebe.

Hier fand ein Zwiegespräch statt. Hier wurden Informationen ausgetauscht. Mir drängte sich der Gedanke auf, dass meine Mutter und diese Berge darüber sprachen, wie man nachgibt, wie man sich formen lässt – äußerlich und innerlich. Sie nahmen einander wahr. Es war ein klares Erkennen, losgelöst vom Körper, ein Verwerfen unseres menschlichen Wissens, ein Vergessen, sodass man sich an alles erinnern kann, was von Anbeginn da war.

Es gibt eine Form der Meditation, die Zuò Wàng genannt wird. Sie kommt aus der Tradition des Taoismus und bedeutet, grob übersetzt, »sitzen und vergessen«. Die Idee dahinter ist, dass man im Sitzen daran arbeitet zu vergessen, das Ego, die Identität, das Wissen und die unterschiedlichsten gedanklichen Konstrukte loszulassen, um mit allem zu einer Einheit zu verschmelzen. Die Meditation regt die Menschen dazu an, ihren »Verstand zu verlieren«, um das Einzige, was als wahr angesehen wird, zu spüren und davon Teil zu werden – das Tào, das ewige Schöpfungsprinzip, die alles durchdringende Kraft, die mystische Einheit.

Meine Mutter praktizierte das Sitzen und Vergessen. Sie betrachtete etwas, was für mich unbeweglich war, und schien zu sehen, wie es sich bewegte. Dies lehrte mich alles, was ich jemals wissen musste.

Vor einiger Zeit schickte mir meine gute Freundin Maia Toll eine E-Mail. Darin schrieb sie:

»So hieß es von einer Pflanze, die in der Wüste überleben konnte, weil sie beispielsweise gelernt hatte, auch in der trockenen Hitze Feuchtigkeit zu speichern, sie besitze die Heilkraft des Wassers. Dies wurde zu ihrem Geschenk an uns.«

Als ich ihre E-Mail las, verstand ich von innen heraus, was sie meinte.

So besitzt eine Frau, die es geschafft hatte, nicht zwischen einem Felsen und einem harten, geheimen Ort zerrieben zu werden, wohl die Heilkraft der Berge, dachte ich. *Und ein Kind, das in der Stille dieser Welt überleben konnte, besitzt die Heilkraft der Worte, der Erzählungen, die sich um uns ranken.*

Meine Mutter hat mir vieles mitgegeben. Und ich verstand lange Zeit nicht, warum offene Gespräche nicht dazu gehörten. Ich verstand es erst in diesem Augenblick im Grand-Teton-Nationalpark, als ich zusah, wie der Blick meiner Mutter bei der Bewegung der Steine flackerte. Lautlos fand ein Zwiegespräch statt, das ich weder hören noch verstehen konnte. Es wurde in einer Sprache ohne Worte geführt, die mir nicht geläufig war.

Jedes Mal, wenn meine Mutter beschloss, zu schweigen, meine Umgebung nicht mit ihren Worten zu füllen, hatte sie mir etwas gegeben – Raum, eine glanzvolle Weite, die ich immer wieder mit meinen Geschichten füllen durfte.

Jedes Mal, wenn meine Mutter beschloss, nichts zu erklären, mir nicht die ganze Wahrheit zu sagen, hatte sie mir etwas angeboten – eine Möglichkeit, meine eigenen Wahrheiten zu erkunden anstatt der Wahrheiten, die zu ihr gehörten.

Jedes Mal, wenn sie stumm blieb, hatte sie etwas für mich geopfert. In einer Welt, die so wenige Worte von ihr enthielt, musste ich meine Sinne benutzen; ich musste die Art von Beobachtungsgabe entwickeln, die man braucht, um in der Welt zurechtzukommen und seinen Weg zu finden.

Immer wenn sich meine Mutter in zwei Richtungen gleichzeitig bewegte, hatte sie mir ein Geschenk gemacht – eine Lektion, dass ich niemals allein war, dass, egal, womit ich mich in der Außenwelt umgab, meine innere Welt mir eine Intimität bieten konnte, wie sie nur wenige Menschen jemals erfuhren.

Natürlich hatte meine Mutter all das im Voraus gewusst. Weil meine Mutter größer war als ich. Sie war vor mir da gewesen.

Später an diesem Nachmittag nahmen meine Mutter und ich an einer geführten Wanderung teil. Die Rangerin wartete mit einer Fülle von Informationen auf. Über die Geologie, über die Vorgänge, die die Steilwände und Schluchten geformt, und über die tektonischen Prozesse und Gesteinsmetamorphosen, die diese Berge geschaffen hatten. Wir erfuhren sowohl die Namen von Gräsern und Sträuchern als auch die Unterschiede zwischen Nevada-Zirbelkiefer, Küstenkiefer und Weißstämmiger Kiefer. Dann und wann blieben wir stehen, damit sie uns auf die rot blühenden Castilleja, auf Phlox und Fingerkraut aufmerksam machen konnte.

Ich wusste, dass Mom den Großteil der Informationen nicht erfassen konnte und erfassen würde. Ihr Gehirn ähnelte zu sehr dem Boden unter unseren Füßen, den die Rangerin als ziemlich porös und steinig beschrieben hatte. Trotzdem schien sie zumindest etwas aufzunehmen. Sie hob die Hände und bewegte die Handflächen im warmen Wind. Sie hielt auch ihr Gesicht in den Wind, sodass der Blütenstaub in der Luft ihre Wangen mit einem zarten gelben Schleier überzog. Ihre Haltung veränderte sich, sie stand kerzengerade, als sie die Rufe einer Gruppe Nashornpelikane in der Nähe hörte. Sie strich mit den Fingern über die Narben an einem Baumstamm.

»Wahrscheinlich noch von letztem Jahr«, bemerkte die Rangerin. »Ein Hirsch hat den Bast von seinem Geweih gefegt.«

Manchmal denke ich über die Grenzen der Wissenschaft nach. Es beunruhigt mich, dass wir die Welt um uns herum nur durch die wissenschaftliche Brille betrachten und dass wir uns mit Informationen wappnen, als könnten sie uns wie eine Decke wärmen, wenn die Welt auseinanderbricht.

Für mich war Wissenschaft immer eine Tür zu den Rätseln der Natur, ein Zugang zu ihren vielen Geheimnissen. Doch ich spürte ganz deutlich, dass hinter all den Fakten und Zahlen, die wir an jenem Tag erfuhren, eine viel größere Geschichte steckte. Als läge irgendetwas irgendwo im Sediment vergraben und als würden unsere lateinischen Fachausdrücke nicht ausreichen, um es zu erfassen. Als wäre nicht genügend Platz in unseren Mündern, um die Sprache von Mutter Natur zu sprechen und so zu verstehen, was die Erde uns zu sagen hat. Es braucht mehr als unseren Verstand, als Statistiken und das Abspulen von Gattungsnamen. Die Wissenschaft ist eine zu neue Sprache, um die Tiefe der Natur auszuloten, sie ist zu eng gefasst, um diesen Ort in seiner ganzen Weite zu ermessen. Sie mag eine Tür sein, aber sie ist nicht das ganze Haus.

Ich beobachtete meine Mutter, wie sie auf einer Millionen Jahre alten Moräne stand. Jede subtile Bewegung ihres Körpers verriet mir, dass sie eine ältere Sprache beherrschte oder zumindest einige urzeitliche Begriffe kannte. Je mehr sie von ihrem Gehirn zurückließ, desto tiefer tauchte sie in die Intelligenz ihres Körpers ein.

Die Wanderung war zu Ende, die Rangerin fuhr zur Station zurück, die Teilnehmer verstreuten sich, wuselten wie Ameisen in verschiedene Richtungen davon. Doch meine Mutter und ich blieben noch eine Weile Seite an Seite auf dem Kiesweg stehen. Ich nahm sie bei der Hand. Ganz leicht spürte ich meinen Puls gegen ihre Handfläche – oder spürte ich ihren Puls an meiner Handfläche? Ich ließ die Schultern sinken, entspannte mich, versuchte zu erspüren, welcher Herzschlag zu wem gehörte.

Jemand hat mir einmal etwas über Wölfe erzählt, darüber, wie die Alpha-Wölfe bestimmt werden, wie ein Rudel entscheidet, welchem Wolf es folgen will. Ich dachte, es hätte vielleicht etwas mit Stärke zu tun, mit der Fähigkeit, Beute aufzuspüren und zu jagen, doch ich irrte mich. Es liegt an der Herzfrequenz. Ich weiß nicht, ob es wirklich stimmt, aber anscheinend haben die Anführer eines Rudels den gleichmäßigsten Herzrhythmus. Ein stetes Pochen – leise, kaum wahrnehmbar – das auf die anderen Wölfe anziehend wirkt, sie beruhigt.

Meine Mutter ist der gelassenste Wolf. Ihre Liebe gleicht einem ruhig schlagenden Herzen. Als ich aufwuchs, spürte ich es, wenn ihre Hände mein Gesicht umschlossen, wenn sie mir über den Rücken strich oder den Kopf tätschelte – ein Sonar, das ständig Wellen sendete. Die Liebe meiner Mutter ist wie der Aortenpuls; unablässig teilte sie mir ohne Worte mit, dass sie mich liebte.

Meine Weisheit war, dass ich es wusste und die ganze Zeit gewusst hatte; jedes Mal verstand ich auch ohne Worte, was sie sagte.

Auch ich beherrschte diese Sprache. Wir alle beherrschen sie. Sie wohnt irgendwo in unserem Innern. Wir müssen nur lernen, sie zutage zu fördern, zu vertrauen, dass es stumme und unsichtbare Energieströme gibt, die voller Wahrheiten sind, auf die wir uns stützen können. Wir müssen nur aufpassen, sie nicht zu vergessen.

17
Sternenstaub

Im Altertum symbolisierte der Bär unter anderem das Phänomen der Auferstehung ... eine würdige Metapher für die Auferstehung und Mehrung von Dingen in unserem Leben, die wir bereits totgeglaubt haben.
CLARISSA PINKOLA ESTÉS

Den nächsten Nachmittag verbrachten wir auf dem Pferderücken, ehe wir uns wieder am Seeufer niederließen. Ich las, und meine Mutter malte aus, bis sich die Dämmerung ankündigte – ein weiches Zwielicht lud uns ein, den Sonnenuntergang zu betrachten. Ganz allmählich veränderten sich die Farben. Sanft zog sich das Licht die Bergwände hinauf zurück. Und dann, als hätte man eine Kerze ausgeblasen, breitete sich lautlos die Dämmerung aus.

Wie schön es ist, Licht zu betrachten! Der schmale Lichtstreifen am morgendlichen Horizont, der eifrig und ohne sich dessen bewusst zu sein, sein Strahlen in den Tag hinaussendet. Das übermütige gelbe Licht des noch jungen Tages, das keinen Gedanken daran verschwendet, wie oder wann oder ob überhaupt es zu seinem Ursprung zurückkehren wird. Und das dreiste Mittagslicht. Es ist überwältigend. Und lächerlich. Es ist so naiv zu glauben, dass kein Schatten Bestand haben kann, wenn es von so hoch oben scheint. Und dann das unschuldige Schwinden des Lichts. Wie es entdeckt, dass die Welt nicht nur hell erleuchtet schön ist. Am Ende sein Rückzug. Seine Verwandlung – die Schatten werden länger, und schließlich geht der Tag nach getaner Arbeit in die Nacht über.

Ich dachte, ich würde unsere Verhaltensmuster, die Dynamik zwischen meiner Mutter und mir kennen. Doch würde man sich unser Leben als einen Tag vorstellen, hatte ich bisher nur die Zeit bis zum Mittag erlebt, oder vielleicht noch ein oder zwei Stunden des goldenen Nachmittags. Wie herrlich muss es sein, sich von Sonnenlicht umhüllen zu lassen und dann gemeinsam der Dämmerung entgegenzugehen. Sich von der Welt zurückzuziehen, einander im Dunkel beizustehen, im tiefen Vertrauen darauf, dass ein neuer Tag kommen wird, selbst wenn man ihn noch nicht sehen kann, selbst wenn man im Moment nichts weiter spüren kann als die Kälte der Nacht.

»Komm mit, Mom«, sagte ich, als es dunkler wurde. »Machen wir ein Lagerfeuer.«

Wir nahmen unsere Campingstühle, gingen den Pfad zurück zum Zelt und begannen, Papier zu zerknüllen und Anmachholz zu schlagen. Es war unser letzter Abend in den Tetons.

Ich hatte nicht viel Erfahrung mit Holzhacken oder Lagerfeuern, aber auf dieser Reise mit meiner Mutter wurde mir beim Anzünden eines Feuers immer feierlich zumute, und das empfinde ich auch heute noch so. Die einsetzende Dunkelheit – Körper werden zu Silhouetten und schließlich zu riesigen finsteren Schatten. Die uralten Geräusche, der Duft von frischem Birkenholz oder vielleicht Zeder oder Esche. Der Geruch von Rauch in den Haaren, wenn du am nächsten Morgen aufwachst.

Als ich an jenem Abend das Streichholz anriss, fühlte es sich an, als würde ich etwas herbeirufen. Alle Elemente für ein magisches Ritual waren vorhanden. Die rote Reibfläche an der Seite der Streichholzschachtel, die aus Mineralstoffen besteht, wie man sie auch in unseren Zähnen und Knochen findet. Das zischende Geräusch, mit dem sich das Streichholz entzündete. Der Geruch nach Metall und Schwefel. Das Knistern des Holzes, das zur Flamme wird. Es war eine Beschwörung, da war ich mir sicher, aber wem sie galt oder was der Grund dafür war, hätte ich nicht sagen können.

»So warm«, sagte meine Mutter und rückte ein wenig näher ans Feuer.

Fast den ganzen Abend schwiegen wir. Verzaubert, hypnotisiert vom Tanz der Flammen.

Ich weiß nicht, wie viel Zeit verstrichen war, aber irgendwann hörte ich die Stimme meiner Mutter.

»Bist du müde?«, fragte sie.

Das war ihre Art auszudrücken, dass sie schlafen gehen wollte, daher holte ich ihren Schlafanzug aus dem Zelt.

»Zieh dich am Feuer um«, schlug ich vor. »Hier ist es schön warm.«

Während sich Mom umzog, strich ich Zahnpasta auf ihre Zahnbürste.

»Hier«, sagte ich und reichte ihr die Bürste. »Warum gehst du nicht gleich ins Bett, wenn du mit Zähneputzen fertig bist?«

»Wo ist das Bett?«, fragte sie.

»Es ist im Zelt. Gleich da drüben.«

»Da drüben?«, fragte sie und deutete auf das Zelt. »Da drin?«

Ich ging hinüber, öffnete den Reißverschluss des Außenzelts und danach die Zeltklappe.

»Ja, da drin.«

»Oh, gut«, sagte sie, während sie hineinkroch. »Das habe ich mir schon gedacht.«

Sie warf mir einen Blick über die Schulter zu.

»Kommst du auch?«, fragte sie, während sie sich in ihren Schlafsack kuschelte.

»Bald. Ich muss erst noch das Feuer ausmachen.«

Als ich den Reißverschluss des Fliegengitters zuzog, hielt ich kurz inne und sah sie an. Sie erwiderte den Blick.

»Danke«, sagte sie schläfrig. »Es ist richtig nett hier.«

»Freut mich, dass es dir gefällt, Mom.« Ich hielt ihren Blick fest, bis sie die Augen schloss.

Als sie eingeschlafen war, holte ich den Kochtopf von unserem Picknicktisch und füllte ihn mit Wasser. Damit ging ich zu dem heruntergebrannten Feuer, schob das verkohlte Holz mit einem Stock auseinander und goss dann langsam das Wasser darüber. Es zischte. Als das Feuer erlosch, stiegen Dampfwolken in den Himmel, und es wurde dunkel. Ich stocherte noch ein wenig in der Asche herum, um sicherzugehen, dass keine Glut mehr übrig war.

Den Topf in der Hand, atmete ich tief ein und blickte hinauf in den Nachthimmel. Wir waren zwar nicht mehr in Montana, aber der Himmel hier in Wyoming war ebenso weit und sternenübersät. Kosmische Geschichten, die sich über glitzerndes Licht offenbarten, Kulisse für die Ewigkeit.

Zuerst sah ich den Großen Wagen. Drei Sterne für die Deichsel, vier für den Kasten. Mein Blick wanderte zum Kleinen Wagen, eine andere Deichsel und ein anderer Kasten, bestehend aus Polaris, dem Polarstern, an der Spitze der Deichsel und sechs weiteren funkelnden Lichtern.

»Ursa Major«, sagte ich leise, flüsterte es dem Rauch und dem Himmel zu. »Ursa Major und Ursa Minor.«

Damals kannte ich weder die Bedeutung dieser lateinischen Wörter noch die Sage aus der griechischen Mythologie über die Entstehung des Sternbilds. Ich erfuhr es erst einige Jahre später – und als ich es erfuhr, als ich die Übersetzung las, blieb mir die Luft weg.

»Ursa Major und Ursa Minor – am Himmel der Nordhalbkugel besonders gut in den Monaten Mai und Juni zu beobachten –, auch bekannt als Großer Bär und Kleiner Bär, wörtlich übersetzt jedoch ›Größere Bärin‹ und ›Kleinere Bärin‹.«

Größere Bärin und Kleinere Bärin. Zwei weibliche Wesen, die sich in einer Galaxie aus Salzwasser und Sternen vor und zurück wiegen.

Ich klickte mich durch mehrere Links, bis ich auf den Mythos der Bären stieß. Wie es heißt, hatte Zeus, der olympische Gott des Himmels und des Donners, eine Liebesaffäre mit einer wunderschönen Frau namens Kallisto. Als sich das Paar eines Tages gemeinsam im Wald aufhielt, vernahm es die Stimme von Zeus' Gemahlin. Voller Panik, dass seine Affäre auffliegen würde, verwandelte Zeus Kallisto in einen Bären.

»Mach dir keine Sorgen«, sagte er. »Sobald sie weg ist, verwandle ich dich zurück.«

Nur dass Zeus' Gemahlin nicht ging. Sie teilte Zeus mit, dass er dringend auf dem Olymp gebraucht werde. Es gab nur eine Möglichkeit – bevor Zeus verschwand, wies er Kallisto an, im Wald auf ihn zu warten. Er versprach, am nächsten Morgen zurückzukommen und den Zauber rückgängig zu machen.

Daraufhin entfernten sich Zeus und seine Frau, und der Bär … der Bär blieb in der Wildnis allein zurück.

Kurz darauf tauchte ein Jäger auf, entdeckte den Bären und spannte seinen Bogen. Mit einem einzigen tödlichen Pfeil streckte er ihn nieder, doch der sterbende Bär verwandelte sich in Kallisto zurück. Der Jäger schrie zweimal vor Entsetzen auf. Das erste Mal, weil sich vor seinen Augen ein Bär in eine Frau verwandelte. Das zweite Mal, weil er, der Jäger, Kallistos Kind war.

Der Jäger hatte seine eigene Mutter getötet.

Als die beiden erkannten, was gerade geschehen war, brachen sie in Wehklagen aus. Sie weinten so laut, dass es bis hinauf in den Olymp drang. Ihr Kummer erreichte Zeus' Ohr. Er eilte in den Wald zurück, und als er der Tragödie gewahr wurde, fiel er auf die Knie. Der Gott des Himmels und des Donners wusste nur eine Lösung – er verwandelte Kallisto und den Jäger in Sterne, machte sie zu zwei der größten Sternenkonstellationen am Himmel. Großer Bär und Kleiner Bär, das Kind, das seine eigene Mutter erschoss.

In meinem Kopf flackerte etwas – ein knisternder Leuchtdraht kurz vor dem Durchbrennen. Ich sah die Sommersprossen meiner Mutter vor mir, die Linien, die ich auf ihren Armen und Beinen gezogen hatte. Ich riss die Kramschublade in meinem Gehirn weit auf, suchte hektisch nach dem Dreierpack Träume und ging einen nach dem anderen durch – meine Mutter und ich, wie wir uns in Bären verwandelten, wie sie mich anschrie, wie ich über sie herfallen wollte, und schließlich wir beide, wie wir schweigend zwei hungrige Bären beobachteten. Und dann, sozusagen als krönender Abschluss, das Bild, wie ich neben dem Tipi stand, mit ausgestrecktem Arm die Sterne am dunklen Himmel verbindend.

Ich dachte an all die Gelegenheiten, bei denen ich meine Mutter kleiner gemacht hatte. Auf wie viele Arten mich die Gesellschaft – die Menschen in meiner Umgebung, die Götter des Himmels und des Donners – dazu ermutigt hatten. Auf wie viele Arten ich mit Pfeil und Bogen auf sie gezielt und sie niedergestreckt hatte. Jedes Mal, wenn ich die Augen verdreht und mit vor Sarkasmus triefender Stimme zu meinen Freunden gesagt hatte: »Bitte sorgt dafür, dass ich nicht so werde wie sie.«

Sarkasmus – ein Begriff, der vom griechischen Wort für »zerfleischen« abstammt.

Ich sah es nun ganz klar – die falschen Vorbilder, wie ich das Männliche in den Himmel gehoben hatte, wie ich mit der Ebbe immer weiter nach draußen ins Meer gespült wurde in meinem irrwitzigen Bemühen, dieses Ideal zu erreichen. Wie ich die

Lüge geglaubt hatte, dass Frauen und Mütter in den komplexen Gleichungen des Lebens immer auf der »Kleiner-als-Seite« stehen. Wie ich dazu ermutigt worden war, mit Pfeil und Bogen auf die Frauen in meinem Umfeld zu zielen. Ich konnte die Weiblichkeit vor mir im Staub liegen sehen. Ich konnte die Schwingung des zitternden Bogens immer noch in meinen Armen spüren.

Meine Wut auf die Welt um mich herum, meine Verwirrtheit in Bezug auf meinen Selbstwert – was es bedeutet, als Frau in einer männlich dominierten Gesellschaft zu leben –, hat letztendlich dazu geführt, dass ich meine Mutter niederschoss. Und ich ahnte nicht, dass ein Teil von mir direkt neben ihr im Staub liegen würde.

Meine Mutter hatte ein bequemes Ziel für meine Wut abgegeben, aber im Grunde war ich nicht auf sie wütend gewesen. Mein Zorn hatte mit der Erwartung zu tun, die man mir bei meiner Geburt mitgegeben hatte, mit der Annahme, dass ich glücklich und zufrieden bis ans Ende meiner Tage in einer Gesellschaft leben sollte, die die Essenz meines Wesens aktiv verleumdet und entwertet. Nicht ein einziges Mal hatte ich mir die Frage gestellt, wer mir überhaupt Pfeil und Bogen in die Hand gedrückt hatte.

In diesem Augenblick hörte ich ein Echo der Stimme meiner Mutter: *Es ist mir nie in den Sinn gekommen.*

Hatte sie das tatsächlich gesagt?

Ich habe nicht geahnt, dass mich die Reise mit meiner Mutter an diesen Punkt führen würde. Hätte man mich gefragt, hätte ich gesagt, dass unsere gemeinsame Reise meine Methode war, mit dem Verlust umzugehen, damit, dass uns allen ein langer Leidensweg bevorstand, der auf einem Friedhof enden würde. Aber hier ging es um Auferstehung. Es ging darum, dass alle verlorenen Teile, die Sprache unseres wilden Selbst, zu uns zurückfanden. Dies waren meine Mutter und ich, erneuert und wieder zusammengesetzt. Dies war, wie die Psychotherapeutin Nor Hall schreibt, »eine Wiedervereinigung des Mutter-Tochter-Leibs«.

Hier ging es darum, die Bären, die stumm in unserem Innern gewütet hatten, in die Wildnis zu entlassen, damit unsere eigene, wilde Natur in uns zurückfließen konnte, wo sie auch hingehörte.

Dies war die wichtige Lektion, die mir von zwei großen Frauen erteilt wurde, von meiner Mutter und Mutter Natur – und auch von Alzheimer. Es war eine Lektion in Sachen Loslassen. Ich sollte das Ego des strahlenden jungen Mädchens loslassen, damit ich die Ehrfurcht gebietende Unermesslichkeit des Mütterlichen erfassen konnte. Alles loslassen, um herauszufinden, ob ich tatsächlich überleben konnte, nicht in der äußeren Wildnis, sondern in der Wildnis in meinem Innern. Um herauszufinden, ob ich mich selbst so lieben konnte, wie mich diese beiden Frauen liebten – leidenschaftlich, voll und ganz, freigiebig.

Meine Mutter gab mir den Namen Stephanie, was sich vom altgriechischen Wort für »Krone« ableitet. Der Name meiner Mutter, Sheila, ist die gälische Form eines lateinischen Namens und bedeutet grob übersetzt »himmlisch«. Zusammen ergeben wir also eine himmlische Krone.

Meine Mutter ist sowohl Frau als auch Bärin am Himmel. Sie ist das, was man im Taoismus Chi nennt. Sie ist die spirituelle, vitale Lebensenergie. Sie ist Sternenlicht in Bewegung. Sie ist ein Kosmos aus Juwelen, Juwelen, die ich tragen werde, bis ich bereit bin, ihr zu folgen. Bis auch ich eines Tages zu Licht werde.

Wie schön es ist, die Sterne zu betrachten mit dem Wissen, dass sie irgendwo in deinem Innern wohnen, und sicher zu sein, dass es deine wichtigste Aufgabe ist, mehr und mehr wie sie zu werden, bis du dich aufgelöst und deinen Platz in dieser Ahnenreihe eingenommen hast. Deiner Herkunftskonstellation.

»Wir stammen von Sternenstaub ab, der seit Milliarden Jahren unterwegs ist«, um die Worte der Astronomin Jill Tarter zu borgen.

Als ich in jener Nacht ins Zelt schlüpfte, fühlte sich mein Körper wie Honig an. Die ganze Nacht schlief ich tief und fest. Es war die letzte Campingnacht unserer Reise, und höchstwahrscheinlich das letzte Mal, dass wir gemeinsam zelteten. Ich ließ los. Ich musste einfach nur daliegen, schlummernd neben meiner Mutter.

18
Meine Muttersprache

Wenn man die Hand in den Fluss hält, spürt man die Fäden, die die Erde zusammenhalten.
BARRY LOPEZ

Um Viertel vor sechs Uhr morgens klingelte mein Handy-Wecker. Ich schlug die Augen auf, griff nach dem Handy und stellte ihn ab. Es war noch dunkel, herrlich dunkel.

»Mom«, flüsterte ich. »Zeit, aufzustehen.«

Ich störte nur ungern ihren Schlaf, aber ich hatte für heute Pläne.

Sie murmelte etwas, was nach Zustimmung klang.

Ich schnappte mir die Stirnlampe, die ich in der oberen Zeltinnentasche verwahrte, schaltete sie ein und tastete nach meinem Sport-BH, meiner Unterwäsche und Socken.

»Mom«, flüsterte ich noch einmal. »Wir müssen jetzt aufstehen.«

Ich beobachtete, wie sie blinzelnd die Augen öffnete, erfasste, wessen Stimme sie hörte, und nach Informationen darüber suchte, wo sie sich befand.

»Ist es schon Morgen?«, fragte sie.

»Ja«, antwortete ich leise. »Es ist Morgen, und wir müssen aufstehen.«

Sie zog den Arm aus ihrem Schlafsack und schob den linken Ärmel zurück, um auf die Uhr zu schauen.

»Ich sehe nichts«, sagte sie. »Wie spät ist es?«

»Es ist noch früh«, entgegnete ich. »Aber wir haben heute etwas Schönes vor. Hoch mit dir.«

Ich schlug den Schlafsack zurück und zog mich an. Dann griff ich nach dem Kleiderstapel, den ich am Vorabend für meine Mutter zurechtgelegt hatte.

»Hier, Mom«, sagte ich in liebevollem Ton. »Hoch, hoch, hoch mit dir.«

Inzwischen hatte sie angefangen, sich aus ihrem Schlafsack zu schälen.

»Ohhhh. Ist das kalt«, jammerte sie.

»Zieh das rasch an.« Ich reichte ihr die wärmsten Sachen, die wir eingepackt hatten. »Ich mache alles fertig.«

Ich setzte die Stirnlampe auf, schlüpfte aus dem Zelt und ging zum Auto. Aus dem Kofferraum holte ich den Campingkocher, brühte schnell eine Tasse Kaffee auf und schmierte ein paar Erdnussbutter-Marmelade-Sandwiches. Frühstück für unterwegs.

Als ich zum Zelt sah, kroch meine Mutter gerade heraus.

»Da sind deine Schuhe.« Ich deutete auf die Laufschuhe, die ich direkt vor die Zeltklappe gestellt hatte.

»Es ist noch ganz schön dunkel«, bemerkte sie, als sie ihre Schnürsenkel band. »Bist du sicher, dass es schon Morgen ist?«

»Ganz sicher«, bestätigte ich. »Wir sind so früh aufgestanden, weil wir heute mit dem Floß fahren. Wir unternehmen eine kleine Floßfahrt auf dem Fluss.«

»Oh«, sagte sie. »Kommt Brian auch mit?«

»Nein, Dad ist nicht hier. Nur du und ich.«

»Wer …« Sie überlegte. »Wer ist bei den Kindern?«

Mit zusammengekniffenen Augen sah sie sich auf dem Campingplatz um, eine Mischung aus Alzheimer-Verwirrung darüber, wo sie sich befand, und Schlaftrunkenheit.

Ich gab ihr die Sandwiches.

»Kannst du die nehmen?«, bat ich. »Wir essen sie im Auto.«

»Wer ist bei den Kindern?«, beharrte sie, nun etwas wacher.

»Dad.« Ich winkte sie zum Auto. »Dad ist bei den Kindern. Los geht's.«

»Wir lassen einfach alles hier?«, fragte sie.

»Ja. Wir kommen später zurück und packen zusammen.«

»Ab…«

»Mom. Wir kommen zurück«, schnitt ich ihr das Wort ab. »Schnall dich bitte an.«

Wir fuhren in Richtung Süden. Die Sonne war zwar schon aufgegangen, aber noch nicht über die Berggipfel gestiegen. Das Tageslicht breitete sich aus wie eine Leinentischdecke, die sanft in der Luft schwebt, ehe sie sich auf den Tisch legt. Außer uns war meilenweit nichts zu sehen.

Schweigend aßen wir unsere Sandwiches. Ich schlürfte meinen Kaffee, und als der Becher leer war, wünschte ich, er würde sich von selbst wieder füllen. Es dauerte nicht lange, bis die Sonne zwischen den Gipfeln hervorlugte und die Bergflanken westlich von uns beschien. Etwa eine halbe Stunde später fuhren wir auf einen großen Kiesparkplatz am Südeingang des Nationalparks.

Die Floßfahrt sollte auf dem Snake River stattfinden, dem größten Nebenfluss des Columbia River. Er entspringt im Westen von Wyoming und beschreibt dann eine u-förmige Schleife durch die Ebene im südlichen Idaho.

Wir warteten auf dem Parkplatz, während sich unser kleines Grüppchen versammelte. Alle waren schweigsam und hüpften auf und ab, um sich aufzuwärmen. Ich blickte auf meine Füße und dann auf die Füße meiner Mutter. Merkwürdigerweise standen wir beide still.

Seit wann stehen wir denn still?, fragte ich mich.

Wenig später erschien ein Guide. Er begrüßte uns und erläuterte, wie der Morgen ablaufen würde. Wir sollten Rettungswesten anziehen, in das für zehn bis zwölf Personen ausgelegte Floß steigen und dann entspannt die Fahrt genießen.

»Wir schippern nur gemächlich dahin«, meinte er, ehe er erklärte, wo er sitzen würde und dass er für die Paddel zuständig war. Nach der Fahrt würde man uns alle wieder zu unserem Ausgangspunkt zurückbringen.

»Wenn ihr mich fragt, habt ihr euch die beste Tour ausgesucht«, sagte der Guide. »Bei Tagesanbruch sieht man draußen auf dem Fluss mehr Wildtiere als zu jeder anderen Tageszeit.«

Die zweistündige Fahrt startete an einem Ort namens Deadman's Bar. Wir bestiegen das Boot und legten ab, sanft fortgetragen von der Strömung. Der Fluss war von Pappel- und Fichtenwäldern gesäumt, und auf dem Hochufer erstreckten sich Beifuß-Steppen. Ich kuschelte mich an meine Mutter und legte den Arm um ihre Schulter.

»Ist dir warm genug?«, fragte ich.

Als sie nicht antwortete, sah ich ihr in die Augen. Sie hatten einen weichen, entrückten Ausdruck. Mom war bereits in die Betrachtung des Wassers versunken.

Den ganzen Morgen über umschiffte das Boot gemächlich Sand- und Schlammbänke. Wohin wir auch blickten, erspähten wir Vögel – hoch über uns kreisten Habichte und große Falken; Kanadareiher und weiße Trompeterschwäne wateten ins Wasser und schwammen auf dem Fluss. Und kleinere Vögel, unterschiedliche Schwalben- und Wasseramselarten, flatterten zwischen dem Wasser und dem Flussufer umher, ehe sie sich im langen, sumpfigen Schilf niederließen. Wir sahen auch Spuren von Bibern, aber es ließ sich keiner von ihnen blicken. Dafür streiften Wapitis, Hirsche, Gabelböcke und Elche im Schutz der Büsche am Ufer entlang.

Unser Guide lieferte uns viele interessante Fakten und Zahlen über diese Gegend, wie es auch die Rangerin im Grand Teton gemacht hatte. Aber ich war nicht so recht bei der Sache, denn ich wurde überflutet von Erinnerungen, von den Wörtern einer Sprache, die ich einmal gekonnt, aber inzwischen verlernt hatte.

Diese Sprache erklang überall um uns herum. Die Flügel der Vögel, der Wind, der Fluss erzählten ihre Geschichten. Der Herzschlag der durch das Gebüsch streifenden Tiere und der Duft, der in der warmen Morgensonne von den Kiefern aufstieg, schienen etwas zu flüstern. Dieser wortlosen Beredtheit entströmte Weisheit. Die Weisheit entsprang nicht den Fakten oder Statistiken zu dieser Region, sondern den Lücken dazwischen. Sie kam aus den Zwischenräumen. Aus den ungesagten Dingen, die ich mein gesamtes Leben lang zu ergründen versucht hatte.

Ich sah meiner Mutter dabei zu, wie sie mit ihrem Körper dieses Wissen aufsaugte, und bemühte mich nach Kräften, es ihr gleichzutun. Verschiedene Arten von Geschichten wanderten durch die Luft, durch das Wasser, durch ein unterirdisches Wurzelnetz, und wir versuchten, sie mit unserem Körper zu übersetzen. Ließen die ganze Intelligenz der Natur in uns hineinströmen, mit unserem menschlichen Wesen verschmelzen.

»Das Ziel ist es, den eigenen Herzschlag dem Rhythmus des Universums, das eigene Wesen dem der Natur anzugleichen«, schrieb Joseph Campbell.

Es war ein Erinnern, ein Ausschalten der Kognition, damit unsere Sinne mit Wissen überflutet werden konnten. Es war ein Vergessen des eigenen Intellekts, um tiefer in die Schichten und Nuancen unseres eigentlichen Wesens eintauchen zu können. Es war ein Hervorholen uralten Wissens.

In dieser Sprache hatten meine Mutter und ich seit jeher kommuniziert. Es ist die Sprache unserer wahren Zugehörigkeit, unserer ersten Hungerschreie, ein Brüllen aus unserem

Innern, noch bevor die Worte kamen. Es ist die Sprache unseres unstillbaren Durstes, der Schmerz unseres Kummers und unserer Liebe.

Ich habe einmal gehört, wie die Dichterin Marilyn Nelson über die Bedeutung von Geschichten sprach. »Wenn wir unsere Geschichten auslöschen, löschen wir damit unsere Existenz aus«, sagte sie.

Während wir auf dem Snake River dahinglitten, dachte ich an die wortlose Sprache, die stummen Diskurse in einer Sprache der Zeichen, Symbole und Empfindungen. Der Muster, Strukturen und Vibrationen. Es ist die Sprache des Loslassens; in ihr verschlüsselt liegt ein stilles Vokabular des Vertrauens. Es ist die Weisheit des Wassers.

Frauen sind die Bewahrerinnen dieser Sprache – wir wurden so lange von der traditionellen Wissensvermittlung, von Schulen und Büchern und Wissenschaft ausgeschlossen, dass wir andere Wege finden mussten, um die Welt um uns herum zu verstehen. Wir nutzten unsere Sinne, um Informationen zu erlangen, und übersetzten mit unserem Körper, was wir vorfanden. Wir entwickelten eine tief mit der Natur verwobene Spiritualität, weil uns die Religionen den Zutritt zu ihrem Allerheiligsten verwehrten. Wir entwickelten ein körperliches Wissen. Diese Sprache ist unsere Muttersprache.

Inmitten ihres Vergessens lehrte mich meine Mutter, mich wieder an diese Sprache zu erinnern und mit ihrer Hilfe jenes Selbst wiederzuerkennen, das ich so lange ignoriert hatte. Meine Mutter lehrte mich, nicht zu ihr, sondern zu mir selbst zurückzukehren, um zu der Frau zu werden, die ich werden kann.

Ich sah meinen Weg in die Zukunft. Ich musste einzig und allein darauf vertrauen, dass etwas in mir wusste, wie es weitergehen würde. Ich musste daran glauben, dass mein Körper genug Weisheit besaß, mich zu leiten, wenn mein Verstand mit seinem Latein am Ende war. Und ich musste darauf vertrauen, dass ausgerechnet dies mein Geburtsrecht war.

Das Erbe, das mir meine Mutter mitgab, war nicht ihre Geschichte, sondern die Fähigkeit, mich in meine hineinzufühlen. Das war weibliches Wissen. Das war mein Körper, der verstand, dass ich nichts mehr zu lernen, sondern mich nur an alles zu erinnern brauchte.

Ich sah hinüber zu meiner Mutter. Wir lächelten einander an. Sie sagte nichts, und ich auch nicht. Worte reichten nicht für diesen Anlass, es war ein tiefes inneres Verstehen. Und so ließen wir das Wasser übernehmen, gaben uns dem Gefühl hin, dass es uns von einem Ort zu einem anderen trug. Wir vertrauten darauf, dass es tun würde, was es immer getan hatte.

Ich löste uns los von unserer Geschichte, und meine Mutter und ich trieben auf einen Fluss aus losen Fäden. Ein Übergang. Eine Umformung. Eine Umwandlung. Im Hintergrund hörten wir den Guide reden. Er erzählte gerade vom Kreislauf des Wassers im Grand Teton, und meine Mutter und ich … wir spürten, wie es in uns pulsierte.

Verdunstung. Kondensation. Niederschlag. Abfluss. Versickerung.

Schock. Leugnen. Wut. Verhandeln. Einsamkeit. Akzeptanz.

Leben. Tod. Leben.

Tropfen für Tropfen wurde der Regen zum Ozean.

Jetzt verstehe ich, warum meine Mutter so gern aufs Wasser schaut. Es ist der Zauber der Verwandlung. Es ist das wortlose Fließen des Weiblichen, die Beherrschung unzähliger weiterer Sprachen, die uns zur Verfügung stehen, jener Sprachen, die durch unser Knochenmark strömen wie Musik durch ein Bambusrohr. Es ist die Aufregung, wenn man Zeuge wird, wie sich etwas kaum Existierendes in etwas Quicklebendiges verwandelt. Es ist das Zuschauen, wie das Wasser aus seiner Quelle hervorbricht. Es ist der Spiegel, der von einer großen Mutter, einer Urmutter, hochgehalten wird und in dem wir sehen, wer wir als Frauen sind.

Nach der Floßtour fuhren meine Mutter und ich zurück zum Campingplatz, packten unsere Sachen und machten uns auf den Weg nach Norden. Wir hatten den Nachmittag und den frühen Abend, um noch ein bisschen die Gegend zu erkunden, bevor wir am nächsten Morgen in Bozeman einen frühen Flug nehmen würden. Das war der letzte Abschnitt unserer Reise, der letzte Bogen, den wir beschreiben würden, ehe wir zurück zu dem Ort fuhren, an dem alles begann.

Kaum waren wir auf der Straße, wandte sich meine Mutter an mich. Ihr Blick wirkte leicht panisch.

»Wie spät ist es?«, fragte sie. »Ich glaube … herrje – ich muss nach Hause zu den Kindern!«

Ich versicherte ihr, Dad sei zu Hause bei den Kindern.

»Wirklich?«, fragte sie. »Sind sie alle dort?«

»Die Großen sind in der Schule«, log ich. »Und die Kleinen schlafen wahrscheinlich. Aber Dad ist bei ihnen.«

Meine Mutter seufzte.

»Oh, gut«, sagte sie. »Ich war einen Moment lang beunruhigt.«

Meine Mutter hat viele Dinge vergessen, darunter auch die Tatsache, dass ihre Kinder erwachsen sind. Bereits kurz nach der Diagnose und in den darauffolgenden Jahren galt ihre größte Sorge stets den Kindern.

»Wo sind die Kinder?«, fragte sie oft ganz aufgelöst. »Wer ist bei den Kindern?«

Oder sie sah auf die Uhr und sagte: »Ach du liebe Zeit. Ich muss nach Hause zu den Kindern.«

Diese eine Sache hat meine Mutter nie vergessen, bis heute nicht. Diese Tatsache ist noch nicht aus ihrem Gehirn gelöscht. Sie mag nicht wissen, dass sie meine Mutter ist, aber sie weiß ohne den Hauch eines Zweifels, dass sie Mutter ist. Inmitten ihres Vergessens erinnert sich ein Teil von ihr daran. Vielleicht gehörte das zu ihrem Vertrag, zu dem Kleingedruckten, das das Universum, ihre Mutter und kleine Stücke ihrer Seele aushandelten, bevor sie beschlossen, sie meinen Vorfahren in die Arme zu legen.

Meine Mutter besteht aus uneingeschränkter Liebe; dies ist der rote Faden, der sich durch sie hindurch und über sie hinaus zieht.

19
Der Weg zur Erinnerung

Das Vergessen ist die Achillesferse unseres Bewusstseins. Wir vergessen, wofür wir stehen. Wir vergessen, gute Beziehungen zu den Menschen um uns herum zu unterhalten.
BARRY LOPEZ

Die direkte Route zurück nach Bozeman führte uns erneut durch den Yellowstone-Nationalpark. Ich war froh darüber, denn bei der ersten Durchreise waren uns einige Sehenswürdigkeiten entgangen, nämlich der Geysir Old Faithful und die Thermalquelle Grand Prismatic Spring.

Mein Plan sah vor, einen Abstecher zu diesen beiden Naturwundern im südwestlichen Teil des Nationalparks zu machen, ehe wir zu einem frühen Abendessen in die Stadt fahren würden. Noch am Vormittag erreichten wir den Südeingang und bogen auf einen Parkplatz ein, auf dem es von Menschen wimmelte. Wir mussten eine Weile kreisen, ehe wir eine Parklücke hinter dem Besucherzentrum fanden. Danach folgten wir einfach der Menge – einem Schwarm von Menschen, die auf die Bohlenwege strömten.

Der Old Faithful ist zwar nicht der größte Geysir der Welt – es gibt höhere und gewaltigere Fontänen –, aber er bricht am regelmäßigsten aus, daher auch der Name »faithful«, getreu. Seit der Gründung des Yellowstone-Nationalparks 1872 hatte er über eine Million Eruptionen. Heute bricht er etwa 20 Mal pro Tag aus. Annähernd drei Millionen Menschen fahren jedes Jahr auf diesen Parkplatz und laufen hinaus auf die Aussichtsplattform, um sich ein paar Minuten lang anzusehen, wie der Old Faithful riesige Wasserfontänen senkrecht in die Luft schießt. An jenem Tag zählten meine Mutter und ich ebenfalls zu den staunenden Bewunderern dieses Wasservulkans, dieses landgebundenen Wals.

»Was ist hier los?«, fragte meine Mutter, als wir uns der Aussichtsplattform näherten, auf der sich die Menschen drängten.

Im Hintergrund sah ich den Geysir dampfen.

»Schau, Mom«, sagte ich, während ich über die Menge hinweg zu dem großen Erdhügel deutete. »Siehst du den Dampf?«

Meine Mutter nickte.

»Ich glaube, er bricht gleich aus«, kündigte ich an.

Meine Mutter warf mir einen Blick zu.

»Wollen wir da dabei sein?!«, fragte sie.

Ich lachte.

»Ja«, entgegnete ich. »Wollen wir. Hier kann uns nichts passieren. Hast du eine gute Sicht?«

Wieder nickte sie.

Wenige Sekunden später brach der Old Faithful aus, begleitet vom Klicken der Kameras und vielstimmigen »Oohs« und »Aahs«.

Kaum war das Schauspiel vorüber, strömten die Menschen zurück zu ihren Autos und fuhren davon. Wieder ein Punkt auf der Liste abgehakt.

Ich sah zu, wie sich die Menge zerstreute. Die Menschen liefen herum wie emsige Ameisen. Warum hatten sie es nur so eilig?

Ich schämte mich ein wenig für dieses Verhalten. Ist das unser Umgang mit der Natur? Brauchen wir nicht mehr zu tun, als auf einen überfüllten Parkplatz zu fahren, über asphaltierte Wege zu rennen, um, hmmm, ungefähr zwei Minuten lang eine Dampferuption zu beobachten und anschließend zurück zum Auto zu hetzen? Ist das alles, was wir für die Natur an Zeit erübrigen? Sie hat ganze zwei Minuten, um uns mit dem Besten, was sie zu bieten hat, zu beeindrucken, danach sind wir auch schon wieder weg – ein Publikum, das noch etwas Wichtigeres besichtigen, weitere Häkchen auf der Liste machen muss. Wir verbringen mehr Zeit im Souvenirshop beim Aussuchen von T-Shirts und Kühlschrankmagneten.

Ich hatte das Gefühl, dass wir Mutter Natur betrügen, uns selbst betrügen. Als würden wir ihre Schönheit, ihre Großartigkeit gar nicht richtig wahrnehmen. Wir widmeten uns ihr nicht so wie sie sich uns.

Aber welches Recht hatte ich, so zu reden? Hatte ich nicht genau das Gleiche mit meiner Mutter gemacht? Und mit der Natur? Die Antwort lautete: Ja. Meine Mutter hatte eine Delle an ihrem rechten Daumen und ihrem rechten Zeigefinger, dort, wo sie die Buntstifte gehalten hatte. Ich hatte eine Delle an meinem rechten Mittel- und Zeigefinger, dort, wo sich der Pfeilschaft eingegraben hatte. Ein Beweis, wie viele Male ich meine Pfeile abgeschossen hatte.

Der Parkplatz leerte sich, und ich sagte zu meiner Mutter, ich müsse auf die Toilette.

»Musst du auch?«, fragte ich sie.

Sie verneinte.

Es waren nicht viele Leute in der Nähe, und sie konnte hier auch nirgendwo umherlaufen, daher ließ ich sie auf einer der Bänke im Aussichtsbereich, wo sie auf mich warten sollte, und eilte in die Cafeteria.

Als ich wenige Minuten später zurückkehrte, saß sie immer noch dort. Ich betrachtete sie eine Weile aus der Ferne. Sie trug ihre rote Sweatjacke, die schwarze Handtasche dicht neben sich auf der Bank. Ihre Haltung war aufrecht, aber entspannt, beide Füße standen flach auf dem Boden. Sie saß einfach nur da und blickte auf den Geysir. Inzwischen war außer ihr niemand mehr hier. Es gab nur noch meine Mutter und den berechenbarsten Geysir der Welt.

Und wieder war es fast so, als könnte ich hören, wie der Geysir mit meiner Mutter kommunizierte, wie er eine Lektion in den Wind flüsterte. Während ich reglos dastand, spürte ich, wie sich still und leise eine ganze Welt auftat. Ich glaubte Wörter in der Thermik segeln zu sehen – eine Art Dialog über Inaktivität und Ausbruch, über das, was wir tragen und was wir abwerfen müssen, über die Stürme in uns, die in den Himmel gehören. Ich sah zu, wie meine Mutter all das in sich aufsaugte, wie uralte Weisheit aus der Mitte des Felsens schoss.

An jenem Tag habe ich viele Fotos gemacht, aber die von meiner Mutter allein mit Old Faithful haben etwas Numinoses. Sie war die Einzige von Hunderten, wenn nicht Tausenden, die etwas länger blieb, der es um mehr ging als nur Show. Meine Mutter saß auf einer Kirchenbank vor dem Altar von allem und nichts zugleich.

Schließlich setzte ich mich neben sie.

»Schön, nicht wahr?«, sagte ich und hakte mich bei ihr ein.

Sie sah mich weder an, noch antwortete sie.

»Können wir hier zu Mittag essen?«, fragte sie dann.

»Na klar«, entgegnete ich. »Wie wär's, wenn ich ein paar Sachen aus dem Auto hole? Wir machen ein Picknick.«

Meine Mutter nickte, den Blick unverwandt auf Old Faithful gerichtet.

Nach dem Essen sprangen wir wieder ins Auto und fuhren zur Grand Prismatic Spring. Keine der Attraktionen im Yellowstone-Nationalpark mutet so überirdisch an wie diese riesige Thermalquelle.

Wir steuerten einen weiteren überfüllten Parkplatz an und

folgten erneut der Menschenmenge. Ich nahm meine Mutter an der Hand und führte sie zum Anfang eines langen, gewundenen Bohlenwegs. Auf den ersten Metern war nichts Besonderes zu sehen, aber plötzlich wurden wir von einer Dampfwolke eingehüllt.

»Hier«, sagte ich zu meiner Mutter und griff nach ihrer Sonnenbrille. »Die stecken wir lieber in deine Tasche.«

Von dem Dampf um uns herum waren ihre Brillengläser fast vollständig beschlagen.

»So ist es besser!«, sagte sie, als ich die Brille in das Etui in ihrer Tasche steckte. »Ich konnte ja gar nichts mehr sehen.«

»Hey, Mom«, fügte ich hinzu. »Solange wir hier sind, solltest du deine Tasche lieber richtig umhängen. Es wäre doch schrecklich, wenn sie ins Wasser fiele.«

»Was für ein Wasser?«, fragte sie, während ich ihr dabei half, den Schulterriemen über den Kopf zu ziehen.

Ich nahm wieder ihre Hand und führte sie ein Stück weiter den Bohlenweg entlang. Nach ein paar Metern sahen wir rechts von uns zwei kleine Teiche. Wir stellten uns an den Rand des Wegs und ließen die anderen Leute passieren, während wir den Anblick der Teiche in uns aufnahmen. Beide waren am Rand von einem kräftigen Rostbraun, doch während das Wasser des einen strahlend blau leuchtete, wirkte es bei dem anderen milchig grün. Die Beschilderung verriet uns, dass es sich um Turquoise Pool und Opal Pool handelte.

Meine Mutter wandte sich zu mir und zog eine Grimasse.

»Sie sehen aus wie Augen«, sagte sie, während sie den Kopf schief legte und, um die komische Wirkung zu verstärken, ein paarmal langsam zwinkerte.

Ich lachte.

»Der eine hat deine Augenfarbe und der andere die von Oma«, sagte ich.

Sie legte den Kopf auf die andere Seite und zwinkerte noch einmal.

»Hast recht!«, entgegnete sie verschmitzt.

Ich legte ihr den Arm um die Schulter und drückte sie.

»Schauen wir uns mal den großen an.« Wir reihten uns wieder in die Schlange ein und trotteten weiter.

Nach wenigen Minuten waren wir da. Vor uns lag das spektakulärste Naturschauspiel, das ich jemals gesehen hatte. Eine faszinierende Farbenpracht, flüssige Glut in Technicolor. Ein simmerndes, schimmerndes Horusauge auf dem Antlitz der Erde.

Meine Mutter schnappte nach Luft. Das Bild vor uns strahlte etwas Übernatürliches aus. Alles, was die Natur ausmacht, in satten, intensiven Farben, ein Glanzstück der Schöpfung. Es fühlte sich an, als würden wir am Rand eines verrosteten Kelchs stehen und könnten hineinschauen und etwas erspähen – vielleicht die Antwort auf alles.

Eine Freundin von mir ist kürzlich von einer Europareise zurückgekehrt. Sie erzählte, sie habe verfallene Ruinen besichtigt und sich Architektur aus der Gotik, der Renaissance, dem Barock und anderen Stilepochen angesehen. Ehrfürchtig beschrieb sie die Bauten, ehe sie feststellte: »Es ist so seltsam, dass wir das hier nicht haben.«

»Was meinst du damit?«, fragte ich.

»Ich meine, warum haben die Ureinwohner nicht solche Sachen gebaut?«

Von da an drehte sich unsere Unterhaltung um das Göttliche – darum, ob vergängliche Dinge weniger göttlich waren als dauerhafte. Es ging um den spirituellen Unterschied zwischen Reichtum und Anhäufung auf der einen und dem Prinzip der Gegenseitigkeit und Bewahrung auf der anderen Seite, es ging um Besitztum versus Verwandtschaft mit dem Universum.

Wir kamen zu keinem bestimmten Ergebnis, waren uns jedoch einig, dass man wohl nicht das Bedürfnis verspürte, eine Abtei zu bauen, wenn man heilige Stätten wie den Yellowstone-, den Yosemite- und den Sequoia-Nationalpark hatte.

Versetzen wir uns doch einmal in die Zeit vor ein paar Hundert Jahren. Stellen wir uns vor, wir wandern durch die Gegend und stolpern über etwas wie die Grand Prismatic Spring. Wir überqueren die Prärie und sehen irgendwo am Horizont Dampf. Wir gehen näher heran, spüren die Hitze. Wir sehen die Quelle zum ersten Mal, ohne Bohlenwege oder Schilder, die erklären, was das ist und wie es entstand.

Ich würde mal schätzen, dass wir einfach nur dastehen und versuchen würden, diesen unglaublichen Anblick in uns aufzunehmen – diesen unwirklichen Erdregenbogen vor unseren Augen. Wir würden versuchen, seine überwältigende Schönheit nicht nur mit dem Verstand, sondern mit dem ganzen Selbst zu begreifen. Wir wären wie gebannt und würden etwas murmeln wie: »Unsere Mutter hier auf Erden, geheiligt sei dein Name.« Benommen würden wir nach Hause gehen und uns fragen, wie wir unsere Familie davon überzeugen können, dass wir gerade einen Beweis für die Existenz Gottes gesehen haben, eine Manifestation Gottes hier auf Erden. Wir würden uns überlegen, wie wir ihnen begreiflich machen können, dass sich irgendwo da draußen etwas in uns eingebrannt, sich ohne Worte in unsere Seele eingeprägt hat.

Große Teile des Yellowstone-Nationalparks, darunter auch die Grand Prismatic Spring, waren und sind heilige Stätten für die Stämme der Native Americans. Das haben wir vergessen. Wir haben ihnen ihren Felsendom, ihre Klagemauer, ihre Grabeskirche und ihren Petersdom weggenommen und für uns beansprucht. Uns ist nicht mehr bewusst, dass wir auf heiligem Boden wandeln, dass wir vor einer engen Pforte stehen, einem farbenprächtigen Abgrund, der den Raum zwischen Himmel und Erde markiert.

Wie kann man etwas wie die Grand Prismatic Spring für sich beanspruchen? Es zu seinem Eigentum erklären, wo es doch ganz eindeutig immer nur sich selbst gehört hat?

Und so gingen mir meine Gedanken bei unserem Aufenthalt auf Blackfeet-Land durch den Kopf:

Das machen wir mit dem Land. Und das machen wir auch mit den Menschen.

Wie kommen wir darauf, dass unsere Mutter uns ihr gesamtes Selbst schuldig ist? Woher nehmen wir die Überzeugung, dass das alles uns gehört?

Wir denken, wir sind größer als sie. Aber sie war zuerst hier. Und sie will doch nur wahrgenommen werden … und in Erinnerung bleiben.

Im Internet gibt es ein GIF, ein Zeitraffer-Video, das den Zuschauer auf eine Reise durch die Geschichte der indianischen Gebietsabtretungen in den Vereinigten Staaten führt. Die Bilder laufen von 1784 bis heute und zeigen ein Schrumpfen bis zum fast völligen Verschwinden. Sie zeigen eine Flut, die über das Land strömt und immer mehr davon mitnimmt.

Von der Abholzung in den Vereinigten Staaten ließe sich ein ganz ähnliches Video anfertigen. Oder davon, wie die Lebensräume von Vögeln und damit die Vögel selbst etwa im selben Zeitraum immer mehr dezimiert wurden.

Während meine Mutter und ich vor diesen heißen Quellen standen, Schwefelgeruch in der Luft, fiel mir noch etwas ein, was sich zu einem erschreckend ähnlichen Video verarbeiten ließe: Die Gehirnscans meiner Mutter oder die Scans der 1300 Menschen, bei denen in der Zeit, die wir für die Rückreise nach Vancouver brauchen würden, Alzheimer diagnostiziert wurde.

Dieses letzte Video könnte »GIF des Vergessens« genannt werden. Sie könnten alle »GIF des Vergessens« genannt werden.

Und da vernahm ich erneut diese Stimme, wenn auch nur undeutlich, doch ich stand ganz still und reglos, der Dampf der Quelle waberte in mein Gesicht, Nebel legte sich auf meine Handrücken und benetzte die Härchen auf meinen Armen, und da hörte ich es, ganz bestimmt.

Du befindest dich mitten in einem Massenvergessen des Essenziellen, wisperte die Stimme wie eine Espe, wie eine Schlange, wie die Flügel eines Schwarzkinnkolibris. *Du vergisst dich selbst und damit mich.*

Ich griff nach der Hand meiner Mutter.

Haben wir das getan?, dachte ich bei mir. *Ist es wirklich so?*

Ich ließ den Blick über die Menschen schweifen. Ich sah, wie sie vorwärtstrotteten und dabei auf ihre Smartphones starrten. Ich sah andere, die für ein Foto posierten und ihre Frisur richteten. Ich hörte Kameras klicken. Der Mülleimer quoll über vor Styroporbehältern und Plastikflaschen. Ich sah, wie ein kleines Kind ein Spielzeug über den Rand des Bohlenwegs fallen ließ. Die Eltern merkten es nicht. Wo waren die Eltern?

»Kann ich zurück ins Auto?«, quengelte ein Teenager. »Ich will einen Film schauen.«

Es heißt oft, unsere komplexe Sprache kombiniert mit unserer einzigartigen Fähigkeit zur Kommunikation mache uns Menschen aus. Ich stimme zwar zu, dass wir auf diesem Gebiet außergewöhnlich gut sind, aber in meinen Augen beherrschen wir etwas anderes noch viel besser – ich glaube, wir Menschen sind Meister des Vergessens. Wenn man bedenkt, wie überlegen wir im Hinblick auf unsere geistige Kapazität sind, erstaunt es mich, dass wir mit schöner Regelmäßigkeit vergessen. In der Natur gibt es so etwas nicht. Sie hat keine andere Wahl, als sich zu erinnern – sich voll und ganz zu kennen und auszudrücken, durch und durch sie selbst zu sein.

Nur wir Menschen können etwas sein, was wir eigentlich nicht sind. Wir können verlernen, wer wir sind. Wir können vergessen. Wir können uns von uns selbst entfernen, wenn wir wollen, für immer.

Ja, wir haben uns selbst aus den Augen verloren. Ja, wir glauben, wir sind größer als die Natur. Ja, wir sind dabei zu vergessen, wer und was wir sind.

Bei dieser Vorstellung bebe ich innerlich. Bei dem Gedanken, dass es nicht nur um meine Mutter und mich geht, sondern um uns alle. Dass wir vielleicht an dem größten Massenvergessen der Menschheitsgeschichte beteiligt sind, einem kollektiven Auslöschen der Erinnerung, einem Aushöhlen unserer Essenz, das so gewaltig und zerstörerisch ist, dass es uns alle zu vernichten droht, nicht nur die Alzheimerkranken und ihre Familien.

Wir haben uns viel zu lang auf unser Gehirn verlassen, das nun unter der Last des Ganzen zusammenzubrechen scheint. Es kann nicht mehr halten, was es uns versprechen sollte – die Welt zu einem sicheren, geschützten und vertrauten Ort zu machen.

Was wird nötig sein, damit wir zu uns selbst zurückkehren können? Damit wir zurück ans Ufer eilen, die Hand voller Wassertropfen, Teile der Essenz, die wir von unseren Fingern geschnippt haben? Können wir uns überhaupt wieder ganz machen – also nicht unsere Persönlichkeit, unsere ach so wichtige Individualität zurückerlangen, sondern unsere Verwandtschaft und Verbundenheit, unser zutiefst menschliches Wesen?

Ich drückte die Hand meiner Mutter und blickte hinaus auf die Quellen.

»Es sieht aus, als wäre der Boden aufgerissen«, meinte sie. »Ich frage mich, ob jemand kommen und es wieder zunähen wird.«

»Vielleicht kannst du das ja machen«, schlug ich vor. »Früher hast du viel genäht.«

»Wirklich?« Sie suchte in ihrem Gehirn nach Bildern von Nadel und Faden, nach dem leisen Surren der Nähmaschine. »Daran kann ich mich nicht erinnern.«

»Du hast die Vorhänge im Arbeitszimmer genäht«, half ich ihr auf die Sprünge. »Und viele von unseren Kleidern. Besonders als Christina und Charlie noch klein waren.«

Sie stutzte. Etwas drang an die Oberfläche. Ihr kam eine Erinnerung.

»Und die Halloween-Kostüme«, fügte sie hinzu.

»Ja«, bestätigte ich. »Die Halloween-Kostüme. Zum Beispiel die Verkehrsampel. Ich glaube, die Verkehrsampel haben wir alle vier getragen.«

Ich weiß nicht, wie lange es dauern wird, bis wir nicht mehr auf das schauen, was wir für unser Eigentum halten – Menschen und Orte –, sondern all das Schöne entdecken, was hinter der nächsten Ecke wartet. Anscheinend gibt es in diesen unentdeckten Landstrichen einen wilden, friedlichen Ort, der von einer großen Verletzlichkeit durchdrungen ist, einer Verletzlichkeit, wie wir sie erst erlangen, wenn wir uns damit auseinandergesetzt haben, wer und was wir wirklich sind. An diesem Ort werden wir Zugehörigkeit finden. Und uns an unsere tiefsten Bindungen erinnern.

Vielleicht hatte meine Freundin Maia mit ihren Analogien ja recht. Vielleicht besitzen Kinder, die eine lange Zeit des Vergessens überstehen, ja die Heilkraft der Erinnerung.

»Das hoffe ich«, hörte ich eine Stimme dicht an meiner Haut flüstern.

Allmählich begann ich etwas zu erfassen, was ich nie voll und ganz verstehen würde. Die Tür zu meiner Weiblichkeit hatte sich geöffnet – eine Grotte des Vertrauens, ein Ort, wo tiefes Wissen und überbordende Neugier nebeneinander existieren wie Mutter und Tochter.

So bin ich zu meiner Mutter zurückgekehrt, habe die Schwelle zu den Tausend Meilen meiner Wildnis, meines ungezähmten Selbst erreicht.

20
Die Erde sei meine Zeugin

Unser Flug startete sehr früh am nächsten Morgen, daher wollte ich zeitiger als sonst essen, packen und ins Bett. Ich sah auf die Uhr am Armaturenbrett. Es war kurz nach vier, und wir waren nur wenige Minuten vom Zentrum Bozemans entfernt. Der perfekte Zeitpunkt für ein frühes Abendessen.

Wir bestellten beide einen Salat. Jeder davon war so riesig, dass er für eine vierköpfige Familie gereicht hätte. Nach ungefähr der Hälfte konnte ich nicht mehr. Meine Mutter neben mir aß dagegen die ganze Schüssel leer.

»Du hattest aber Hunger!«, bemerkte ich, als sie noch die letzten Reste mit der Gabel herauskratzte.

Sie lächelte mich an und legte die Gabel auf den Tisch.

»Lecker, lecker, lecker«, sagte sie.

Ich zahlte, und wir sprangen zurück ins Auto. Wir lagen noch gut in der Zeit, es war erst kurz nach fünf.

»Wohin jetzt?«, fragte meine Mutter.

»Ins Hotel«, antwortete ich. »Wir übernachten dort und fliegen morgen früh nach Hause. Der Flugplatz liegt ganz in der Nähe des Hotels.«

Sie schnallte sich an.

»Nach Hause?«, fragte sie. »Sind wir fertig? Fahren wir jetzt nach Hause?«

»Ja. Wir fahren morgen nach Hause.«

»Oh«, sagte sie ohne große Gefühlsregung. »Dann zelten wir nicht mehr?«

»Wir zelten nicht mehr«, erwiderte ich.

Den Rest der Fahrt schwiegen wir.

Am Hotel angekommen, luden wir unser Gepäck auf einen Kofferwagen und brachten alles auf unser Zimmer. Mom stellte ihre Handtasche auf den Sofatisch, half mir beim Abladen und sah dann auf die Uhr.

»Sechs Uhr«, verkündete sie. »Es ist wohl Zeit fürs Abendessen.«

Ich musste lachen. Ich war noch immer vollkommen satt von dem, was wir vor ungefähr einer Stunde verdrückt hatten.

»Mom«, sagte ich. »Wir haben schon gegessen.«

»Wirklich?«, fragte sie. »Wann denn? Es ist doch erst sechs.«

Ich schwieg.

»Mom?«, sagte ich langsam.

»Hmmm.«

»Hast du Hunger? Auf ein Abendessen?«

Sie schwieg ebenfalls. Ich konnte sehen, wie sie nachdachte. Wie es in ihr arbeitete. Ihr rechter Mundwinkel war leicht nach oben gezogen.

»Ich bin mir nicht sicher«, meinte sie dann. »Wann haben wir zuletzt etwas gegessen?«

»Darum geht es nicht, Mom. Ich will einfach nur wissen, ob du hungrig bist. Hast du Hunger?«

Wieder sah sie auf ihre Uhr, und ich ergriff ihre Hand. Ich sah ihr in die Augen.

»Hast du Hunger?«, fragte ich etwas nachdrücklicher.

»Ich weiß es nicht. Ich glaube schon«, antwortete sie.

Ich hatte nicht erwartet, dass meine Mutter sich daran erinnern würde, in welchem Restaurant wir gewesen waren. Und auch nicht, was wir bestellt hatten oder ob sie überhaupt etwas gegessen hatte. An den Verlust ihres kognitiven Gedächtnisses hatte ich mich gewöhnt, daran, dass sie nicht mehr wusste, was sie den Tag über gemacht hatte. Aber das hier war neu. Mit dem Verlust von Empfindungen, von Hinweisen, die ihr Körper ihr gab, betrat sie ein ganz neues Terrain.

Läuft es so?, dachte ich bei mir. *Sieht so das Fortschreiten der Krankheit aus?*

Ja. Das Gehirn meiner Mutter würde immer weiter Dinge verlieren – als wäre es ein Sieb, das unaufhörlich Teile von ihr durchrutschen ließ. Und jetzt spannte es auch noch ihren Körper dafür ein. In den folgenden Jahren würden Gehirn und Körper gemeinsam immer weiter sieben, sieben und sieben – und die Sprache, die ich eben erst lernte, nach und nach vollkommen auslöschen.

Ich setzte mich auf die Bettkante und brach in Tränen aus. Es kam mir vor, als hätte ich gerade dabei zugesehen, wie Alzheimer ein Filtertuch über das Herz meiner Mutter breitete, um langsam, aber sicher alles aus ihr herauszupressen, bis nur noch die Haut übrig war.

»Warum weinst du?«, fragte sie.

»Weil ich dich lieb habe, Mom«, sagte ich. »Ich weine, weil ich dich lieb habe.«

»Aber das ist doch kein Grund zum Weinen«, erwiderte sie verwirrt.

Ich lachte.

»Oh«, lachte sie mit und neckte: »Mein kleines Baby weint, weil es mich lieb hat.«

Es war das erste Mal auf dieser Reise, dass sie mich als eines ihrer Kinder ansprach – dass sie mich kannte, mich als ihre Tochter bezeichnete, als ihre Jüngste, ihr Baby.

Mein Lachen ging in ein noch heftigeres Schluchzen über. Sie kam zu mir herüber, setzte sich zaghaft neben mich und legte mir eine Hand auf das Knie.

»Sei nicht traurig«, sagte sie, während sie versuchte, meinen Blick aufzufangen.

Ich schaute auf und sah die Sorge in ihrem Gesicht – den liebevollen und doch betrübten Ausdruck ihrer Augen, die leicht gerunzelte Stirn, den zu einem stummen »ach, du« gerundeten Mund.

Es war eines der letzten Male, dass ich mich von meiner Mutter geliebt fühlte. Das letzte Mal, dass sie mich so ansah. Ihre Liebe trat immer am deutlichsten hervor, wenn sie mit Sorge vermischt war. Ich weiß noch, dass ich einen Sekundenbruchteil überlegte, wer ihren Job übernehmen, die Lücke füllen und mich lieben, sich um mich sorgen, mich bis zu irgendeiner Art von Ende begleiten würde.

Meine eigenen Worte lieferten mir die Antwort darauf.

»Alles gut, Mom«, versicherte ich ihr. »Es ist in Ordnung, traurig zu sein. Es ist in Ordnung, traurig zu sein«, wiederholte ich leise, nicht sicher, ob es an sie gerichtet oder eine Mahnung an mich selbst war.

Ich würde diesen Job übernehmen. Ich würde mich lieben. Ich würde mich zu irgendeiner Art von Ende begleiten. Das fühlte sich für mich wahr an, aber auch so, als würde etwas fehlen.

Meine Mutter nickte sanft und blickte dann auf ihre Uhr.

»Oooh«, sagte sie. »Es ist kurz nach sechs. Was essen wir zu Abend?«

Ich holte tief Luft, erklärte ihr, wir hätten schon gegessen, und fragte, ob sie mir beim Packen helfen wolle. Die nächste Stunde verbrachten wir damit, unsere diversen Taschen durchzusehen und auszusortieren, was wir nicht mit ins Flugzeug nehmen konnten. Um acht Uhr war alles erledigt, und wir gingen ins Bett.

Meine Mutter schlief sofort ein, aber ich blieb noch wach. Ungefähr eine Stunde lang starrte ich an die Decke und wünschte mir, es wäre das Fliegengitter und der Nylonstoff unseres Außenzelts, wünschte mir, das Surren der Klimaanlage wäre das Rascheln der Espenblätter im Wind. Ich war noch nicht bereit, die Wildnis hinter mir zu lassen. Die Wildnis außerhalb von mir und die Wildnis in mir, die riesige Weite, die sich vor mir ausdehnte und die ich gerade erst zu entdecken begann.

Meine Mutter lebte in der Wildnis, und mein ganzes Leben lang hatte sie mich wie ein leise zwitscherndes Rotkehlchen zu sich gerufen.

Ich hatte entsetzliche Angst vor diesem Ort, davor, dort hinzugehen, und davor, dort allein zurückgelassen zu werden. Das war der Grund, warum ich Mauern um mich baute und mich unentwegt beschäftigte. Warum ich die Welt um mich herum und in mir mit einer Kakofonie von Geräuschen füllte. Warum ich unbedingt wollte, dass meine Mutter redete und immer weiter redete – damit ich mich an diesem fantastischen, aber wilden Ort nicht so allein fühlte, in meinem mit wachen Sinnen gelebten Leben.

Ich bin bestimmt nicht die Einzige, die solche Ängste empfindet. Ich glaube, die meisten von uns haben Angst davor, sich in die Wildnis zu wagen; der Gedanke, einer heulenden Bestie zu begegnen, jagt uns kalte Schauer über den Rücken. Aber da irren wir uns, denn das eigentlich Erschreckende ist die Stille, das grenzenlose Unbekannte, die Vorstellung, dort im Schatten etwas zu finden, was uns nicht vertraut ist. Denn nur in einer solchen Art von Stille können wir die Wahrheit erkennen, können wir dahinterkommen, dass wir selbst die heulenden Bestien sind und die Natur nur ein Spiegel ist, eine Reflexion all der Dinge in uns, die zugleich stillschweigen und aufjaulen.

Als ich in jener Nacht so dalag, erschien mir die Wildnis gar nicht mehr so furchterregend. Ich wollte unbedingt dorthin, dorthin zurück. Meinem Gefühl nach hatte ich gerade erst angefangen, sie zu entdecken, und musste das Entdeckte erst noch besser kennenlernen und verstehen. Und ich erkannte, dass meine Mutter mich auf diesen Ort vorbereitet, mir alles mitgegeben hatte, was ich brauchte, um dort klarzukommen, um zu verstehen, dass die samtigen Schatten um mich herum nur eine Spiegelung waren. Alles, was ich tun musste, war, die Augen zu schließen und mich hindurchzufühlen. Alles, was ich tun musste, war, mich im Dunkeln selbst zu erkennen.

Am nächsten Morgen nahmen wir den Direktflug von Bozeman nach Vancouver. Im Flugzeug trank meine Mutter einen Cranberrysaft und malte die ersten Stunden lang aus, während ich neben ihr ein Buch las.

Etwa nach der Hälfte der Flugzeit drehte sie sich zu mir.

»Hallo«, grüßte sie mich fröhlich.

»Hallo«, grüßte ich zurück.

»Du warst eine gute Mama«, fuhr sie fort.

Ich starrte sie an und fragte mich, wohin das hier führen würde.

»Du hast dich gut um mich gekümmert«, sagte sie. »Ich bin jetzt deine Baby-Mama.«

Ich wusste nicht, was ich darauf erwidern sollte. Ich wollte keine Mama sein. Schon gar nicht die Mama meiner Mutter.

Ich nahm ihre Hand, drückte sie leicht und lächelte. Als ich sie ansah, kam mir eine Erinnerung – wie meine Mutter und ich vor ein paar Jahren mit meiner Großmutter an ihrem Esszimmertisch gesessen hatten.

Es war irgendwann in dem Jahr, bevor meine Großmutter ins Pflegeheim kam. Ihre Demenz war so weit fortgeschritten, dass sie Unterstützung beim Einkaufen, Waschen und dem Schreiben und Schicken von Geburtstagskarten brauchte. Meine Mutter und meine Tanten besuchten sie abwechselnd, halfen ihr bei verschiedenen Dingen, und einmal, als meine Mutter an der Reihe war hinzugehen, begleitete ich sie. An diesem Tag mussten Schecks ausgestellt werden, eine langwierige, ermüdende Angelegenheit. Meine Mutter wirkte nervös, was auf ein hohes Maß an Frustration schließen ließ.

Mehrfach fragte meine Großmutter, wer der Empfänger sei, was von meiner Mutter wieder und wieder beantwortet wurde. Meine Großmutter war unaufmerksam und musste noch einmal nachfragen. Ich sehe noch vor mir, wie meine Mutter den Drang unterdrücken musste, ihr das Scheckbuch aus der Hand zu reißen und das verdammte Ding selbst auszufüllen.

Irgendwann zwischendrin wandte sich meine Großmutter an mich – ihre grünen Augen wirkten weich wie flüssige Jade.

»Sie kümmert sich gut um mich«, sagte sie.

»Du kümmerst dich um mich, oder?«, fragte sie dann meine Mutter.

Moms Schultern sackten nach unten. Sie wollte nicht die Mama ihrer Mutter sein. Sie holte tief Luft.

»Ja, Mom«, bestätigte sie. »Ich kümmere mich gut um dich.«

Sie lächelten einander an. Die Hand meiner Großmutter lag auf ihrem rechten Oberschenkel, und ihre Finger zeichneten kleine Kreise auf den Stoff ihrer Hose.

»Also«, sagte meine Großmutter. »Für wen ist der noch mal?«

Als ich jetzt im Flugzeug meine Mutter ansah, fiel mein Blick auf ihre andere Hand, die, die ich nicht hielt. Sie lag auf dem Klapptisch, auf der Cocktailserviette, die ihr die Flugbegleiterin gegeben hatte. Meine Mutter machte kleine Kreise auf die Serviette.

Haben wir eine Karte gezeichnet, um wieder zueinander zu finden?, fragte ich mich. *Um wieder zu uns selbst zu finden?*

Kein Anfang. Kein Ende. Alles und jeder mit eingeschlossen.

»Du befindest dich hier«, würde darauf stehen. »In der Mitte von allem. In der Mitte von dir selbst.«

Mein Dad wartete im Abholbereich des Flughafens. Wir luden das Gepäck in den Kofferraum und umarmten und küssten uns kurz, ehe wir einstiegen und nach Hause fuhren. Nach einem schnellen Mittagsimbiss machten wir es uns auf den beigefarbenen Sofas im Wohnzimmer meiner Eltern gemütlich, wo die Nachmittagssonne durch die Fenster schien.

»Na dann ...«, begann Dad erwartungsvoll und drehte sich erst zu mir und dann zu Mom. »Was waren die Highlights?«

Ich blickte zu Mom. Ihr Gesicht war vollkommen leer. Ich sah, wie die Frage bei ihr ankam. Vielleicht war es weniger die Frage als die Tatsache, dass sie etwas darauf antworten sollte. Sie durchforstete ihr Gehirn. Nichts. Sie lächelte verlegen.

»Es war wundervoll«, sagte sie, während sie behutsam die Hände auf die Oberschenkel legte. »Ganz und gar wundervoll.«

Und damit war alles weg. Unsere gesamte Reise vollkommen ausradiert. Es war, als wäre nie etwas auf das Konto einbezahlt worden. Als würden auf einmal Seiten aus einer Zeitschrift fehlen.

Meine Mutter und ich waren insgesamt elf Tage unterwegs gewesen. Wir hatten mit dem Auto 3150 Kilometer zurückgelegt und dabei drei Bundesstaaten und drei atemberaubende Nationalparks durchquert. Wir hatten sieben Bären gesehen, oder elf, wenn man die in meinen Träumen mitzählt. Wir hatten auf fünf verschiedenen Campingplätzen übernachtet, zwei Flaschen Baileys vernichtet, und ich hatte langsam und mit Unterbrechungen das Loslassen gelernt, oder zumindest die ersten Schritte in diese Richtung unternommen. Ich ließ mich von meiner Mutter an der Hand nehmen und in die durchdringende Stille ihrer Wildnis führen, nur um zu erkennen, dass es dort lebendiger zuging als überall, wo ich jemals gewesen war.

Und nun konnte sich meine Mutter an keine einzige Sekunde davon mehr erinnern.

Und ich saß auf dem Sofa meines Elternhauses, überflutet von Erinnerungen, ersten Erkenntnissen, wie ich mich selbst finden konnte, und von Fragen danach, wer in der großen Finsternis meine Hand halten würde.

Es war eine Reise, an die meine Mutter sich nie mehr erinnern wird und die ich nie mehr vergessen werde.

Und was kommt jetzt?, fragte ich mich. *Was um alles in der Welt kommt jetzt?*

Ich hatte noch eine Nacht im Haus meiner Eltern, bevor ich nach Kalifornien zurückfliegen würde, und diese Frage kreiste wie ein Habicht in meinem Kopf. Es kam mir so vor, als wäre die Reise mit meiner Mutter nur eine Art Einführungsvorlesung gewesen – ich beherrschte jetzt die ersten zwei oder drei stummen Wörter im Lexikon des Universums, hatte aber keine Ahnung, wie es weitergehen und wer nun, da meine Mutter immer mehr verschwand, die Rolle meiner Lehrerin übernehmen würde.

Als ich mir an jenem Abend das Gesicht wusch, spürte ich, wie die Habichte in meinem Innern erneut aufstiegen. Nachdem ich mir das Gesicht abgetrocknet hatte, hielt ich das Handtuch in den nassen Händen und sah in den Spiegel, vielleicht in der Hoffnung, dass mir das Gesicht, das mir entgegenblickte, alle Antworten liefern würde. Ich beugte mich vor und musterte mich. Noch immer entdeckte ich nur minimale Ähnlichkeiten mit meiner Mutter. Daher beugte ich mich weiter vor, in dem verzweifelten Wunsch nach mehr, nach einem zusätzlichen Hinweis, den sie in mich hineingefaltet hatte. Aber ich konnte ihn nicht finden.

Enttäuscht ließ ich die Schultern hängen und trocknete mir die Hände ab. Als ich das Handtuch aufhängte, schien mir eine Stimme etwas zuzuflüstern.

»Kneif sie«, sagte sie. »Kneif die Haut auf deinem Handrücken zusammen.«

Ich lachte.

Klar. Was soll's, dachte ich bei mir und nahm ein bisschen von der Haut meiner linken Hand zwischen zwei Finger.

Ich zog sanft, ließ wieder los und beobachtete, wie die Haut mit mittlerer Geschwindigkeit zurücksank. Während ich das tat, wurde ich auf etwas aufmerksam – meine Hände, meine Fingernägel, die kleinen bogenförmigen Falten auf meinen Fingergelenken. Ich drehte die Hände um und betrachtete die weichen Kuppen an den Fingerspitzen und die Linien, die kreuz und quer über meine Handinnenflächen verlaufen.

Es war alles da. Alles, wonach ich gesucht hatte. Fingerabdrücke waren Gebirgszüge, kleine topografische Karten mit Wirbelmuster. Die tiefen Linien auf meinen Handinnenflächen waren Canyons und Schluchten und verzweigte Flussbetten. Die blauen, auf dem Handrücken schwach durch die Haut scheinenden Adern waren unterirdische Kanäle, schmale Aquifere, durch die das Grundwasser fließen konnte. Ich berührte die Innenseite meines Unterarms direkt unterhalb des Handgelenks – die Haut war weich, fast wie Seide, wie ganz feiner Schlick.

Mag sein, dass ich nicht wie meine Mutter aussehe, dachte ich bei mir. *Aber ich bin das Ebenbild von Mutter Natur.*

Und damit hatte ich meine neuen Lehrer. Ebbe und Flut und Sternschnuppen. Uralte Wälder und das Geräusch des Windes, der über Grasland weht. Berggipfel und Flussbetten. Stürme, die über Prärien fegen. Blitze, die das Meer spalten. Alles ergab Sinn – denn die einzige Mutter, die größer als meine Mutter ist, ist Mutter Natur.

In diesem Moment wusste ich, dass ich den Weg zurück finden musste – nicht zu der eben beendeten Reise, sondern zur Natur an sich, zu einem Leben in der Natur, zu einem Ort, an dem meine äußere Welt mit meiner neu entdeckten Innenwelt in Einklang kommen würde. An dem mein Leben nicht eine Reaktion auf meine Mutter, sondern ein gemeinsames Gestalten mit ihr sein würde. Die Erde sollte meine Zeugin sein, wenn ich an einen Ort ging, an dem die Grenzen zwischen mir und dem Göttlichen ineinanderliefen und verschwammen, einem Ort der Verbundenheit und der Versöhnung, an dem ich meinen Platz in meiner glorreichen Ahnenreihe finden würde.

Ich sah mich im Spiegel an und spürte, wie alles in mir zustimmend nickte.

Die Reise mit meiner Mutter war zu Ende und begann zugleich, und so ist es, genau genommen, im Kreislauf der Zeit immer schon gewesen.

Am nächsten Tag fuhr mich mein Vater zum Flughafen, von wo aus ich zurück nach Südkalifornien fliegen würde. Meine Mutter war nicht mitgekommen.

Kurz vor der Reise hatte der Arzt verschiedene Tests bei ihr durchgeführt, um sich ein Bild darüber zu verschaffen, wie weit ihre Krankheit fortgeschritten war. Ich war neugierig, ob die Ergebnisse inzwischen da waren, und falls ja, was herausgekommen war. Kurz nachdem wir zum Flughafen aufgebrochen waren, fragte ich.

»Sieht nicht so toll aus«, meinte mein Vater, den Blick auf die Straße gerichtet. »Aber ich hoffe, sie kann trotzdem bei dieser Studie mitmachen.«

»Ich dachte, dafür muss sie unter einer bestimmten Punktzahl liegen«, wandte ich ein. »Ist sie nicht schon weit drüber?«

Er sah mich kurz an und dann wieder auf die Straße. In seinen Augen lag ein Anflug von Verzweiflung.

»Steph«, sagte er betrübt. »Ich weiß einfach nicht, was ich tun soll. Ich ...« Er hielt inne und veränderte den Griff um das Lenkrad. »Ich hoffe wohl einfach auf ein Wunder.«

Anne Lamott schrieb: »Für Stoßgebete ist es ein bisschen zu spät. Jetzt ist es Zeit zu vertrauen und loszulassen.«

»Dad«, sagte ich. »Ich will dich ja nicht davon abhalten, auf ein Wunder zu hoffen, aber siehst du das nicht?«

»Was?«

»Wir haben schon eins erlebt«, entgegnete ich. »Wir haben schon Tausend Wunder erlebt.«

Er nahm meine Hand und drückte sie zweimal kurz – der Rhythmus eines Herzschlags. Den Rest der Fahrt verbrachten wir in Schweigen. Zwischen den beiden redseligsten Menschen der Familie wurde kein Wort gewechselt. Denn es gibt nichts Wilderes als die Stille. Meine Mutter hat mich diese Lektion gelehrt.

Meine Mutter ist ein Wunder. Sie ist Tausend Wunder. Sie fließt wie ein Fluss durch all unsere Adern.

Von all den Weisheiten, die ich in meinem Leben erlangt habe, werde ich mir folgende hoffentlich merken: Ich bin nichts ohne sie und alles mit ihr.

Epilog
Am Ufer

In den fünfeinhalb Jahren seit der Reise mit meiner Mutter habe ich jeden Juni von Bären geträumt. Immer in diesem Monat scheinen sich meine Mutter und der Himmel miteinander zu verbünden, Signale zu senden, einen interstellaren Morsecode an mein Unterbewusstsein. Der Juni 2020 war keine Ausnahme.

Diesmal kam der Traum Anfang des Monats, um den sechsten oder siebten Juni. Ich stieß darin auf einen großen Bären, der direkt vor dem Eingang eines Krankenhauses ausgestreckt auf dem Pflaster lag.

Der Bär fing an zu keuchen, und ich sah seine Zunge und sein Zahnfleisch – hellrosa, fast weiß. Er war erschöpft. Dehydriert. Kaum noch am Leben.

Als ich näher heranging, blickte mich der Bär an, ohne den Kopf zu heben. Seine Augen flehten mich an. Er konnte weder gehen noch kriechen, sich keinen einzigen Schritt mehr vorwärtsschleppen, doch mir war klar, dass er versuchte, das Krankenhaus zu erreichen. Er brauchte dringend Hilfe, auch wenn er es nicht aussprechen konnte. Ich sah mich nach einem Sanitäter um, und auf einmal tauchte ein großer, blau gekleideter Mann auf. Zusammen trugen wir den Bären hinein. Der Bär wurde auf eine Trage gelegt und fortgebracht. Sein

Zustand war kritisch. Ich blieb zurück, um die Formalitäten zu erledigen.

Nachdem die Frau an der Anmeldung mich nach seinem Namen (unbekannt), seinem Alter (unbekannt) und seiner Blutgruppe (ebenfalls unbekannt) gefragt hatte, ergriff sie meine Hände und sagte: »Keine Sorge. Ihrer Mutter wird es bald besser gehen. Wir kümmern uns um sie. Wir kümmern uns um sie.«

Fast auf den Tag genau einen Monat danach wurde meine Mutter in eine Vollzeit-Pflegeeinrichtung in Vancouver eingewiesen. Obwohl ich 240 Kilometer entfernt wohne, versteckt in einem Wäldchen aus mächtigen Zedern, konnte ich ihre Erleichterung spüren. Ihre Befreiung, ihr wildes, freudiges Gefühl der Ungebundenheit. Es übertrug sich still und wortlos über den Boden, über die Wurzeln und das Pilzgespinst sämtlicher Bäume, die in der Erde zwischen meiner Mutter und mir wachsen, den blutroten Adern, die uns verbinden.

Wegen der coronabedingten Grenzschließungen und Quarantäneregeln und auch wegen den Gesundheitsschutz- und Sicherheitsvorkehrungen des Pflegeheims meiner Mutter habe ich sie seit über einem Jahr nicht mehr gesehen. Vielleicht auch schon viel länger, da bin ich mir nicht sicher.

Ein Teil von mir ist deswegen zutiefst betrübt. Ein anderer Teil jedoch, jener Teil, der die Sprache der Stille spricht und Wörter aus dem Wind filtern kann, nimmt es gelassen auf. Denn ich weiß, dass meine Mutter überall ist.

Sie ist in meiner DNA-Doppelhelix enthalten. Sie ist im Muttergestein der Erde. Ich finde sie in jeder Schicht Erde und Schlick um mich herum und unter meinen Füßen. Sie ist in jeder Spalte jedes Felsens, den ich sehe; sie plätschert in jedem Bach. Meine Mutter ist Grundwasser, das sich seinen Weg sucht und nun rasch hinaus in den Ozean fließt, und ich bin die Landschaft, die dabei geformt wird. Ich werde am Ufer stehen und zuschauen, wie sie den Sand durchpflügt. Meine Augen werden für immer auf das Wasser gerichtet sein.

Meine Mutter ist überall, so wie auch ihre Mutter. Ich finde die beiden in den gezackten Gipfeln der Berge um mich herum, in den Wolken, die sich über mir zusammenballen. Sie sind die Gesichter, die in einen großen Stein in der Nähe meines Hauses gemeißelt wurden – ein uralter Altar mit einer stummen Geschichte. Ich bin diejenige, die sie besucht, die sich zu ihren Füßen niederlässt und betet. Ich kann ihr Lachen im schrillen Ruf der am Meer lebenden Adler hören. Ich sehe die Frauen meiner Ahnenreihe in den Augen einer Familie von Rehen, die gleich darauf erschreckt mit ihrem kleinen Kalb davonspringen. Meine Vorfahrinnen sind überall. Heißt das vielleicht, dass ich auch überall bin?

Viele mögen sagen, dass ich lange gebraucht habe, um an diesen Punkt zu kommen – zu der Vorstellung, dass das Göttliche in uns lebt und uns von allen Seiten umgibt. Doch diese Sichtweise wäre engstirnig und eindimensional. Denn tatsächlich hat es Jahrtausende gedauert. Es braucht Zeit, um zu werden. Es braucht Äonen und Erdbeben. Es braucht Gletschereis, das an deinem Rücken entlangschrammt, Tausende Jahre Gesteinsdruck. Es braucht tropfendes Wasser, einen Tropfen pro Tag, eine Million Tage lang und dann noch einmal eine Million Tage lang. Es braucht die Hitze einer Kultur, die dich niederbrennen will. Es braucht die nachklingende Hitze einer Kultur, die es getan hat.

Eine Frau entwickelt sich nämlich nicht von allein. Sie tut es eingebettet in eine Ahnenreihe. Sie tut es, indem sie ihr Leben auf das ihrer Mutter setzt, und so wiederholt es sich Tausende Jahre lang immer wieder. Ich bin nur ein kleiner Hügel, aber wenn du mich zu meiner Mutter hinzufügst, und zu ihrer Mutter vor ihr, ergeben wir allmählich einen Berg. Wir alle übereinander sind der Mount Everest. »Göttin des Himmels«, wie man ihn in Nepal nennt.

Ich bin die Evolution meiner Mutter. Sie ist das Rückgrat, in das ich hineinwachse. Wir beide bilden zusammen mit den Hunderten, die vor uns da waren, eine Gemeinschaft, und so ... so stiegen wir über Hunderttausend Jahre hinweg auf, verschmolzen zu einer einzigen Kette von Sternenlicht, das vom Himmel strömt.

Nie zuvor habe ich mich mehr wie ich selbst gefühlt. Nie habe ich mich so ganz gefühlt, so stark, mehr wie sie, mehr wie ich, mehr wie eine berauschende Mischung von uns beiden und von denen, die vor uns kamen. Wir alle bewegen uns jetzt gleichzeitig in dieselbe Richtung, tanzen nach Jahrzehnten auf See gemeinsam am Ufer.

Manches mag vergessen werden. Aber durch diesen Prozess werden wir in Erinnerung bleiben.

Dank

Jedes Buch hat ein unterirdisches Netzwerk, ein Pilzgespinst, das die Nährstoffe für seine Entstehung liefert. Ich bin den folgenden Personen zu Dank verpflichtet, sie sind mein unterirdisches Netzwerk, ohne das dieses Buch nicht zu mir und ich nicht zu ihm gefunden hätte.

Sarah J. Murphy. Nur wenige Menschen in meinem Leben besitzen die Fähigkeit, mich in jedem beliebigen Moment so zu sehen, wie ich bin, und zu erkennen, was noch alles in mir steckt. Du gehörst zu ihnen. Du hast so vieles in meinem Leben erleuchtet. Möge der Zyklus des Vollmonds uns weiterhin den Weg weisen.

Bryn Clark. Nur wenige Menschen in meinem Leben besitzen die Fähigkeit, mein künftiges Ich zu sehen, und fordern mich auf, schon jetzt so zu sein. Du gehörst zu ihnen. Du hast in mir und in meiner Arbeit viele Samen gesät. Möge der Zyklus des Neumonds uns weiterhin den Weg weisen.

Dem gesamten Team bei *Flatiron Books.* Ein Setzling in dem Wald zu sein, den ihr so sorgfältig gepflanzt habt, lässt mich demütig werden und inspiriert mich zugleich. Dass ich bei euch Wurzeln schlagen durfte, erfüllt mich mit Dankbarkeit und dem Gefühl, dass die Welt voller Möglichkeiten ist.

Meiner Agentin *Laura Yorke.* Du bist überzeugt davon, dass ich dorthin gehen kann, wo die Gestirne ihren Platz finden und der Kosmos entsteht. Danke dafür. Deine Unterstützung bedeutet mir alles.

Kristina Oldani. Du hast mir einmal geschrieben, dass das, was aus der Nähe wie Chaos aussieht, mit genügend räumlichem und zeitlichem Abstand im größeren Bild des Werdens verschwindet. Danke, dass du das unter Beweis gestellt und mich ermuntert hast, diese Sichtweise in jede leere Seite zu falten, auf die ich stoße, in Büchern und anderswo.

Maia Toll. Du hast zur entscheidenden Zeit am entscheidenden Faden gezogen – ohne dich wäre dieses Buch nicht das, was es ist. Deine Unterstützung an der Ziellinie war von unschätzbarem Wert. Deine Unterstützung hinter der Ziellinie bedeutet mir viel.

Sarah Selecky, deren Kameradschaftlichkeit und Klugheit ich sehr schätze. Allen Frauen meiner früheren und jetzigen Schreibgruppen. *Bretty Rawson* und *Joyce Chen.* Ich danke euch dafür, dass ihr weiterhin einen unbeschreiblichen Raum schafft und einnehmt.

Meinen *»Owl Rebels« – Kaki, Kylie, Madison, Erin* und *Geraldine.* Das Jahr, in dem ihr alle gelernt habt, euch in die Dunkelheit zu wagen, hat dieses Buch immens bereichert. Ich verneige mich vor euch.

Shannah Crane Dimmick. Du bist der Fels in der Brandung, während ich durch die Welt düse. Ich mache meine Arbeit besser und bin ein viel besserer Mensch, weil du Teil meines Lebens bist. Du hast eine Medaille verdient!

Janet Bertolus, mir fehlen die Worte. Der Duft von Gardenien und der Geschmack von Lakritze, das entfernte Geräusch, wie sich jemand auf die Oberschenkel schlägt. Du bist meine Yaltha. Du hast mich so viel über die Liebe und die Kunst des Regelbrechens gelehrt.

Meiner Familie (und allen Familien, die von Alzheimer und Demenz betroffen sind). Es tut mir so leid, dass wir hier gelandet sind, aber ich bin froh, dass wir gemeinsam drinstecken.

Miteinander ist es kaum auszuhalten. Ohne einander ist es unmöglich. Danke, dass ihr euch immer wieder gemeldet, mir eure Geschichten erzählt und euch für meine interessiert habt.

Meinem geliebten Chris. Du hast mir geholfen, mir einen Ort zu schaffen, an dem ich alles sein kann, an dem jeder Teil von mir existieren darf. Wegen dir bin ich ganz, aber nicht weil du meine bessere Hälfte bist, sondern weil du mich seit über einem Jahrzehnt ermutigst, mein ganzes Ich zu finden. Und wir wissen beide, dass ich dieses Buch nur schreiben konnte, weil ich ganz war.

Meinem Vater. Die wertvollsten Lektionen, die du mir erteilt hast (und es gab viele), handelten von Silberstreifen am Horizont. Dieses Buch gäbe es nicht, wenn du mich nicht gelehrt hättest, nach diesen Silberstreifen zu suchen und mein Leben immer wieder neu darum herum aufzubauen. Ich liebe dich.

Und schließlich *meiner Mutter* … dein größtes Geschenk an die Welt war die Art deines Mutterseins. Ich bin zu der Überzeugung gelangt, dass dieses Buch eine Möglichkeit ist, dein Werk fortzusetzen – es soll jeden, der auch nur ein Wort davon liest, bemuttern. Es war spektakulär, dein Leben als prächtige Zeder zu verfolgen und ein Teil davon zu sein. Doch dein jetziges Leben als großer und mächtiger gefällter Baum, der den ganzen uralten Wald nährt, ist geradezu ein Wunder. Ich bin so stolz, eine deiner Töchter zu sein.

Über die Autorin

Steph Jagger ist eine gefragte Mentorin und Coachin. Sie bietet an, Menschen zu einem tieferen Verständnis von sich selbst und ihren Geschichten zu führen. Ihre Arbeit, darunter auch Vorträge und Facilitation, bewegt sich an der Schnittstelle von Verlust, Tiefenerinnerung und der Reise zur persönlichen Neuerfindung. Steph lebt und arbeitet auf Bainbridge Island, Washington. Ihr erstes Buch »Unbound« ist 2017 erschienen.

Zitatnachweise

S. 7 Aus: Joy Harjo, Crazy Brave: A Memoir. Zitat aus dem amerikanischen Englisch übersetzt von Christa Prummer-Lehmair und Heide Horn © W W NORTON & CO, New York 2012

S. 21 Aus: C.G. Jung, Gesammelte Werke 1–20, Band 17. Über die Entwicklung der Persönlichkeit © Patmos Verlag. Verlagsgruppe Patmos in der Schwabenverlag AG, Ostfildern 2021, 6. Auflage. www.verlagsgruppe-patmos.de, S. 94
E-Book © Stiftung der Werke von C.G. Jung, Zürich 2007

S. 28 Aus: Sue Monk Kidd, The Dance of the Dissident Daughter: A Woman's Journey from Christian Tradition to the Sacred Feminine. Zitat aus dem amerikanischen Englisch übersetzt von Christa Prummer-Lehmair und Heide Horn © HarperOne, New York 2016

S. 40/41 Aus: Joy Harjo, Crazy Brave: A Memoir. Zitat aus dem amerikanischen Englisch übersetzt von Christa Prummer-Lehmair und Heide Horn © W W NORTON & CO, New York 2012

S. 43 Aus: Rachel Naomi Remen, Aus Liebe zum Leben © Arbor Verlag Freiburg, 6. durchgesehene Auflage 2015, www.arbor-verlag.de, S. 79

S. 65 Aus: Mary Oliver, Upstream: Selected Essays. Zitat aus dem amerikanischen Englisch übersetzt von Christa Prummer-Lehmair und Heide Horn © Penguin Press, New York 2016

S. 84 Aus: Rainer Maria Rilke, Die Gedichte © Insel Verlag, Frankfurt am Main 1986, S. 206

S. 86 Aus: Robert Macfarlane, Im Unterland. Eine Entdeckungsreise in die Welt unter der Erde. Aus dem Englischen von Andreas Jandl und Frank Sievers © Penguin Random House, München 2020, S. 17

S. 96 Aus: Toko-pa Turner, Belonging: Remembering Ourselves Home. Zitat aus dem amerikanischen Englisch übersetzt von Christa Prummer-Lehmair und Heide Horn © Her Own Room Press, 2017

S. 109 Aus: Annie Dillard, Pilger am Tinker Creek. Aus dem Englischen von Karin Nölle © MSB Matthes & Seitz Berlin Verlagsgesellschaft mbH, Berlin 2016, S. 124

S. 112 Aus: Toko-pa Turner, Belonging: Remembering Ourselves Home. Zitat aus dem amerikanischen Englisch übersetzt von Christa Prummer-Lehmair und Heide Horn © Her Own Room Press, 2017

S. 124 Aus: Shonda Rhimes, Grey's Anatomy: A Diagnosis, Staffel 16, Episode 14, 2020. Zitat aus dem amerikanischen Englisch übersetzt von Christa Prummer-Lehmair und Heide Horn

S. 134 Aus: Stephi Wagner auf www.motherwoundproject.com. Zitat aus dem amerikanischen Englisch übersetzt von Christa Prummer-Lehmair und Heide Horn

S. 136 Aus: Robert Moor, Wo wir gehen. Unsere Wege durch die Welt. Aus dem amerikanischen Englisch von Frank Sievers. © der dt. Ausgabe Insel Verlag Berlin 2016, S. 12 © Robert Moor, 2016

S. 148 Aus: Glynnis MacNicol, No one tells you this: A Memoir. Zitat aus dem amerikanischen Englisch übersetzt von Christa Prummer-Lehmair und Heide Horn © Simon & Schuster, New York 2019, S. 9

S. 159 Aus: Barbara Brown Taylor, Learning to Walk in the Dark: Because God often shows up at night. Zitat aus dem amerikanischen Englisch übersetzt von Christa Prummer-Lehmair und Heide Horn © Canterbury Press Norwich, Norwich 2014, S. 80

S. 168 Aus: Richard Powers, Die Wurzeln des Lebens. Aus dem amerikanischen Englisch von Manfred Allié und Gabriele Kempf-Allié © S. Fischer Verlag GmbH, Frankfurt am Main 2018, S. 462

S. 186 Aus: Toko-pa Turner, Belonging: Remembering Ourselves Home. Zitat aus dem amerikanischen Englisch übersetzt von Christa Prummer-Lehmair und Heide Horn © Her Own Room Press, 2017

S. 198 Aus: Clarissa Pinkola Estés, Women Who Run with the Wolves: Myths and Stories of the Wild Woman Archetype. Zitat aus dem amerikanischen Englisch übersetzt von Christa Prummer-Lehmair und Heide Horn. Verwendet mit freundlicher Genehmigung der Autorin, c/o The Ned Leavitt Agency and The Marsh Agency Ltd. © 1992, 1995 by Clarissa Pinkola Estés, Ph.D.

S. 205 Aus: Nor Hall, The Moon and the Virgin. Zitat aus dem amerikanischen Englisch übersetzt von Christa Prummer-Lehmair und Heide Horn © The Women's Press Ltd, London 1980

S. 207 Aus: Barry Lopez, River Notes: The Dance of Herons. Zitat aus dem amerikanischen Englisch übersetzt von Christa Prummer-Lehmair und Heide Horn © Andrews McMeel Publishing, Kansas City 1979

S. 211 Aus: Joseph Campbell, A Joseph Campbell Companion: Reflections on the Art of Living. Zitat aus dem amerikanischen Englisch übersetzt von Christa Prummer-Lehmair und Heide Horn © Harper Perennial, New York 1995

S. 216 Aus: Barry Lopez, Horizon. Zitat aus dem amerikanischen Englisch übersetzt von Christa Prummer-Lehmair und Heide Horn © Knopf, New York 2019

Impressum

Die Originalausgabe ist 2022 unter dem Titel »Everything Left to Remember: My Mother, Our Memories, and a Journey Through the Rocky Mountains« bei Flatiron Books erschienen.
www.flatironbooks.com

POLYGLOTT

POLYGLOTT ist eine eingetragene Marke der GRÄFE UND UNZER VERLAG GmbH

ISBN 978-3-8464-0954-1
1. Auflage 2023

GRÄFE UND UNZER

Ein Unternehmen der
GANSKE VERLAGSGRUPPE

Redaktion und Projektmanagement:
Anne-Katrin Scheiter
Übersetzung:
Christa Prummer-Lehmair, Heide Horn
Lektorat: Dr. Katharina Theml
Schlusskorrektur:
Christiane Schwabbaur
Umschlaggestaltung und Innenlayout:
Designbüro Lübbeke Naumann Thoben, Köln
Umschlagillustration: Gisela Goppel
Foto der Autorin: Gretchen Powers
Satz: Ute Weber, Geretsried
Herstellung: Gloria Schlayer
Repro: Repro Ludwig, Zell am See
Druck und Bindung:
Livonia Print, Lettland

Leserservice
GRÄFE UND UNZER Verlag
Grillparzerstraße 12, 81675 München
www.graefe-und-unzer.de

Umwelthinweise
Nachhaltigkeit ist uns sehr wichtig. Der Rohstoff Papier ist in der Buchproduktion hierfür von entscheidender Bedeutung. Daher ist dieses Buch auf PEFC-zertifiziertem Papier gedruckt. PEFC garantiert, dass ökologische, soziale und ökonomische Aspekte in der Verarbeitungskette unabhängig überwacht werden und lückenlos nachvollziehbar sind.